U0735016

幼儿保育专业系列教材 | 总主编　张小永　刘兰明

托幼园所保育工作基础

主　编　吴少君　蔡翔英　李　杨
副主编　宋　杨　王　琦　胡超越
　　　　单俊刚　王爱静

科学出版社
北　京

内 容 简 介

本书是根据中等职业学校幼儿保育专业的教学要求，基于保育专业核心课程“托幼园所保育工作基础”的课程标准，结合幼儿保育专业的现状和未来就业的实际需要，由幼教专家、优秀幼儿园教师、经验丰富的托育机构企业工作人员、中职学前教育专业的骨干教师组织编写。全书内容由6章、18节、46个学习任务组成，以理论与实践一体化为原则，配套立体化的教学资源便于学生学习和掌握。本书顺应了中高职一体化人才培养的要求，融入思政目标、职业素养目标的学习，列举了大量生动案例，内容贴近岗位需求，紧跟行业的发展变化。

本书可供中等职业学校幼儿保育专业的学生使用，同时可作为托幼园所的保育岗位人员的参考用书和培训用书。

图书在版编目（CIP）数据

托幼园所保育工作基础 / 吴少君，蔡翔英，李杨主编. —北京：科学出版社，2022.7

（幼儿保育专业系列教材）

ISBN 978-7-03-070979-0

Ⅰ. ①托… Ⅱ. ①吴… ②蔡… ③李… Ⅲ. ①幼教人员 – 工作 – 中等专业学校 – 教材 Ⅳ. ① G617

中国版本图书馆 CIP 数据核字（2021）第 259059 号

责任编辑：辛 桐 / 责任校对：马英菊

责任印制：吕春珉 / 封面设计：东方人华平面设计部

科学出版社 出版

北京东黄城根北街 16 号

邮政编码：100717

http://www.sciencep.com

北京九州迅驰传媒文化有限公司 印刷

科学出版社发行 各地新华书店经销

*

2022 年 7 月第 一 版 开本：787×1092 1/16

2023 年 8 月第二次印刷 印张：13 1/4

字数：310 000

定价：49.00 元

（如有印装质量问题，我社负责调换〈九州迅驰〉）

销售部电话 010-62136230 编辑部电话 010-62130750

本书编委会

主　　编　吴少君　北京市求实职业学校
蔡翔英　北京市求实职业学校
李　杨　北京市求实职业学校

副 主 编　宋　杨　北京市求实职业学校
王　琦　北京市朝阳区劲松第一幼儿园
胡超越　北京市求实职业学校
单俊刚　北京市求实职业学校
王爱静　北京水米田幼之源教育科技有限公司

编写人员　白　斌　北京市求实职业学校
陈　丽　北京市朝阳区朝花幼儿园
陈　芒　北京市朝阳区劲松第一幼儿园
陈　萍　水米田教育集团
甘　萍　北京市朝阳区西坝河第三幼儿园
高润明　北京市朝阳区西坝河第三幼儿园
马倩倩　北京市朝阳区朝花幼儿园
苗　菁　北京市朝阳区西坝河第三幼儿园
穆曼丽　北京市朝阳区劲松第一幼儿园
孙艳芬　北京市求实职业学校
孙　琎　泡泡洛克成长教育
潘梦迪　北京市朝阳区西坝河第三幼儿园
吴　桐　北京市朝阳区西坝河第三幼儿园
徐荣荣　北京市求实职业学校
严　平　中国人民大学
杨　莉　北京市朝阳区西坝河第三幼儿园
周路璐　北京市朝阳区朝花幼儿园
邹国祥　北京市朝阳区朝花幼儿园

丛 书 序

根据《中共中央 国务院关于全面深化新时代教师队伍建设改革的意见》《中共中央 国务院关于学前教育深化改革规范发展的若干意见》《中华人民共和国教师法》等有关规定，中等职业学校相关专业要重点培养保育员。2019年，在《中等职业学校专业目录》中增设幼儿保育专业。相关文件同时指出，中职学前教育专业转设不影响与高职学前教育专业的贯通培养，该专业转设为幼儿保育或相关专业后，仍可与高职学前教育或相关专业对接。因此，中职学校面临着学前教育专业转设或新设幼儿保育专业的挑战，幼儿保育专业的专业定位、课程设置、教材开发、教学与评估、实习实训、教师队伍建设等一系列专业建设问题亟待研究和解决。

为适应中职幼儿保育专业建设的需求，2019年下半年开始，根据教育部职业教育与成人教育司要求，教育部职业院校教育类专业教学指导委员会组织研制《中等职业学校幼儿保育专业教学标准》（以下简称《标准》）和《中等职业学校幼儿保育专业实训教学条件建设标准》。在这一背景下，编者深入学习和领会教育发展规划、行业标准、职业标准和新产业新业态商业模式等方面的文件精神，对标中等职业学校幼儿保育专业教学标准的要求，结合中职转设或新增幼儿保育专业的现状和学生实际，组建由中职学前教育专业的骨干教师、幼教专家、优秀园长、经验丰富的托幼机构工作人员组成的编写团队。本套教材主要具有以下几个方面的突出特点。

第一，关注职业教育发展的新态势，对标中职幼儿保育专业教学标准。2019年，国务院印发《国家职业教育改革实施方案》，把职业教育摆在教育改革创新和经济社会发展中更加突出的位置。2021年，中共中央办公厅、国务院办公厅印发了《关于推动现代职业教育高质量发展的意见》，提出职业教育是国民教育体系和人力资源开发的重要组成部分，肩负着培养多样化人才、传承技术技能、促进就业创业的重要职责。2022年5月1日起施行的新修订的《中华人民共和国职业教育法》首次以法律形式明确了职业教育的地位，并通过普职融通等制度设计，真正实现职业教育从“层次教育”到“类型教育”的转变。在这样的新态势下，我国职业教育改革创新不断推进，中等职业教育逐渐由纯粹的数目发展壮大向品质发展壮大奋进。《标准》的研制，为中职幼儿保育专业的建设和发展指明了方向。本套教材正是在领会《标准》中的精神内涵、基本理念和相关课程设置下进行构架的，具有较好的适用性和方向引领作用。

第二，体现中职幼儿保育专业的设置特点，满足中职学生的学习要求。本套教材遵循理论知识够用、职业能力适应岗位要求和个人发展要求的职业教育理念，聚焦当前学前教育机构工作岗位人员专业化发展的现实需要，充分考虑中职学生的知识背景和学习特点，体现理实一体化，以案例分析和实践操作的形式帮助学生了解和掌握学前教育机构中的保育工作。

第三，校企“双元”联合开发，行业特点鲜明。本套教材的编者包括了幼儿保育（学前教育）专业骨干教师和教学机构一线教师，具有多年的教学和实践经验，编写经验丰富，理念新颖。

第四，强化课堂思政教育，践行行业道德规范。本套教材充分发挥教材承载思政教育的功能，将思政教育和职业素养与教学内容相结合，使学生在学习专业知识的同时，通过潜移默化的效果，把握各个思政教育映射点所要传授的内容。

第五，针对学前教育机构保教工作的实际需求，增强学生的适岗能力。本套教材强化实践环节，在编写体例上采用“项目—任务”式结构，针对学前教育机构保教工作的实际需求，在清晰呈现任务的同时，结合基础知识提供实践案例，在任务实施和评估中引导学生对接未来的职业需求，使学生走上工作岗位之后能更快地适应学前教育机构的保育工作。这增加了本套教材的职业指导价值。

第六，适应信息化社会的发展需求，以融媒体的形式呈现多元化的信息。2022年《国务院政府工作报告》指出，促进数字经济发展，加强数字中国建设整体布局。在《中华人民共和国国民经济和社会发展第十四个五年规划和2035年远景目标纲要》中，更是提出了“加快数字化发展 建设数字中国”的数字经济战略。本套教材巧妙地运用了现代信息技术，将学前教育机构中保育工作的实景编入教材，方便教师教学、学生自主学习，学生通过扫描二维码即可获取相关信息，有身临其境之感，有助于学生掌握基本操作技能。

第七，课证融合，内容深入对接“1+X”证书。本套教材知识体系的构建对接了岗位职业能力要求和国家职业标准，通过丰富的课后练习、案例分析、项目实训、项目评价等内容对标课证融合。

本套教材全体编写人员本着加快专业建设，着眼于建设中职幼儿保育专业基础和专业核心教材的迫切需要，充分发扬团结协作、不断奋进的精神，努力克服时间短、任务重等困难，按时完成了编写任务。在此，特别感谢北京市求实职业学校、吉林女子学校、北京经贸高级技术学校、北京青年政治学院等主编院校领导的大力支持和骨干教师的辛勤劳动。本套教材的数字化资源建设得益于北京水米田教育集团的鼎力相助，其旗下的幼儿园为教材的编写提供了现代信息技术支持下的实景资源。囿于水平有限，这套幼儿保育教材难免有不足之处，敬请学界和业界专家不吝批评指正。

刘兰明

前　　言

中职幼儿保育专业是2019年教育部专业目录新增的教育类专业。为适应该专业建设的需求，2019年下半年开始由教育部职业教育与成人教育司和教育部职业院校教育类专业教学指导委员会，组织制订中职幼儿保育专业教学标准和中职幼儿保育专业实训条件标准。

在专业教学标准的制订过程中，对专业教学和工作岗位的调研发现以下两个问题。一是全国不少院校虽然曾开设或已开设幼儿保育专业，但多数院校的专业定位不够清晰，直接搬用3～6岁学前教育专业课程体系，普遍存在重教轻保的现象，也难以应对幼儿园向 3 岁以下婴幼儿保育延伸的发展趋势，以及毕业生无法满足不同的学前教育机构的多元化发展需求。二是全国托幼机构保育工作呈现多样化趋势，如幼儿园两教一保、两教轮保等，保育工作由专职和兼职人员承担，而专职的保育员往往是外聘人员经过短期培训后上岗，仅承担简单的卫生清扫工作，难以达到托幼园所婴幼儿日常生活保育教育要求的专业性。如何培养高素质的专业的保育人才，高质量地做好婴幼儿保育工作，以促进婴幼儿的全面发展，是职业院校相关专业和托幼园所需要思考的问题。

本书是在上述背景下，由教育部职业院校教育类专业教学指导委员会组织与指导，中职幼儿保育专业教学标准研制组长校北京市求实职业学校牵头，由来自全国知名幼教集团北京水米田教育集团、省市级示范幼儿园北京市朝阳区劲松第一幼儿园、北京朝阳区西坝河第三幼儿园、北京市朝阳区朝花幼儿园、北京伊顿幼儿园、泡泡洛克成长教育等机构及园所教师和教学骨干组成的团队共同参与编写。

本书内容以托幼园所的保育师（员）岗位要求及职业发展为基础，围绕幼儿园和托育机构保育工作的目标、价值，保育工作的主要内容与基本形式，托幼园所的组织架构、文化制度与环境，保育师与婴幼儿、同事、家长、社区交往的基本沟通技巧，规范填写保育工作记录和文档，托幼园所工作必备的法律法规知识，树立良好的职业道德，热爱保育工作，初步设计自身职业生涯规划等方面编写，便于初学者快速了解保育工作，为后续专业核心课程的学习奠定基础。

本书主要具有以下特色。

1. 标准新、理念新、定位准。符合保育工作专业化发展趋势，体现托幼一体、保教结合的特点，与实际工作岗位完全对接，其知识体系的构建也对接了岗位职业能力要求和国家职业标准。

2．理论与实践一体化。根据职业教育的特点和岗位工作要求设计不同的学习任务，每节以学习任务的形式展开，以案例导入的形式激发学生兴趣，主动运用相关知识和技能来解决案例中分析的问题。

3．形式多样、图文并茂、配套丰富的立体化数字化资源，方便教师教学、学生自主学习、保育实践工作等不同人群在不同情况下的使用，满足泛在化的学习需要。

4．校企“双元”联合开发。本书由校企“双元”联合开发，行业特点鲜明。编者团队由教育部职业院校教育类专业教学指导委员会组织与指导，编者均为来自各学校的教学骨干教师、企业里的专家和一线优秀员工，具有多年的教学和实践经验，编写经验丰富，理念新颖。

5．强化课堂思政教育，践行行业道德规范。本书充分发挥教材承载的思政教育功能，将思政教育和职业素养与教学内容相结合，使学生在学习专业知识的同时，通过潜移默化的教育，把握各个思政教育映射点所要传授的内容。

本书框架和体例由主编吴少君确定后，具体编写分工如下：第一章第一节、第二节由王琦编写；第一章第三节，第五章第一节、第二节由蔡翔英编写；第一章第四节由孙艳芬、徐荣荣编写；第二章第一节、第三节由李杨编写；第二章第二节、第四节由穆曼丽编写；第三章第一节由白斌编写；第三章第二节由宋杨编写；第三章第三节、第四节由陈芒编写；第四章由邹国祥、陈丽、周路璐、马倩倩编写；第六章第一节由严平、陈萍、胡超越编写；第六章第二节由孙琎、单俊刚编写。此外，北京市朝阳区西坝河第三幼儿园的杨莉、甘萍、潘梦迪、吴桐、高润明、苗菁撰写并提供部分案例。

本书在编写过程中，吸纳了学术界专家学者的相关研究成果，由于编写体例所限未在文中一一注明，在此表示感谢。同时，本书的编写工作得到了北京工业职业技术学院副校长刘兰明教授、山东师范大学教育学部学前教育学院张小永教授的悉心指导，在此表示衷心感谢。

由于编者能力和水平有限，本书难免存在缺点和不足之处，敬请广大读者批评指正。

目　录

第一章　托幼园所保育工作概述……1

第一节　保育工作的价值……1

学习任务一　托育机构中保育工作的价值与基本原则……1

学习任务二　幼儿园中保育工作的价值……3

第二节　保育师（员）的岗位职责……9

学习任务一　托育机构中保育师的岗位职责……9

学习任务二　幼儿园中保育员的岗位职责……14

第三节　保育师（员）的职业道德……18

学习任务一　保育师的职业道德……19

学习任务二　保育员的职业道德……22

学习任务三　保育师（员）需要树立的正确观念……25

第四节　保育师（员）的职业规划……29

学习任务一　幼儿保育专业毕业生的就业及提升……30

学习任务二　保育师（员）专业发展的主要阶段及路径……31

学习任务三　制定职业发展规划……34

第二章　托幼园所保育工作的基本内容……41

第一节　清洁与消毒……41

学习任务一　清洁……42

学习任务二　消毒……48

第二节　生活照护……54

学习任务一　托育机构中的生活照护……54

学习任务二　幼儿园中的生活照护……60

第三节　安全保障……66

学习任务一　建筑、设施、设备的安全识别……66

学习任务二　一日生活中的安全识别……70

学习任务三　婴幼儿伤害的预防……73

学习任务四　婴幼儿意外事故应急处置办法……79

第四节　配合教育活动……81

学习任务一　保教结合……82

学习任务二　配合教育的工作内容……85

第三章　托幼园所保育工作中的人际沟通……91

第一节　与婴幼儿的沟通……91

学习任务一　让婴幼儿听懂你说的话……91

学习任务二　让婴幼儿知道你是值得信任的……93

学习任务三　尊重婴幼儿的气质与偏好……95

学习任务四　支持婴幼儿的自主性……97

学习任务五　对婴幼儿的行为进行正向引导……98

第二节　与家长的沟通……103

学习任务一　与家长沟通时应遵循的基本原则……104

学习任务二　与家长沟通的技巧……107

学习任务三　与不同类型家长的沟通……111

学习任务四　与家长沟通时需注意的问题……113

第三节　与同事的沟通……118

学习任务一　与托幼园所不同人员的沟通内容……119

学习任务二　沟通方式与策略……121

第四节　与社区的沟通……124

学习任务　了解幼儿园与社区教育合作的内容与方式……125

第四章　托幼园所的管理……129

第一节　托育机构的管理规范……129

学习任务一　托育机构的管理内容……129

学习任务二　托育机构的班级设置、人员配备……132

学习任务三　托育机构的人员任职要求……133

第二节　幼儿园的管理规范……135

学习任务一　幼儿园的管理内容……135

学习任务二　幼儿园的班级设置与人员配备……142

学习任务三　幼儿园教职工的岗位职责与任职资格……145

第五章　托幼园所的政策法规……149

第一节　托幼园所政策法规的发展历程……149

学习任务一　了解政策法规下的托幼事业发展……149

学习任务二　解读与托幼园所相关的重要政策法规……156

第二节　托幼园所师生权益及保育规范的政策法规……164

学习任务一　婴幼儿的权益……165

学习任务二　托幼保育规范……171

第六章　国外托幼机构工作简介……179
第一节　日本托幼机构工作简介……179
学习任务一　东京都认证保育所的举办资格与人员配备……179
学习任务二　东京都认证保育所的安全防护和卫生保健……184
第二节　美国托幼机构工作简介……187
学习任务一　美国托幼机构的举办资格和人员配备……188
学习任务二　美国托幼机构的安全防护与卫生保健……193
参考文献……197

第一章　托幼园所保育工作概述

第一节　保育工作的价值

在我国，为3岁以下婴幼儿提供全日托、半日托、计时托、临时托等的机构统称为托育机构；招收3岁以上学龄前幼儿，对其进行保育和教育的机构统称为幼儿园；招收0～6岁儿童的各级各类托儿所、幼儿园，统称为托幼园所。因此，本书中提到的托幼园所包括托育机构和幼儿园。托幼园所的保育工作包括托育机构中的保育工作和幼儿园中的保育工作。

※本节知识导图

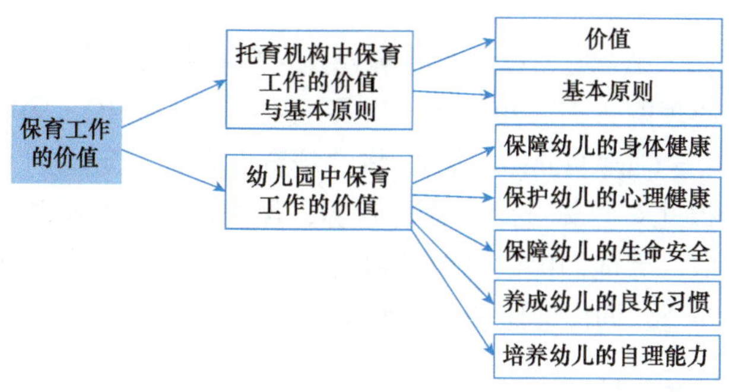

学习任务一　托育机构中保育工作的价值与基本原则

微课　托育机构保育工作中应遵循的原则

每天早上，玲玲一踏进教室便放声大哭，哭着不让妈妈离开。妈妈离开后，她把自己的小书包紧紧地抱在怀里，谁也不让碰，无论保育师如何安慰、哄逗都无济于事。吃饭的时候也哭，睡觉的时候不会脱衣服也哭，有时候一哭就是一两个小时。

优秀保育师丹丹老师说："新入所的婴幼儿清晨来所时，我都会给孩子一个亲切的拥抱，让孩子感受到我的爱是真切的；组织孩子们参与度高的游戏活动，分散幼儿的注意力；带领孩子们参观、熟悉幼儿园的环境，稳定幼儿情绪；当孩子在睡前想妈妈时，我会走到孩子的床前摸摸他的小脸，然后轻轻地告诉他：'老师最喜欢你了！'让每一个孩子都能感受到关怀与被爱。”一个合格的保育师应该把自己全部的爱奉献给每个孩子。

※知识目标

- 了解托育机构中保育工作的价值。
- 掌握托育机构中保育工作的基本原则。

※能力目标

- 能够按照托育机构保育工作的基本原则开展婴幼儿保育。

※素养目标

- 培养学生对工作岗位的责任心，在开展一项工作前能有意识地思考学习工作的价值和意义。

《现代汉语词典》（第7版）对保育的解释是“精心照管幼儿，使好好成长”，这里的成长包括身体和心理两方面。2018年，世界卫生组织（WHO）等联合发布《培育性照护框架》（Nurturing Care Framework），将“培育性照护”定义为“一个由照护者创造的环境，旨在确保儿童身体健康，饮食营养，保护他们免受威胁，并通过互动给予情感上的支持和响应，为他们提供早期学习的机会”，明确提出保育工作的内容应当包括“健康、营养、安全、回应性照护和早期学习机会”。

一、托育机构保育工作的价值

《托育机构保育指导大纲（试行）》（以下简称《指导大纲》）明确指出，托育机构保育的内涵是“通过创设适宜环境，合理安排一日生活和活动，提供生活照料、安全看护、平衡膳食和早期学习机会，促进婴幼儿身体和心理的全面发展”。由此可见，托育机构保育应同时涵盖“保”和“育”的价值，体现对婴幼儿身体和心理的精心照料、保护和培育。

二、托育机构保育工作中应遵循的原则

一是尊重儿童。首先是“坚持儿童优先，保障儿童权利”。在托育机构保育工作中，应当注意将优先考虑儿童的利益与需求作为保育工作开展的首要标准，保障儿童生存、发展、受保护和参与的权利。其次是“尊重婴幼儿成长特点和规律”。托育机构保育工作应当尊重不同年龄阶段婴幼儿的生理和心理特点，将其作为保育工作

的基本出发点和落脚点。再次是“关注个体差异”。托育机构保育工作应当关注和尊重每位婴幼儿在发展优势领域、发展速度和发展水平方面的个体差异，深入了解每个婴幼儿的特点，为有特殊需求的婴幼儿提供适宜的照护。最后是“促进每个婴幼儿全面发展”。婴幼儿时期是个体的生理、动作、语言、认知、情感和社会性等方面发展的关键奠基时期，托育机构保育工作应当重视通过生活和活动促进婴幼儿全面发展。

二是安全健康。托育机构必须将安全和健康作为保育工作的重要前提和底线，应当落实安全管理主体责任，建立健全机构安全管理制度，配备相应的安全设施、器材及安保人员，严防安全事故发生；应当加强卫生保健工作，认真贯彻保育为主、保教结合的工作方针，为婴幼儿创造良好的生活环境，预防和控制传染病，降低常见病的发病率，全面保障婴幼儿的健康。

三是积极回应。一方面，托育机构应当为婴幼儿“提供支持性环境”，创设丰富且适宜婴幼儿月龄特点的场地、设备和条件；另一方面，托育机构工作人员应当深入观察婴幼儿，理解其生理和心理需求，并及时给予积极适宜的回应。工作人员应当积极主动地回应婴幼儿的心理和生理需求，敏锐、细致、耐心、密切观察婴幼儿的语言、表情和动作，通过肌肤接触、眼神、微笑、语言等形式及时回应婴幼儿。

四是科学规范。托育机构应当坚持科学的质量观，按照国家和地方相关标准和规范，自觉规范、完善保育工作，确保婴幼儿在托育机构生活各环节的安全，不断提高保育工作的科学性和规范性。一日工作流程和保育制度的安排与实施应当全面关注不同年龄阶段婴幼儿的身心发展规律，合理安排婴幼儿的生活和活动，满足婴幼儿的生长发育需要。

观看“微课 托育机构保育工作中应遵循的原则”中保育师的行为，讨论它是否遵循了托育机构保育工作的基本原则。

学习任务二　幼儿园中保育工作的价值

微课　幼儿园中保育工作的价值

萌萌是中二班一位非常能干的保育员，她总是把教室、盥洗室、进餐的桌面打扫得干干净净。萌萌作为妈妈，也非常爱自己的孩子，她能理解孩子们离开家人来到幼儿园会很孤单，所以她在照顾孩子方面非常细致。她总是把孩子们晨间来园时带的衣物叠得整整齐齐，孩子们不爱吃某些食物时她也全然理解，不做劝说和教育，有时甚至会给吃饭慢的孩子喂饭。虽然她工作非常努力，但在月底的保育员考核中她的成绩并不理想，评语上写着：培养幼儿自我服务能力的意识有待提高。萌萌不理解自己到底哪儿做错了。

※ 知识目标

- 了解保育工作在幼儿园中的地位。
- 了解保育工作对幼儿发展的价值。

※ 能力目标

- 能够按照幼儿园保育工作的基本原则开展婴幼儿保育。

※ 素养目标

- 逐步养成系统思维习惯，在了解一项工作的意义和价值的基础上，有热情地投入工作。

我国儿童学习与发展的指导性文件《3-6岁儿童学习与发展指南》指出："健康是指人在身体、心理和社会适应方面的良好状态。"怎样使幼儿达到这种状态呢？《幼儿园教育指导纲要》明确指出"保教并重""保教结合"的原则，并且保在先、教在后，这充分体现了保育工作的重要性。保育工作以幼儿的身心健康和谐发展为根本目标，并通过与教育的有机结合，实现促进幼儿身体发育、保护幼儿身心健康、保障幼儿安全、促进幼儿良好生活习惯和生活自理能力养成的目标。

基于保在先教在后、保教结合的基本原则，保育工作的价值既体现在对幼儿身体健康、心理健康、安全保障方面，也体现在对其良好生活习惯培养、自理能力培养等的养成教育方面。

一、保障幼儿的身体健康

学前儿童身体处于不成熟状态和快速生长发育过程中，这决定了他们身体的各器官、系统在形态和结构等方面的特点有别于青少年和成人。因而，有针对性地对其进行保育，是保证学前儿童健康成长的基础。

1. 保障幼儿运动系统的健康

保育员在幼儿运动系统的保育方面应做到以下几点：第一，保证幼儿正确的坐立

行姿势，预防脊柱和胸廓出现畸形；第二，组织适当的体育锻炼和户外活动，促进幼儿骨骼正常发育；第三，合理安排膳食和生活保证营养的供给；第四，提醒家长为幼儿穿着宽松舒适的衣服和鞋帽，以免影响其骨骼和肌肉的正常发育。

2. 保障幼儿呼吸系统的健康

在幼儿呼吸系统的保育上，保育员应注意以下几点。第一，培养良好的卫生习惯，指导幼儿用鼻呼吸，预防上呼吸道感染，养成不用手挖鼻孔、不蒙头睡觉、不随地吐痰、打喷嚏时用手捂住口鼻的习惯。第二，保持室内空气新鲜，学前儿童生活的房间应该经常开窗通风，保持室内空气新鲜，减少病菌；室内禁止抽烟，吸烟会污染空气，削弱儿童呼吸功能。第三，开展适宜的体育锻炼和户外活动，经常参加体育锻炼能加强幼儿呼吸肌的力量，扩大胸廓活动范围，有利于肺组织的生长发育和肺的扩张，从而增加肺活量，也能增强幼儿呼吸器官的适应能力，预防呼吸道疾病。第四，保护幼儿的声带，说话、唱歌主要是声带和肺的活动，因此应该为学前儿童选择适合其音乐特点的歌曲和朗诵材料，过高或过低的音调都会造成学前儿童声带的疲劳或者损伤；唱歌和朗读的场所应保持空气清新，并有适宜的湿度和温度。

3. 保障幼儿消化系统的健康

在幼儿消化系统的保育上，保育员应注意以下几点。第一，注意用牙安全，定期检查牙齿发育情况，及时发现及时治疗；三岁左右幼儿应学会刷牙，要教给幼儿正确的刷牙方法，避免牙齿外伤；教育幼儿改正吸吮手指、咬铅笔等不良习惯。第二，养成良好的饮食习惯，教育学前儿童养成细嚼慢咽的习惯；饮食定时定量，不暴饮暴食，不挑食不偏食。第三，注意饮食卫生，提供给幼儿的饭菜要新鲜，营养要丰富且易于消化，教育幼儿养成饭前便后洗手的习惯。第四，培养幼儿定时排便的习惯，教育幼儿多吃蔬菜、多喝水、多运动并及时大小便。

4. 保障幼儿神经系统的健康

在幼儿神经系统的保育方面，保育员应注意以下几点。第一，保证充足的营养供应。学前是儿童神经系统迅速发育的时期，需要补充充足的营养，如优质蛋白质、脂肪类、无机盐、维生素等，还需要补充足够的含碳水化合物的物质。第二，保证充足的睡眠。睡眠可以使中枢神经系统、感觉器官和肌肉得到充分的休息，消除神经疲劳，减少脑组织对能量的消耗，因此要教育幼儿养成按时睡觉的好习惯，并保障睡眠的时间和质量。第三，保证空气清新。学前儿童的脑需氧量是最大的，要保证幼儿园生活的环境空气清新，室内活动时应开窗通风，避免空气污染。第四，制定和执行合理的生活制度。幼儿园应根据学前儿童的年龄段特点，制定和执行合理的生活制度，为不同年龄的幼儿安排好一日活动的时间和内容，活动内容和方式应注意动静交替，让大脑皮质的神经细胞能轮流工作和休息，避免疲劳，做到生活有规律，养成良好的习惯。

5. 保障幼儿感觉器官的健康

对眼睛的保护要注意活动室的环境，采光光线要来自幼儿的左上方，避免强光直射幼儿眼睛，并让幼儿保持正确的坐姿，桌椅的尺寸要符合不同年龄段幼儿身体发育的需求。

耳朵的保育要点有：禁止用尖锐的工具为幼儿掏耳朵，防止外耳道损伤，引起耳道感染；洗头、洗澡时避免污水进入耳朵，避免噪声对幼儿的伤害；通过引导幼儿倾听和辨别日常生活中的各种细微复杂的声音和参与欣赏音乐、唱歌等活动，加强听力训练，提高幼儿辨别声音的能力。

二、保护幼儿的心理健康

从现代社会幼儿发展的需求来看，健康指的是人在身体、心理和社会适应方面的良好状态。因此，仅仅局限于幼儿身体的保育是不够的。科学的保育观应是不仅能为幼儿提供生存与发展所必需的良好环境和条件，更能给予幼儿精心的照顾和培养，促进幼儿正常的发育和良好的发展。所以，科学的保育观应该涵盖身体保育和心理保育两大方面。

幼儿期是幼儿身体增长速度最快的时期，更是孩子人格和性格形成的关键期，因此，作为保育员，不光要关注幼儿的身体健康，更要关注幼儿的心理发展。保育员要积极为幼儿营造安静、轻松、愉悦的环境，让幼儿能自主、自由、快乐地在幼儿园成长。同时，由于幼儿情绪具有未分化性、多变性、情景性等特点，保育员要善于观察幼儿的情况，在幼儿处于愤怒、悲伤、兴奋等极端情绪时，陪伴幼儿、安抚幼儿，保护幼儿安全。同时，保育员要保护幼儿的自尊心和自信心，不当着幼儿的面谈论他，不在大众面前批评教育某一幼儿。当幼儿发生不良行为时，要查明原因，单独正面引导。

三、保障幼儿的生命安全

受身体发展、认知发展水平的限制，幼儿的自我保护能力较差，自我保护意识薄弱。因此，保育员应根据国家相关政策法规的规定和园所的工作制度，保障幼儿在园期间的生命安全，同时在一日生活中渗透安全教育。

在一日生活中，保育员与教师应做好分工，明确各自的站位，保证所有的幼儿都在教师和保育员的视线下，确保在幼儿有危险时能第一时间看到，并给予保护和引导。从入园开始到离园的各个环节，保育员都应有危险防范的意识：入园时通过晨检观察

幼儿的身心健康状况、情绪状态，了解幼儿是否携带不安全的物品入园；在幼儿开展游戏活动过程中，保育员要随时观察幼儿的行为，确保幼儿正确使用物品和玩具，在幼儿出现肢体冲突时及时制止；在盥洗、如厕等环节，保育员要全程跟随，并提醒幼儿注意台阶、地面湿滑等情况；在户外活动前，保育员需要提前检查户外玩具材料，特别是大型玩具设施的安全，在整个户外活动中，与教师配合观察，及时提醒违反游戏规则的幼儿；在午睡前，保育员应检查幼儿的床铺和衣服，谨防幼儿携带危险物品上床……

保育员还要对幼儿进行安全意识的培养，主要是让幼儿了解生活中面临的各种安全风险，提高幼儿的安全意识，使幼儿能在生活中规范自身的行为，防止幼儿做出一些危险性的行为，使幼儿能够安全健康地成长。在幼儿入园之后保育员就要对其进行安全意识的培养，从幼儿的各种日常行为和活动入手，包括幼儿上下楼梯，用水、用电安全，剪刀等物品使用的安全，大型设施使用的安全，在同伴交往中与同伴互动的安全，以及饮食安全、交通安全等。

保育员还应掌握一定的急救常识，在幼儿出现摔伤、骨折、烫伤等意外情况时能做出正确的判断和必要的施救，并为保健医处置或者送医就诊争取时间和提供依据。

四、养成幼儿的良好习惯

《幼儿园教育指导纲要（试行）》中五大领域的培养目标，特别强调幼儿兴趣的激发和习惯的养成。由此，我们可以认为，幼儿教育的主要任务不是知识教育，而是养成教育；幼儿教育的主要目标不是传授知识，而是养成习惯。什么是习惯？所谓习惯，是一种行为的模式，是在反复“操作”的基础上建立起来的条件反射。也就是说，在刺激和反应之间，由于不断地重复而建立了稳固的神经联系。习惯随着不断重复而日益巩固，越来越不容易改变。我国教育家陈鹤琴先生说：“习惯养得好，终生受其益；习惯养不好，终生受其累。”美国心理学家威廉·詹姆士说：“播下一个行动，收获一个习惯；播下一个习惯，收获一种性格；播下一种性格，收获一种命运。”可见，习惯对于人格的形成具有决定性作用，即习惯体现性格，性格决定命运。

幼儿期是幼儿养成良好的生活卫生习惯的重要时期。幼儿的生活卫生习惯养成多是在一日生活中进行的。因此，保育员在幼儿习惯养成中承担着重要的角色。首先，发挥榜样的作用，要求幼儿整洁干净，保育员首先要做到自己整洁干净。其次，在幼儿的一日生活中渗透良好生活卫生习惯的培养，如在进餐前为幼儿介绍餐点和食物的营养，引导幼儿了解均衡饮食的好处；在户外活动前带领幼儿一起做热身运动，引导幼儿养成健康运动的习惯。再次，配合教师投放适宜的玩教具和图书，在游戏中通过观察指导培养幼儿良好的生活卫生习惯，如在阅读区张贴正确阅读的姿势图，引导幼儿卫生用眼。最后，配合教师开展与生活卫生习惯相关的集体教学活动，如阅读《爱

吃水果的牛》《肚子里的火车站》等图书，开展“香香的蔬菜”等主题活动。

五、培养幼儿的自理能力

蒙台梭利指出，教孩子吃饭、穿衣是教育者的工作，帮孩子吃饭穿衣是仆人般简单而低微的工作。《3-6岁儿童学习与发展指南》明确指出，要让幼儿养成良好的生活习惯，具有一定的生活自理能力，能很好地完成穿脱衣服、系鞋带、整理物品等任务。幼儿的生活自理行为是幼儿适应社会的重要前提，幼儿的生活自理能力形成和发展于日常生活之中，它是指幼儿独立照料自己生活的能力、简单劳动的能力和对基本生活事件的处理能力，包括进餐、盥洗、穿脱衣服、独立入睡、自主如厕等。

在幼儿园，生活自理的范围限定为幼儿在园的一日生活环节，主要包括着装、盥洗、如厕、餐饮、睡眠五大方面。其中，着装方面表现为能够注意衣着卫生、能掌握基本的独立着装技能；盥洗方面表现为饭前、便前、便后、手脏时能主动洗手、保持清洁，洗手方法正确；如厕方面表现为及时表达如厕需要、正确使用坐盆或蹲坑、便后能够自己擦屁股或寻求教师帮助；进餐方面表现为不挑食、保持桌面干净、正确使用勺子或筷子、及时饮水；睡眠方面表现为按时入睡、起床、睡姿正确，能够自己整理床铺、被褥，按顺序穿脱衣服、鞋袜，衣服脱下后叠放在固定的地方。

不同年龄的幼儿在自理行为的发展上要求也有所差异。小班幼儿应在教师的监督和提醒下，初步掌握正确的洗手方法，会用自己的毛巾擦手，饭前便后能做到洗手、不玩水；会用勺子独立吃饭，不掉饭，不偏食、挑食，在教师的提醒下保持衣服、桌子和地面干净，在一定时间（25～30min）内结束进餐，饭后漱口并用干净的毛巾擦嘴；会穿、脱简单的裤子，分清裤子的正反，主动寻求帮助穿上衣，愿意学习穿上衣；愿意学习叠被。中班幼儿要会独立穿、脱衣裤；在教师监督下把被子叠整齐，把床单拉平。大班幼儿能熟练地穿、脱衣裤；主动熟练地把被子叠整齐，拉展床单。中大班幼儿在洗手、如厕、进餐方面的行为要求一致，均是在教师监督下能熟练地正确洗手，用自己的毛巾擦手，饭前便后及时洗手；会主动提出需要如厕，能熟练地脱、提内外裤，并整理好上衣；不掉饭，不偏食、挑食，在一定时间（20～25min）内结束进餐，餐后主动把碗勺放到指定地点，主动漱口并用干净的毛巾擦嘴。

观看保育员一日工作当中的一个片段，从片段中分析这项工作体现了保育工作的哪些价值？其中哪些方面体现了保育工作要以幼儿的身心和谐健康发展为本？

第二节　保育师（员）的岗位职责

通过上节的学习，我们知道了保育工作在托育机构和幼儿园中的价值。因为保育工作的重要性，托育机构和幼儿园设专人、专岗负责保育工作：在托育机构负责保育工作的人员称为保育师；在幼儿园负责保育工作的人员称为保育员。保育师在托育机构、保育员在幼儿园中都承担着保育工作的任务，因此，他们的岗位职责既有相同的部分，又有不同的部分。本书中，我们将从事0～6岁婴幼儿照护服务的保育人员统称为保育师（员）。本节中，为了更清楚地了解托育机构和幼儿园中保育岗位设置情况和岗位职责，下面分别讲解。

※本节知识导图

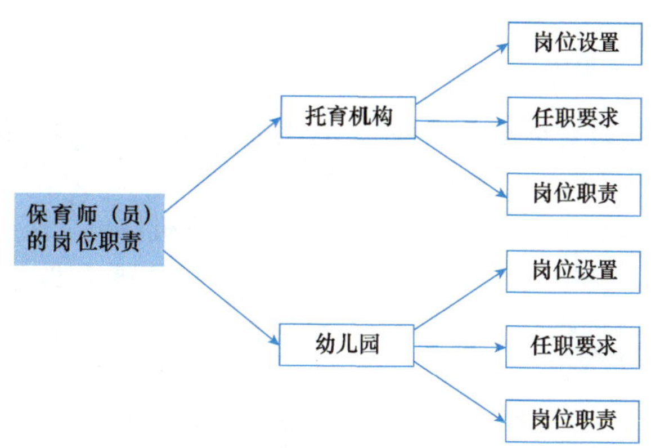

学习任务一　托育机构中保育师的岗位职责

微课　托育机构中保育师的岗位职责

案例导入

贝贝一到饭桌前小嘴巴就张不开了，面对饭菜总是嘟着嘴、皱着眉，有时候一口饭含在嘴里，老半天也不咽下去，让保育师感到十分头疼。

※知识目标

- 了解托育机构的岗位设置，清楚保育师岗位与其他各岗的关系。

- 清楚保育师需要具备的基本任职要求。
- 掌握托育机构中保育师的岗位职责。

※能力目标

- 能根据保育师任职资格和岗位职责，有意识地积累相关知识和能力。

※素养目标

- 树立职业和岗位的认同感，建立依规履职的意识。

任务学习

2019年10月8日国家卫生健康委印发的《托育机构设置标准（试行）》规定：托育机构应当根据场地条件，合理确定收托婴幼儿规模，并配置综合管理、保育照护、卫生保健、安全保卫等工作人员；合理配备保育人员，与婴幼儿的比例应当不低于以下标准：乳儿班1∶3，托小班1∶5，托大班1∶7。

一、保育师的岗位设置

根据《托育机构设置标准（试行）》的相关规定，托育机构的岗位设置如图1-1所示。

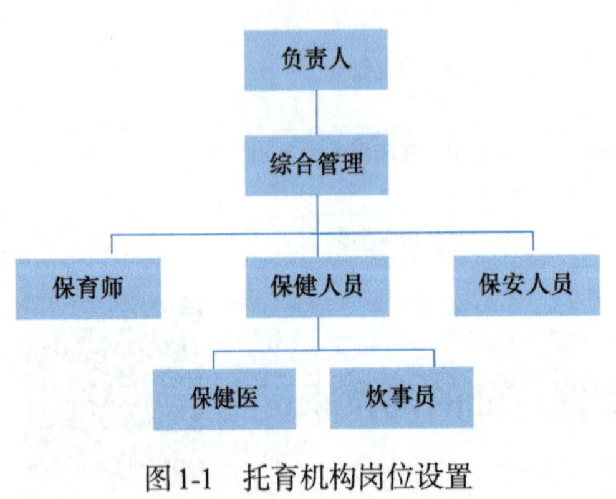

图1-1　托育机构岗位设置

在托育机构中，保育师是为婴幼儿提供照护服务的主要人员。托育机构主要有三种班型，其中乳儿班招收6～12个月的婴幼儿，每班的婴幼儿人数在10人以下，保育师与婴幼儿的比例不低于1∶3的标准；托小班招收12～24个月的幼儿，每班的幼儿人数在15人以下，保育师与婴幼儿的比例不低于1∶5；托大班招收24～36个月的婴幼儿，每班人婴幼儿人数在20人以下，保育师与婴幼儿的比例不低于1∶7。

二、保育师的任职要求

《托育机构设置标准（试行）》规定：保育人员应当具有婴幼儿照护经验或相关专业背景，受过婴幼儿保育相关培训和心理健康知识培训。《托育机构设置标准（试行）》只对保育员的专业背景或培训背景做了说明，而《保育师国家职业技能标准（征求意见稿）》对保育师这一职业进行了定位：在托育机构及其他保育场所中，从事婴幼儿生活照料、安全看护、营养喂养和早期发展工作的人员。因此，托育机构中的保育人员要取得保育师的职业资格证书。

《保育师国家职业技能标准（征求意见稿）》中对保育师的职业能力进行了阐释："身心健康，人格健全；热爱婴幼儿，认真负责；亲切和蔼，善于沟通；观察敏锐，身体灵活；具备一定的组织协调能力；具备专业提升的能力。"同时，也对保育师需要具备的知识和技能提出了要求。

一是知识方面的要求，主要包括：①职业道德，包括职业知识和职业守则。②基础知识，包括婴幼儿生理、心理和护理知识；婴幼儿营养、喂养知识；婴幼儿安全照护知识；婴幼儿常见病和传染病知识；婴幼儿早期发展知识；环境相关知识；相关法律、法规知识。

二是技能方面的要求，包括环境创设、生活照料、安全健康管理、早期学习支持、合作共育、培训指导等。

三、保育师的岗位职责

《托育机构设置标准（试行）》规定：保育人员主要负责婴幼儿日常生活照料，安排游戏活动，促进婴幼儿身心健康，养成良好行为习惯。《托育机构保育指导大纲（试行）》规定：托育机构保育是婴幼儿照护服务的重要组成部分，是生命全周期服务管理的重要内容。通过创设适宜环境，合理安排一日生活和活动，提供生活照料、安全看护、平衡膳食和早期学习机会，促进婴幼儿身体和心理的全面发展。在托育机构中，保育师的岗位职责主要包括以下几个方面。

1. 环境创设

环境创设方面的工作内容和技能要求如表1-1所示。

表1-1　环境创设工作内容和技能要求

工作内容	技能要求
环境准备	1. 能依规布置日常照料和游戏活动空间 2. 能调节室内照明、温度并保持良好通风 3. 能摆放、收纳日常照料和游戏活动所需的材料
物品管理	1. 能遵守物品管理规则 2. 能做好物品的使用登记
清洁消毒	1. 能配制常用的消毒液 2. 能按程序对婴幼儿活动场所及各类设施设备、用品、材料等进行清洁消毒并做好记录

2. 生活照料

生活照料方面的工作内容和技能要求如表1-2所示。

表1-2　生活照料工作内容和技能要求

工作要求	技能要求
营养与喂养	1. 能及时回应婴儿的进食信号，并灵活安排 2. 能支持继续母乳喂养 3. 能做好进食前准备、辅助进食和进食后整理 4. 能正确储存和管理婴幼儿食品，并使用配方奶喂养 5. 能引导婴幼儿安全饮水
睡眠照料	1. 能识别婴幼儿困倦的信号 2. 能为婴幼儿营造安全良好的睡眠环境 3. 能安抚婴幼儿入睡
生活与卫生管理	1. 能做好睡眠巡视和看护 2. 能正确地抱婴幼儿，并照料婴幼儿出行 3. 能为婴幼儿选择和更换适宜的衣服、鞋袜等 4. 能为婴幼儿更换尿布，及时提醒幼儿安全如厕 5. 能为婴幼儿做好基本的盥洗照料 6. 能向婴幼儿描述和解释日常照料行为

3. 安全健康管理

安全健康管理的工作内容和技能要求如表1-3所示。

表1-3　安全健康管理工作内容和技能要求

工作内容	技能要求
健康管理	1. 能为婴幼儿测量体重、身长（高）等 2. 能开展“三浴”锻炼 3. 能进行晨、午、晚检和全日健康观察
伤害预防	1. 能及时发现一日生活中的潜在风险 2. 能预防磕碰伤、挤压伤、跌倒伤、异物伤、钝器伤、锐器伤等常见伤害 3. 能做好一日生活的过程看护
应急处置	1. 能对婴幼儿磕碰伤、挤压伤、跌倒伤、异物伤、钝器伤、锐器伤等进行初步处理 2. 能做好基本的防范、避险、逃生、自救等 3. 能在发生婴幼儿伤害时及时报告

4. 早期学习支持

早期学习支持的工作内容和技能要求如表1-4所示。

表1-4 早期学习支持工作内容和技能要求

工作内容	技能要求
促进动作发展	1. 能鼓励婴幼儿探索和积累运动经验 2. 能根据婴幼儿体质状况调节活动强度和时间
促进语言发展	1. 能引导婴幼儿倾听、理解、模仿和运用语言 2. 能培养婴幼儿早期阅读习惯和兴趣 3. 能支持婴幼儿与同伴、成人的交流互动
促进认知发展	1. 能鼓励婴幼儿感知各种事物的特征 2. 能通过游戏鼓励婴幼儿去发现和解决问题
促进情感和社会性发展	1. 能引导婴幼儿理解和辨别不同情绪 2. 能支持幼儿自我调节情绪 3. 能帮助婴幼儿逐步适应集体生活 4. 能支持婴幼儿开展人际交往

5. 合作共育

在合作共育方面的工作内容和技能要求如表1-5所示。

表1-5 合作共育工作内容和技能要求

工作内容	技能要求
沟通交流	1. 能分析婴幼儿档案，与同事交流婴幼儿的各项表现 2. 能鼓励家长提供婴幼儿在家里的基本情况和重要事件
育儿指导	1. 能根据观察记录，向家长介绍婴幼儿每日情况和重要事件 2. 能组织家园共育活动

6. 培训指导

在培训指导方面的工作内容和技能要求如表1-6所示。

表1-6 培训指导工作内容和技能要求

工作内容	技能要求
培训	1. 能根据家庭的需求，编制科学育儿培训计划 2. 能根据五级、四级保育师的工作内容和需求编制培训计划
指导	1. 能对家长提供科学育儿咨询和指导 2. 能对五级、四级保育师进行工作指导

思考：在托育机构中，保育师的岗位职责主要有哪些？

学习任务二　幼儿园中保育员的岗位职责

微课　幼儿园中保育员的岗位职责

案例导入

××幼儿园每月一次的“保育员练兵”活动又要开始了。练兵的内容不仅有快速清洁桌面、清理幼儿呕吐物、幼儿骨折急救等内容，还有幼儿安全教育、生活卫生习惯教育、游戏活动观察等内容。新入职的保育员小莉很困惑，为什么保育员要做这么多工作呢?

学习目标

※知识目标

- 了解幼儿园的岗位设置，清楚保育员岗位与幼儿园各岗的关系。
- 清晰担任保育员需要具备的基本任职要求。
- 掌握幼儿园保育员的岗位职责。

※能力目标

- 能根据保育员任职资格和岗位职责，有意识地积累相关知识和能力。

※素养目标

- 树立职业和岗位的认同感，建立依规履职的意识。

任务学习

作为幼儿园的一个重要岗位，《幼儿园工作规程》《北京市幼儿园办园质量督导评估标准》等政策性文件中均对保育员岗位设置进行了相应规定。《幼儿园工作规程》指出：“幼儿园按照国家相关规定设园长、副园长、教师、保育员、卫生保健人员、炊事员和其他工作人员等岗位，配足配齐教职工。”《北京市幼儿园办园质量督导评估标准（试行）》指出：“全日制机构保教人员与幼儿比1∶7～1∶9，每班至少配备2名专任教师和1名保育员。”透过这些政策文件我们可以看到，保育员是幼儿园必须设置的基本岗位。

一、保育员岗位设置

幼儿园的岗位设置如图1-2所示。

当前幼儿园班级保教人员的岗位设置一般分为教师岗和保育员岗。在全日制的幼儿园中，每班一般配备两名专任教师和一名保育员，或配备三名专任教师。三位教师会根据园所安排，轮换承担保育工作，这一方式称为“三教轮保”。半日制的幼儿园每班配备两名专任教师，有条件的可配备一名保育员。寄宿制幼儿园至少应在全日制的基础上每班增加配备1名专任教师和1名保育员。

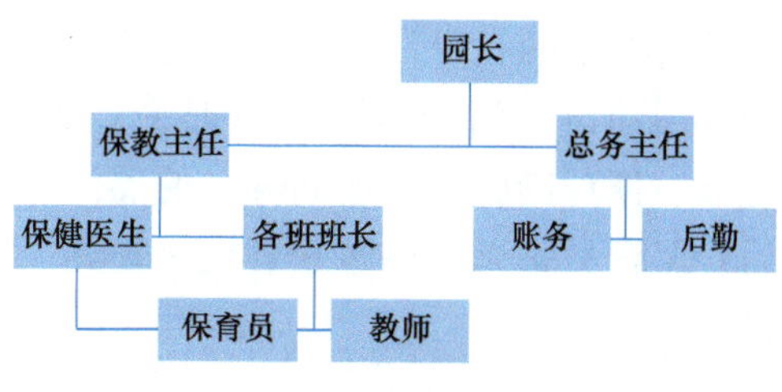

图1-2　幼儿园岗位设置

在幼儿园中，班级的保育员接受班长的直接管理，根据班长对班级工作的统筹安排开展工作。同时，因为保育员的工作较多涉及卫生、保健工作，保育员也接受保健医生的管理，在保健医生指导下开展工作。保健医会根据园所保健工作制度，对保育员进行保育工作内容、标准的定期培训、检查。一些规模较大的幼儿园还会基于提升保育工作质量的需要设置保育组长，由保育组长对保育员进行集中管理。

二、保育员的任职要求

《幼儿园工作规程》第四十二条明确指出，“幼儿园保育员应当符合本规程第三十九条规定”，即“幼儿园教职工应当贯彻国家教育方针，具有良好品德，热爱教育事业，尊重和爱护幼儿，具有专业知识和技能以及相应的文化和专业素养，为人师表，忠于职责，身心健康”；同时，“应当具备高中毕业以上学历，受过幼儿保育职业培训”。在现行的幼儿园中，幼儿园保育员的任职要求必须具备国家职业资格证书。

三、保育员的岗位职责

保育员和教师工作的教育对象都是班级中的幼儿，因此，他们的教育目标是一致的，两者的工作是统一的、相互配合的。但是，保育员和教师的岗位职责又有所不同。《幼儿园工作规程》中对保育员的岗位职责进行了明确的规定。根据《幼儿园工作规程》的规定，保育员的岗位职责主要有以下几个方面。

1. 清洁和消毒

卫生工作是保育员的首要工作职责。《幼儿园工作规程》规定保育员“负责本班房舍、设备、环境的清洁卫生和消毒工作”。

清洁卫生和消毒工作包括以下工作内容。第一，做好自身的卫生。上岗前要用肥皂流动水清洗双手，换好干净的工作服，不佩戴戒指，不留长指甲，不披长发，不穿高跟鞋和拖鞋进班。第二，做好各项清洁卫生。在教室清洁方面，室内清早要开窗通风，每天至少2～3次，每次不少于30min；湿性清扫，要用消毒液消毒台面、矮柜面、教室门把手、窗台等；包干地区要求保持整洁，不留死角，清洁用具清洗后室外悬挂晾干，在规定地方存放；每月常规工作为每月将幼儿的被褥分发给家长，请家长清洗日晒；每月清洗空调过滤网一次。第三，做好各种消毒工作。盥洗室消毒方面，用消毒液清洁盥洗室门把手、扶手、洗手池、龙头、面池、台面、墙面、男女便器、便池踏脚处、地面等；便器消毒每天两次，一般分别安排在午睡时和幼儿离园后；保育员每天还要做好餐桌、餐具、水杯、毛巾等的清洁消毒工作；每周为小床消毒一次。

2. 照料幼儿生活

《幼儿园工作规程》规定保育员应该“在教师指导下科学照料和管理幼儿生活”。

保育员的第二项重要的职责就是照顾好幼儿的一日生活。幼儿在园的一日生活环节主要有饮食、盥洗、午睡等，这些环节都需要保育员的悉心照料。同时保育员还需要关注各个环节对幼儿的教育。

3. 配合教育活动

《幼儿园工作规程》规定保育员要“配合本班教师组织教育活动”。

保育员的第三项重要职责是配合教师的教育活动。幼儿园适宜性的一日生活活动是促进幼儿发展、实现幼儿园培养目标的主要渠道，保育员应当配合幼儿园教师做好一日生活活动的辅助工作。在开始集体教育活动之前，保育员要照顾好幼儿完成大小便、喝水等活动，组织幼儿到指定地区，并配合教师准备好教学用具。在户外活动中，保育员要提前与教师沟通，了解场地特点、器械用具，创设活动环境；开展活动前，保育员要准备好场地、器械，和教师一起带领幼儿进入场地。活动中保育员要护理幼儿，照顾特殊幼儿，占据有利地形，注意幼儿在分散活动中的安全，活动后要整理场地、器械、用具，提供湿毛巾，指导或帮助幼儿擦汗。在自由游戏活动中，保育员还要为幼儿提供充分自由的活动空间和时间。保育员与教师分好场地，观察幼儿活动，保证无不利因素，不随意干扰幼儿，与教师共同管理幼儿活动，为幼儿提供更多的活动空间。在开展大型活动时，保育员要按照教师要求护理幼儿或参与活动，如外出活动要带好水杯、消毒毛巾、换洗衣物等生活用品。

4. 执行安全、卫生保健制度

《幼儿园工作规程》规定，保育员要“在卫生保健人员和本班教师指导下，严格执行幼儿园安全、卫生保健制度”。

首先，学习贯彻相关法律与法规。保育员应当学习掌握国家有关托幼机构卫生保健的相关法律法规，如《托儿所幼儿园卫生保健工作规范》、《中华人民共和国母婴保健法》及其实施办法、《中华人民共和国食品安全法》及其实施条例、《中华人民共和国传染病防治法》及其实施办法等，以及卫生部、教育部等相关部门颁布的《学校食堂与学生集体用餐卫生管理规定》《餐饮业和集体用餐配送单位卫生规范》《托儿所、

幼儿园建筑设计规范》《幼儿园管理条例》《幼儿园工作规程》等。保育员应明确法律法规的相关要求，并努力在工作中贯彻落实。

其次，执行落实幼儿园的安全卫生保健制度。为了保证幼儿园安全卫生保健工作的顺利开展，幼儿园根据国家的相关法律法规，制定幼儿园内部的安全卫生保健制度。这些制度具有幼儿园的特色，符合幼儿园的具体情况。保育员想要做好本职工作，就必须认真学习和贯彻落实幼儿园的各项有关规章制度，确保科学规范地开展保育工作。

5. 财产物品保管

保育员还承担保管幼儿园物品的责任。《幼儿园工作规程》规定保育员应该“妥善保管幼儿衣物和本班的设备用具”。幼儿园有财产管理制度，保育员与教师一起承担着本班财产以及本班幼儿的衣物、用品等的管理职责。保育员应当认真学习相关制度，按照规定做好财产物品保管工作。

学完本部分的内容，你对幼儿园保育员的工作职责有哪些认识？保育员的工作职责与教师有什么不同？在一日生活中保育员如何与教师配合？

拓展学习

阅读案例，分析其中保育员对自己岗位角色和职责的理解，谈谈你对幼儿园中保育员角色的认识。

小孩不小

“这件事孩子怎么能干好？”“让孩子做肯定很慢，不如我们做了！”班级里这样的声音此起彼伏。我们常常会质疑幼儿的自主生活和自我服务能力，这是由于对幼儿的能力水平缺少应有的了解与要求，同时也是对他们缺乏信任。这学期，班上新来了保育员杨老师。她十分注重幼儿的自主保育，每天细致地指导孩子自行整理床铺、衣物，自己洗毛巾、拧毛巾，安排值日生轮流分发碗筷、盛饭菜。尽管孩子们开始时磕磕绊绊，但是她充满耐心，愿意等待，在反复练习的过程中，孩子们变得游刃有余。整理被子的值日生，最终的熟练程度就像折纸一样，孩子们的潜力超乎我们的想象。幼儿照顾自己、照顾他人、照顾环境的能力，在生活细节中得到培养。渐渐地，我们发现在杨老师的带动下，孩子们很愿意被分配到任务，不管做什么事，他们都会积极努力地完成，并乐在其中。

（江苏省宝应县实验幼儿园　郤文宇）

案例分析：

保育员作为幼儿园中的重要成员，她们如影随形地陪伴孩子，照顾孩子的生活起居。在人们原有的既定观念中，保育员是保洁员、保管员甚至是保姆，随着国家对学前教育的重视，以及民众教育观的提升，保育员在幼儿园教育中的重要性逐渐凸显。在这个案例中，我们看到了保育教师杨老师在幼儿自理能力发展中发挥的重要作用。

杨老师是一位有着正确儿童观的教师，她相信幼儿的潜力，相信幼儿有能力照顾自己，也能照顾他人；杨老师是一位有智慧的教师，她细致地指导幼儿，通过适宜的方法帮助幼儿学会自己照顾自己；杨老师是一位有耐心和爱心的教师，尽管幼儿在学习过程中遇到了很多困难，但她坚持不放弃，耐心教导。

看了杨老师的例子，现在你是否对保育员岗位和角色有所期待呢？希望你能正确定位保育员角色，深入挖掘保育员的独特价值，这将帮助你在保育工作中树立美好新形象。

第三节　保育师（员）的职业道德

职业是指人们利用专门的知识和技能参与社会分工，创造社会价值，获得合理报酬作为物质生活来源，并满足精神需求的工作。职业具有目的性、专门性、社会性、群体性。

道德是指一定社会、一定阶级要求人们遵循的调整个人与个人之间以及个人与社会之间关系的行为准则和规范的总和。

广义的职业道德是指人们在职业活动中应遵循的行为准则和规范。狭义的职业道德是指人们在特定的职业活动中应遵循的、符合特定职业特征的职业行为准则和规范，是人们在职业活动中形成的一种内在的、非强制性的约束机制。职业道德具有有限性、规范性、稳定性。

《托育机构管理规范（试行）》对保育师的职业道德提出要求："托育机构工作人员应当具有完全民事行为能力和良好的职业道德，热爱婴幼儿，身心健康，无虐待儿童记录，无犯罪记录，并符合国家和地方相关规定要求的资格条件。"

在幼儿园阶段，教育部印发了《新时代幼儿园教师职业行为十项准则》，对幼儿教师提出职业要求，其中也包括保育员在内。

由此可见，托育机构和幼儿园对保育师（员）的职业道德很重视。因为保育师在托育机构的工作性质与保育员在幼儿园的工作性质有所不同，所以保育师和保育员的职业道德也会有所不同。

※本节知识导图

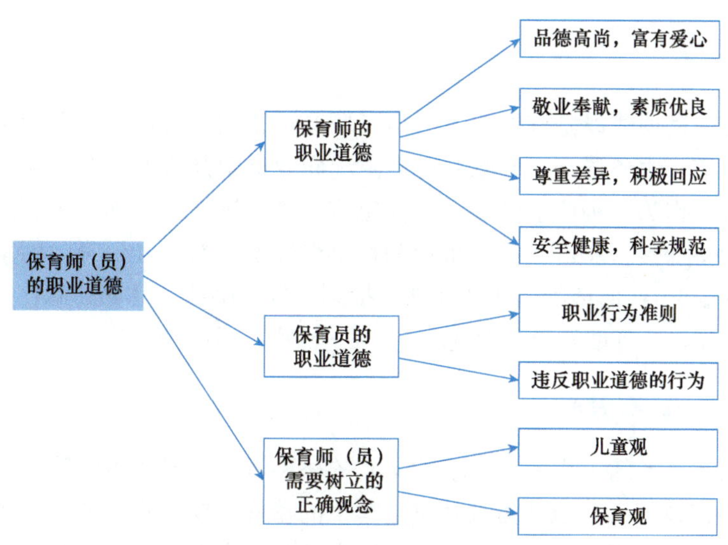

学习任务一　保育师的职业道德

有一天，甜甜偷偷告诉妈妈："我不喜欢托幼中心的周老师，因为她总是叉着腰，对我们凶巴巴的，我和我的好朋友们都很怕她，每次见到周老师都躲得远远的。那一次周老师在给我发点心的时候，突然大声叫了一下其他小朋友，把我吓了一大跳……"说着，甜甜模仿起周老师的样子来：一手叉腰，一手指向另一边大声叫着……

※知识目标

- 了解保育师职业守则的主要内容。
- 了解保育师违反职业道德的行为。

※能力目标

- 能够用保育师职业道德来规范自己的言行及规范保教行为；能够辨析违反职业道德的现象。

※素养目标

- 能够用"品德高尚，富有爱心。敬业奉献，素质优良。尊重差异，积极回应。

安全健康，科学规范”来规范保育师的职业道德。

任务学习

我国《公民道德建设实施纲要》提出了职业道德的主要内容，即爱岗敬业、诚实守信、办事公道、服务群众、奉献社会。由于职业道德是道德在职业实践活动中的具体体现，保育师作为一种职业其职业道德也应包含上述五个方面的内容。同时，针对保育师职业的特殊性，2021年人力资源和社会保障部颁布的《保育师国家职业技能标准（征求意见稿）》在保育师的职业守则中提到，保育师要“品德高尚，富有爱心；敬业奉献，素质优良；尊重差异，积极回应；安全健康，科学规范”。

一、品德高尚，富有爱心

教师是人类灵魂的工程师，是精神文明的播种者。孔子是中国第一个提出教师要做到身教重于言教的人，他认为教师应是学生的榜样，要用自己的人格去影响、教育学生，发挥教师的表率作用。托育机构的保育师的表率作用对婴幼儿的成长有特殊的影响。婴幼儿模仿性强，保育师的行为举止就是他们直观的活生生的学习榜样，年龄越小的婴幼儿越是这样。苏联教育家加里宁曾说，一个教师必须好好检点自己，他应该感觉到，他的一举一动都处在最严格的监督之下，世界上任何人都没有受着这样严格的监督。孩子们几十双眼睛盯着他，须知天地间再也没有什么东西能比孩子的眼睛更加精细，更加敏锐。再也没有人对于人心理上各种细微的变化更加敏感了，再也没有任何人像孩子的眼睛那样能捉摸一切最细微的事物。这说明保育师的表率作用非常重要。因此，保育师比任何职业的人更需要严格要求自己，做到思想进步、言行一致。

保育师唯有富有爱心，才热爱婴幼儿，才能教育好婴幼儿。婴幼儿一旦体会到这种感情，就会“亲其师”，从而“信其道”。但热爱婴幼儿并不是一件容易的事，让婴幼儿体会到保育师对他们的爱则更困难。疼爱自己的孩子是本能，而热爱别人的孩子是神圣。每一个孩子都希望得到成人的帮助、关心和爱护，他们不但需要获得生活上的精心照料，而且需要愿意与保育师相处，乐意接受保育师的教育，这对孩子的身心健康发展具有十分重要的作用。同时，保育师只有热爱婴幼儿，才能体验到职业幸福感，才能有意识地对孩子进行深入了解，从而进行有针对性的教育。

二、敬业奉献，素质优良

尽管现实的状况是保育师的社会地位不高，工资水平较低，工作内容琐碎且工作强度较大。但是，毋庸置疑的是，保育师工作是托育教育的重要组成部分，保育师是婴幼儿重要的保育指导者，承担着重要的工作任务。

有了这种认识，保育师就不会将工作仅仅视为一种谋生的手段，而是会对保育师

工作产生高度的责任感、自豪感和光荣感，从而做到真正热爱本职工作，不计时间和报酬，任劳任怨地尽全力将工作做好，将婴幼儿的健康成长作为自己辛勤耕耘的最高回报。唯有热爱本职工作的人，才会对工作充满热情，勤勤恳恳出色地完成工作任务。

“学高为师”，这是对教师业务技能的要求。保育师作为婴幼儿的重要照护者，要想更好地影响婴幼儿，必须素质优良，具备基本的婴幼儿心理学、生理学、教育学等相关的理论知识。保育师的理论知识越丰富，就越能将知识融会贯通，更好地了解婴幼儿的生理和心理特点，理解婴幼儿教育的规律，掌握卫生保健知识，从而更好地指导保育实践活动，避免出现“照本宣科”的现象。

保育师还要树立终身学习的观念，积极参与教育科研，在与其他保育师的交流中不断更新知识，做到取长补短，不断提高自己的业务水平。

三、尊重差异，积极回应

每个婴幼儿都是独立的个体，都是具有独立意义的人，要给予他们应有的尊重。婴幼儿的发展具有个体差异，保育师需要用平等和民主的态度对待每一个婴幼儿，满足每个婴幼儿的合理需求。保育师应及时观察婴幼儿的动作、声音和言语表达，识别婴幼儿哭声，了解婴幼儿的需求，并及时给予相应的语言、表情和动作回应，为婴幼儿提供与需求相匹配的喂养、睡眠、清洁护理和互动等照护，促进婴幼儿早期社交和情绪的发展以及安全型依恋关系的建立。

保育师为婴幼儿提供温暖的、支持性的、有丰富环境刺激和互动的养育环境。根据不同年龄婴幼儿的一日生活安排，在日常照护中（如进食、护理）融入眼神、语言和手势的交流，为婴幼儿提供敏感的、回应性的、可预测的、温情的、关爱的照护活动，并在日常生活中为婴幼儿提供自喂食物，配合脱穿衣服等学习机会。

保育师应以温和、愉快的态度与婴幼儿互动，对婴幼儿进行不良行为约束时，态度要坚定，但语调要平静而温和，禁止一切忽视、粗暴冲动或虐待婴幼儿的行为。

四、安全健康，科学规范

托育机构保育工作应当坚持儿童优先，最大限度地保护婴幼儿的安全与健康。《托育机构保育指导大纲（试行）》指出，托育机构应当“坚持儿童优先，保障儿童权利”。将保障婴幼儿安全和健康作为一切工作的重要前提和基本底线，不论是保育方案的制定，还是各方资源的整合，托育机构开展工作都应以儿童的利益与发展需要为先。托育机构应当尊重和保障婴幼儿生存、发展、受保护和参与的权利，平等地对待每一名婴幼儿；应当提供健康、安全、丰富的生活和活动环境，切实做好安全防护、营养膳食、疾病防控等工作，最大限度地保护婴幼儿的安全与健康。3岁以前是个体身体、语言、认知、情感与社会性发展和习惯养成的重要奠基时期，托育机构应当了解婴幼儿学习和发展的关键领域和重点内容，促进婴幼儿身体和心理的全面发展。正如《托育

机构保育指导大纲（试行）》所要求的，托育机构的保育重点应当包括营养与喂养、睡眠、生活与卫生习惯、动作、语言、认知、情感与社会性等。

托育机构应当遵循婴幼儿发展规律。婴幼儿的生理和心理发展随着其年龄的增长而逐渐成熟完善，其身心各方面的发展变化都有规律可循。年龄特点代表着特定年龄阶段多数婴幼儿的发展水平，在很大程度上影响着他们适合学什么，适合怎样学。深刻理解和把握婴幼儿身心发展的年龄特征、发展过程、方向及影响因素等规律，是托育机构工作人员真正理解婴幼儿以及有效开展保育工作的重要前提。《托育机构保育指导大纲（试行）》充分体现了尊重不同年龄阶段婴幼儿的生理和心理特点的核心价值追求，强调托育机构工作人员应主动了解和满足7～12个月、13～24个月、25～36个月不同年龄阶段婴幼儿的发展需求。

与同学一起讨论交流保育师职业守则中“尊重差异、积极回应”的内涵。

学习任务二　保育员的职业道德

2019年11月，陈某某在幼儿园午休期间责令4名嬉戏打闹、影响他人休息的幼儿自己打自己嘴巴。陈某某的行为违反了《新时代幼儿园教师职业行为十项准则》第六项规定。根据《幼儿园教师违反职业道德行为处理办法（2018年修订）》等相关规定，该幼儿园对陈某某予以解聘处理，同时给予该幼儿园园长问责处分，行政主管部门对该幼儿园予以通报批评。

※知识目标

- 了解保育员职业道德的主要内容。
- 了解保育员违反职业道德的行为。

※能力目标

- 能够用保育员职业道德来规范自己的言行及规范保教行为；能够辨析违反职业道德的现象。

※素养目标

- 能够坚定政治方向、自觉爱国守法、传播优秀文化、潜心培幼育人、加强安全防范、关心爱护幼儿、遵循幼教规律、秉持公平诚信、坚守廉洁自律、规范保教行为。

一、保育员的职业行为准则

根据教育部颁发的《新时代幼儿园教师职业行为十项准则》的规定，保育员的职业行为准则主要包括以下几点。

1. 坚定政治方向

坚持以习近平新时代中国特色社会主义思想为指导，拥护中国共产党的领导，贯彻党的教育方针；不得在保教活动中及其他场合有损害党中央权威和违背党的路线方针政策的言行。

2. 自觉爱国守法

忠于祖国，忠于人民，恪守宪法原则，遵守法律法规，依法履行教师职责；不得损害国家利益、社会公共利益，或违背社会公序良俗。

3. 传播优秀文化

带头践行社会主义核心价值观，弘扬真善美，传递正能量；不得通过保教活动、论坛、讲座、信息网络及其他渠道发表、转发错误观点，或编造散布虚假信息、不良信息。

4. 潜心培幼育人

落实立德树人根本任务，爱岗敬业，细致耐心；不得在工作期间玩忽职守、消极怠工，或空岗、未经批准找人替班，不得利用职务之便兼职兼薪。

5. 加强安全防范

增强安全意识，加强安全教育，保护幼儿安全，防范事故风险；不得在保教活动中遇突发事件、面临危险时，不顾幼儿安危，擅离职守，自行逃离。

6. 关心爱护幼儿

呵护幼儿健康，保障快乐成长；不得体罚和变相体罚幼儿，不得歧视、侮辱幼儿，严禁猥亵、虐待、伤害幼儿。

7. 遵循幼教规律

循序渐进，寓教于乐；不得采用学校教育方式提前教授小学内容，不得组织有碍幼儿身心健康的活动。

8. 秉持公平诚信

坚持原则，处事公道，光明磊落，为人正直；不得在入园招生、绩效考核、岗位聘用、职称评聘、评优评奖等工作中徇私舞弊、弄虚作假。

9. 坚守廉洁自律

严于律己，清廉从教；不得索要、收受幼儿家长财物或参加由家长付费的宴请、旅游、娱乐休闲等活动，不得推销幼儿读物、社会保险或利用家长资源谋取私利。

10. 规范保教行为

尊重幼儿权益，抵制不良风气；不得组织幼儿参加以营利为目的的表演、竞赛等活动，或泄露幼儿与家长的信息。

二、保育员违反职业道德的行为

2018年11月8日教育部印发了《幼儿园教师违反职业道德行为处理办法》，旨在规范幼儿园教师职业行为，保障教师、幼儿的方法权益，其中列举出了违反职业道德的典型行为，主要包括以下几点。

1）在保教活动中及其他场合有损害党中央权威和违背党的路线方针政策的言行。

2）损害国家利益、社会公共利益，或违背社会公序良俗。

3）通过保教活动、论坛、讲座、信息网络及其他渠道发表、转发错误观点，或编造散布虚假信息、不良信息。

4）在工作期间玩忽职守、消极怠工，或空岗、未经批准找人替班，利用职务之便兼职兼薪。

5）在保教活动中遇突发事件、面临危险时，不顾幼儿安危，擅离职守，自行逃离。

6）体罚和变相体罚幼儿，歧视、侮辱幼儿，猥亵、虐待、伤害幼儿。

7）采用学校教育方式提前教授小学内容，组织有碍幼儿身心健康的活动。

8）在入园招生、绩效考核、岗位聘用、职称评聘、评优评奖等工作中徇私舞弊、弄虚作假。

9）索要、收受幼儿家长财物或参加由家长付费的宴请、旅游、娱乐休闲等活动，推销幼儿读物、社会保险或利用家长资源谋取私利。

10）组织幼儿参加以营利为目的的表演、竞赛活动，或泄露幼儿与家长的信息。

11）其他违反职业道德的行为。

和同学一起交流一下保育员职业道德的基本内容。

学习任务三　保育师（员）需要树立的正确观念

王丽是中职学校保育专业的学生，上周一位园长来学校做了一次讲座，对未来的保育师不止一次提到，要树立正确的观念，指引现在的学习和未来的工作。她很疑惑：保育员要怎样树立正确观念呢？

※知识目标

- 了解保育师（员）的儿童观。
- 了解保育师（员）的保育观。

※能力目标

- 能够建立正确的儿童观、保育观，规范自己的言行。

※素养目标

- 保育师（员）尊重幼儿，爱护幼儿，在先进科学的教育观、儿童观、保育观之下，高质量、高水平地完成保育工作，为幼儿的一生奠定坚实的基础。

保育师（员）需要树立正确的教育观、儿童观、保育观。保育师（员）必须在掌握相关理论与实践技能的基础上，尊重幼儿，爱护幼儿，在先进科学的教育观、儿童观、保育观之下，高质量、高水平地完成保育工作，为幼儿的人生奠定坚实的基础。

一、保育师（员）的儿童观

保育师（员）看待、认识、评价婴幼儿的观念和对待婴幼儿的态度关系到保育师

（员）的儿童观，直接影响着保育师（员）实施保育的理念、路径、方式和实际行动。保育师（员）要关爱婴幼儿，重视婴幼儿身心健康，将保护婴幼儿生命安全放在首位，这是保育师（员）师德的灵魂。保育师（员）在对婴幼儿的态度行为方面可以总结为：关爱婴幼儿、尊重婴幼儿、尊重婴幼儿的权力、尊重婴幼儿人格、重视婴幼儿生活教育。

1. 关爱婴幼儿

关爱婴幼儿是保育师（员）职业道德的核心，也是保育师（员）顺利开展教育工作的重要条件之一。“亲其师，信其道”。具体而言，保育师（员）要对婴幼儿严慈相济，做婴幼儿的良师益友；严中有爱，严而有度，严而有方，严而有恒；不讽刺、挖苦、歧视婴幼儿，不体罚婴幼儿。《新时代幼儿园教师职业行为十项准则》中第六条明确规定教师要“关心爱护幼儿。呵护幼儿健康，保障快乐成长；不得体罚和变相体罚幼儿，不得歧视、侮辱幼儿，严禁猥亵、虐待、伤害幼儿”。

2. 尊重婴幼儿

教育部2012年颁布出台了《幼儿园教师专业标准（试行）》（教师〔2012〕1号）提出：“幼儿为本，尊重幼儿权益，以幼儿为主体，充分调动和发挥幼儿的主动性；遵循幼儿身心发展特点和保教活动规律，提供适合的教育，保障幼儿快乐健康成长。”对婴幼儿的尊重，核心是公平公正地对待每一个婴幼儿。

3. 尊重婴幼儿的权利

我国自20世纪90年代初加入联合国《儿童权利公约》以来，对儿童权利的保护日益增强，确立了儿童优先原则，基本形成了以《中华人民共和国宪法》（简称《宪法》）为基础，以《中华人民共和国未成年人保护法》（简称《未成年人保护法》）为主体，包括《民法典》以及有关的行政法规、地方性法规在内的一整套保护未成年人的法规体系。我国宪法及相关法律规定儿童享有的权利有以下几种。

（1）生存的权利

《宪法》规定：“父母有抚养未成年子女的义务。”《未成年人保护法》规定：“未成年人的父母或其他监护人应当学习家庭教育知识，接受家庭教育指导，创造良好、和睦、文明的家庭环境。共同生活的其他成年家庭成员应当协助未成年人的父母或者其他监护人抚养、教育和保护未成年人。

（2）受教育的权利

《宪法》规定：“国家培养青年、少年、儿童在品德、智力、体质等方面全面发展。”《中华人民共和国义务教育法》规定：“国家、社会、学校、家庭依法保障适龄儿童、少年接受义务教育的权利。”

（3）受尊重的权利

《未成年人保护法》规定：“学校、幼儿园的教职员工应当尊重未成年人人格尊严，不得对未成年人实施体罚、变相体罚或者其他侮辱人格尊严的行为。”

（4）安全的权利

《新时代幼儿园教师职业行为十项准则》第五条明确规定教师要加强安全防范。增强安全意识，加强安全教育，保护幼儿安全，防范事故风险；不得在保教活动中遇突发事件、面临危险时，不顾幼儿安危，擅离职守，自行逃离。

4. 尊重婴幼儿人格

“尊重婴幼儿人格”就是要将婴幼儿视为平等的人格主体予以尊重。尊重生长发展的自然规律，尊重婴幼儿独立的人格和自我意识，《儿童权利公约》的基本精神就是强调婴幼儿不仅仅是被保护和教育的对象，而且是具有积极性和主动性的“权利主体”。尊重婴幼儿还包括尊重婴幼儿的个体差异，不能用一把“尺子”来衡量所有的婴幼儿。

5. 重视婴幼儿生活教育

《幼儿园工作规程》第二十七条规定：“幼儿园日常生活组织，应当从实际出发，建立必要、合理的常规，坚持一贯性和灵活性相结合，培养幼儿的良好习惯和初步的生活自理能力。”

生活教育是婴幼儿保育的出发点。教育即成长，教育的过程就是一个持续不断地成长过程。生活教育对婴幼儿的成长具有重要作用。《托育机构保育指导大纲（试行）》明确规定，托育机构保育人员是保育工作的主要实施者，应当具有良好的职业道德和业务能力，身心健康。负责婴幼儿日常生活照料和活动组织，主动了解和满足婴幼儿不同的发展需求，平等对待每一个婴幼儿，呵护婴幼儿健康成长。因此，保育师（员）应关注婴幼儿的日常生活，关注日常生活给予婴幼儿的各种发展机会，努力将教育扩展到婴幼儿一日生活的方方面面，甚至延伸到家庭和社区中去。

二、保育师（员）的保育观

“保”和“育”是托育机构和幼儿园的共同要求，对婴幼儿的发展也起着重要作用。“保”就是保护婴幼儿的健康，不仅包括婴幼儿的身体健康和心理健康，还应该包含婴幼儿社会性发展方面的内容。“育”主要是指在托育机构和幼儿园里对婴幼儿进行的教育教学活动，要按照幼儿园五大领域的要求开展有针对性的教育活动，不仅要“教”孩子养成良好的饮食、睡眠等生活习惯，还要“教”孩子与人交往的能力、欣赏美的能力等。实际上就是“育”中有“保”、“保”中有“育”。婴幼儿期是人一生发展的关键期之一，保育师（员）、教师和家长对孩子发展的作用不可忽视。保育师（员）应具备正确的保育观，能够运用最科学的方式帮助婴幼儿健康成长。

讨论交流

1）在小组内，交流保育师（员）的保育观包括哪几个方面。

2）在班内，互相说说对保育师（员）的儿童观的理解。

拓展学习

国庆节后第一天入园，鑫鑫死死抓住妈妈的胳膊哭喊着："我要回家看电视，我要看动画片，我不要上幼儿园。"徐老师牵过鑫鑫的手，蹲下来耐心地安慰说："鑫鑫，老师和小朋友都特别爱你，也特别想你，我们大家一起玩游戏好不好？"说着从口袋里拿出鑫鑫最爱的佩奇玩偶。鑫鑫转悲为喜，高兴地走进教室。

午饭时，鑫鑫只吃米饭，不吃蔬菜，也不吃肉。徐老师跟家长沟通后了解到，鑫鑫的姥姥一直负责孩子的饮食，姥姥认为孩子只要吃饭就行，不吃蔬菜和肉也没有关系，经常给孩子吃菜汤泡米饭。为此，徐老师一方面在班级展开"蔬菜王国"的主题活动，让鑫鑫知道蔬菜有利于身体健康；另一方面给家长推荐幼儿饮食搭配的书籍，帮助家长树立健康的饮食意识和掌握合理调配膳食的方法。不久，鑫鑫就能够正常地进餐，不再挑食了。

徐老师每年都坚持订阅与教学有关的各种资料，仔细阅读、不断钻研，还经常和同事分享教学心得和教学经验，帮助新入职的教师解决教学方面的问题。

请结合材料从保育员职业道德的角度，评析徐老师的保育行为。

案例分析：

徐老师的保育行为践行了保育职业道德规范的相关要求，值得我们学习。

徐老师的保育行为践行了关爱婴幼儿的教师职业道德规范。关爱婴幼儿要求保育员应关心爱护全体婴幼儿，尊重婴幼儿人格，平等公正地对待婴幼儿，对婴幼儿严慈相济，做婴幼儿的良师益友，保护婴幼儿安全，关心婴幼儿健康，维护婴幼儿权益。材料中的徐老师面对鑫鑫的入园焦虑，蹲下来耐心安慰鑫鑫，并用鑫鑫喜欢的玩偶进行引导，这体现了其关爱婴幼儿的教师职业道德。

徐老师的保育行为践行了为人师表的职业道德规范。终身学习要求教师应崇尚科学精神，树立终身学习理念，拓宽知识视野，更新知识结构，潜心钻研业务，勇于探索创新，不断提高专业素养和教育教学水平。材料中，徐老师每年都坚持订阅与教学有关的各种资料，仔细阅读、不断钻研。这体现了其终身学习的教师职业道德。

徐老师的保育行为践行了终身学习的职业道德规范。终身学习要求教师应崇尚科学精神，树立终身学习理念，拓宽知识视野，更新知识结构，潜心钻研业务，勇于探索创新，不断提高专业素养和教育教学水平。材料中，徐老师每年都坚持订阅与教学有关的各种资料，仔细阅读、不断钻研，这体现了其终身学习的教师职业道德。

总之，徐老师的行为是我们学习的榜样，在工作中我们要践行教师职业道德规范的要求。

第四节　保育师（员）的职业规划

托幼机构保育对象的年龄特点决定了保育师（员）在工作中的地位与作用是不可忽视的。在传统的保育观念中，保育师（员）给人们的印象就是打扫卫生、整理物品。但是，随着保育工作逐渐从以往的被动保育向主动保育、科学保育转变，托幼机构需要专业素质高的专职保育师（员）。保育师（员）要了解保育人才专业发展的路径和主要阶段，在不同时期学习、拓展专业知识，积累实践经验，对保育工作充满热情和投入，努力成为优秀的保育师（员），助力婴幼儿健康成长。

※本节知识导图

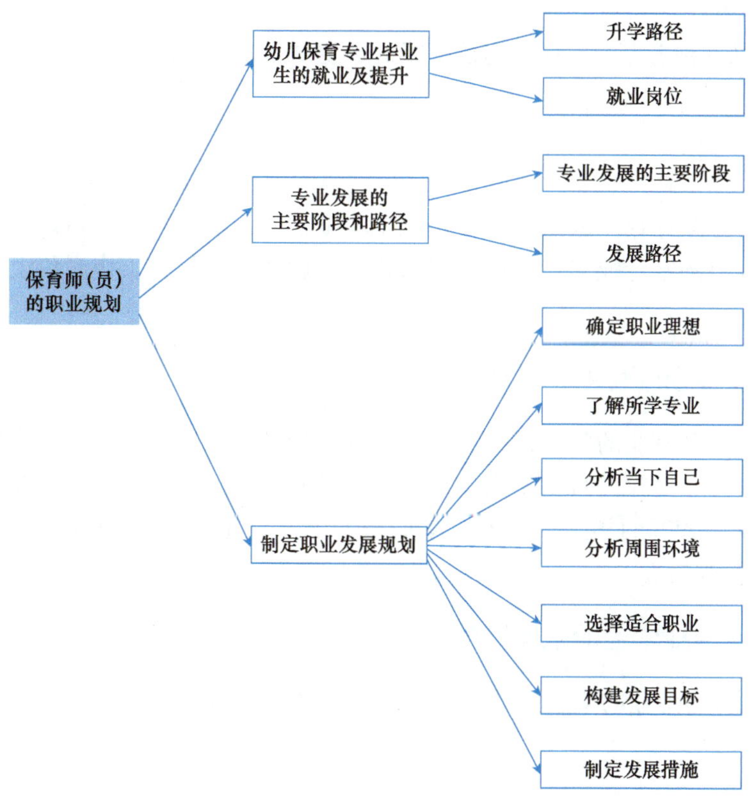

学习任务一　幼儿保育专业毕业生的就业及提升

王丽是中职幼儿保育专业的一年级学生，非常喜欢小朋友，乐于与小朋友相处。在报名保育专业前，听亲戚朋友的建议，王丽对这个专业只是有个大概了解，但是，对将来能从事什么工作、是否能够升学并不了解。

※ 知识目标

- 了解保育专业学生的就业去向。
- 了解保育专业学生的升学路径。

※ 能力目标

- 能够初步确定中职毕业后的选择方向。

※ 素养目标

- 了解幼儿保育专业对应的岗位，唤起学生对未来的工作向往。

中职的幼儿保育专业是在2019年新增的专业。本专业的毕业生可以选择升学，系统化地继续学习的本专业知识；也可以选择直接就业，在保育工作岗位上，提升自己的实践能力。

一、幼儿保育专业学生的升学路径

中职幼儿保育专业的学生，在经过两年的基础学习之后，可以在中职毕业后参加高等职业（大专）学校的自主招生，进入学前教育专业、早期教育、幼儿保育等专业继续学习。基础较好的学生，也可以参加高考统招，进入本科院校的学前教育专业、早期教育专业学习。

二、幼儿保育专业学生的就业岗位

中职幼儿保育专业的毕业生可以就职的岗位如表1-7所示。

表1-7　中职幼儿保育专业毕业生可以就业的岗位及对应的证书

序号	就职单位类型	岗位	职业资格证书和职业技能等级证书
1	幼儿园	保育员、教师助理	幼儿照护
2	早教机构	育婴员、管理、销售	幼儿行为引导
3	托育机构	保育师	幼儿班级运行组织
4	社区、保健院	育婴指导师	0～3岁婴幼儿保育教育
5	早教产品公司	销售、管理	3～6岁幼儿保育教育
6	社区、儿童福利院	孤残儿童护理员	婴幼儿发展引导员 孤残儿童护理员 早期教育指导师

讨论交流

结合自己的实际情况，在小组内交流自己计划三年后选择的方向。

学习任务二　保育师（员）专业发展的主要阶段及路径

小王老师从中职的幼儿保育专业毕业，在2022年6月入职到一所幼儿园，担任小班的保育员。她按照幼儿园小班的保育工作流程，完成消毒、进餐、活动等保育工作，尽管非常认真，但是在工作中还是手忙脚乱的，对幼儿的观察不够细致，配班教师要不时提醒她。小王老师对自己是否能够胜任保育工作产生了怀疑。

※知识目标

- 掌握保育师（员）专业成长的主要阶段。
- 了解介绍保育师（员）的专业发展路径。

※能力目标

- 能够与同学交流保育师（员）专业成长的主要阶段和专业发展路径。

※素养目标

- 逐步形成干一行、爱一行的思想。

- 人才成长是有客观规律的，需要不断学习与付出。

任务学习

我国学前教育事业快速发展，学前教育资源迅速扩大，普及水平大幅提高，管理制度不断完善。虽然“入园难”问题得到有效缓解，但不可否认，“入园难”“入园贵”问题依然存在。根据2019年8月《国务院关于学前教育事业改革和发展情况的报告》和《2019中国学前教育年度报告》的数据，截至2018年年底，全国共有幼儿园26.7万所，教职工453.15万人，与2010年相比，幼儿园数量增加了77.3%，在园规模增加了56.4%，教职工数量增加了145%。随着幼儿园数量的增加和规模的扩大，全国学前教育专任教师缺口仍高达52万人，相应的保育人员缺口也可想而知。

保育专业的学生应该了解学前教育发展的现状和趋势，明确托幼机构中保育工作岗位的要求，清楚保育专业学生的升学及就业渠道，并能够根据保育人才发展的规律和自身特点做好自己的生涯规划，适时根据外界因素调整规划，不断学习，逐步实现自己的职业理想，成为卓越、幸福的保育人员。

一、保育师（员）专业发展的主要阶段

基于人的职业成长遵循“从初学者到专家”的逻辑发展规律，保育师（员）不论在幼儿园还是在托育机构，其专业发展主要有以下五个阶段。

1. 准备者阶段

职业准备阶段主要是指入职前的学习、实践阶段。在中职、高职等职业院校的保育专业学习就指这一阶段，学生在该阶段学习保育的专业知识，为成为一个合格的保育人员奠定基础。

2. 初学者阶段

新入职保育岗位的人员处于初学者阶段。初学者来到幼儿园或托育机构，此时应该是实习保育师（员），面对完全陌生的保育对象和同事，内心是忐忑的，需要熟悉保育工作环境，熟悉保育工作内容，尽快适应工作。

3. 胜任者阶段

一般初学者保育师（员）经过三年左右的岗位实践，积累了工作经验，能够与教师、保健员、育婴员等同事一起合作，非常顺利地完成保育工作，对保育工作有了比较深入的了解。一部分初学者保育师（员）经过自身的努力学习和托幼机构的培训，

能够完全胜任保育师（员）工作。

4. 熟练者阶段

通常在保育岗位工作五年以后，有一定数量的保育师（员）会进入工作熟练的发展阶段。处在此阶段的保育师（员），非常熟悉工作内容和流程，积累了较为丰富的工作经验，面对突发问题能够借鉴保育工作经验和情境，进行有效的分析和判断，进行合理处置；同时，能够在托幼机构进行保育工作相关的培训，指导实习保育师（员）。

5. 专家阶段

专家阶段是保育专业发展的最高阶段，此阶段的保育人员能够统筹托幼机构的保育工作，对保育工作有着深入的思考和先进的理念，驾驭工作能力极强；同时，在保育工作基础上，能够带领团队教师进行保育工作领域的课题、专题研究，在保育工作上进行创新和实践。

二、保育师（员）的发展路径

1. 保育师在托育机构发展的路径

2017年底，国务院妇女儿童工作委员会发布的《3岁以下婴幼儿托育服务需求调查》显示：我国城市35.8%的3岁以下婴幼儿家庭存在托育需求；无祖辈参与照看的家庭有托育需求的达43.1%；在祖辈参与照看的家庭中，33.8%的家庭仍表示有托育需求；有托育需求的家庭中，76.8%的家长期望孩子能上公办托育机构，其中希望能上全日制者占84.2%，69.7%的家长希望将孩子送往专业的托育机构。可见，社会对专业的保育需求不断提升。

保育专业毕业生可选择早教机构、托育机构、培训机构、儿童福利院、学前教育相关的公司，从基础工作做起，从事早教机构保育员、育婴师、培训机构助理、儿童福利院保育人员、学前教育产品销售员等工作。随着工作经验的积累和专业知识的拓展，经过初学者、胜任者、熟练者等阶段，逐步成为企业的骨干和管理者。

2. 保育员在幼儿园的发展路径

符合条件的人员，经过应聘可以进入幼儿园从事保育工作。多数地区的幼儿园有保育员的岗位，保育员的主要职责有：在教师指导下，科学照料和管理幼儿生活，并配合本班教师组织教育活动；在卫生保健人员和本班教师指导下，严格执行幼儿园安全、卫生保健制度。因此，保育人员需要具备扎实的学前教育知识和卫生保健知识。保育员在幼儿园的发展路径如下。

（1）保育员在保育专业的深度发展

在幼儿园的工作中，经过在保育岗位中不断学习和积累，经过初学者、胜任者、熟练者等阶段，保育员可以逐步成为保育领域的专家。有些专家建议，保育员将来也会和幼儿教师一样，有职称评定的系列和空间。

（2）保育员在行政管理方向发展

保育员在幼儿园的工作中，还可以选择在行政方面发展。随着保育工作能力不断提升，保育员开始担任保育组长，在保育组长的基础上，不断学习幼儿园经营与管理的知识和经验，成长为后勤主任和后勤园长。

（3）保育员向幼儿教师方向发展

保育员也可以在配合教师组织教育活动的过程中，观察、学习幼儿园教师的教学专业知识经验，拓展自己的发展空间，考取教师资格证书，从事幼儿园教师工作。幼儿教师在工作过程中，要不断学习，逐步胜任工作，取得专业发展成果，完成相应的继续教育任务，选择助理讲师、讲师、副高级讲师和正高级讲师发展路径。同时，保育员还可以选择幼儿教师、带班的班长、保教主任、科研主任、副园长、园长的行政发展路径。

利用保育师（员）专业成长和发展路径的相关知识，为小王老师留言，鼓励小王老师克服暂时困难，继续积极工作。

学习任务三　制定职业发展规划

王丽是中职幼儿保育专业的一年级学生，非常喜欢小朋友，乐于与小朋友相处，希望能够进入幼儿园，成为一名教师或保育员，更希望将来成为一名幼儿园的园长。她在校学习期间就需要为实现目标做准备吗？

※知识目标

- 掌握制定职业发展规划的方法。
- 理解客观分析自己的作用。

※能力目标

- 能够客观地进行自我分析、制定自己的职业发展规划。

※素养目标

- 了解专业、热爱专业，能够客观全面地进行自我分析。

作为职业学校的学生，经过三年的专业学习和准备，将走进社会，面临职业的选择与发展。随着社会的发展，新的行业不断涌现，职业也随之不断变化，原有职业的内涵与要求不断提升。作为保育专业的中职学生，应该掌握职业生涯规划的方法，确定我们的职业发展目标，指导自己的在校学习，将来能够更好地适应社会，能够融入托幼园所的组织，促进自身发展。

学生制定职业生涯规划的方法有以下几种。

一、确定职业理想

设计职业生涯规划，首先要确定职业理想。职业理想是个人对将来职业的向往和追求。人的价值观、知识结构、能力水平、兴趣爱好不同，其职业理想也随之不同。职业理想来源于现实，并非虚无缥缈，它不仅指从事职业或行业，还包括这个职业或行业较为具体的岗位。所以，确定职业理想就等于确定了人生的主要奋斗目标。

二、了解所学专业

根据《中等职业学校专业设置管理办法（试行）》，教育部组织开展了《中等职业学校专业目录（2010）》修订工作。2019年6月18日，教育部在网站公布《中等职业学校专业目录》增补专业，在教育类专业中增补幼儿保育专业，其目的是支持高校建设婴幼儿照护服务相关的一流课程，加快培养婴幼儿照护相关专业人才。

本专业的培养目标是面向托幼园所、社会福利机构及其他保育机构，培养从事婴幼儿保育工作，具有良好的职业道德及奉献精神，掌握婴幼儿保教的相关理论与知识，熟悉婴幼儿身心发展规律和保教基本规律，具备婴幼儿保育和教育辅助工作能力及持续学习与发展能力，德智体美劳全面发展的高素质的托幼园所保育人才和相关工作的婴幼儿照护服务人才。

三、分析当下自己

制定职业生涯规划需要建立在全面了解自我的基础上。只有通过全面、客观地进行自我分析，才能了解自己的性格特征、兴趣爱好、自身优势和短板不足。只有基于对自身的清晰分析，才能扬长避短，选择适合自己的职业，正确规划自己的职业发展路线。自我分析通常包括兴趣与爱好、性格特点、能力基础、学习基础、学习习惯等方面的分析，如我最优秀的品质是什么？我学到了什么？我曾经做过什么？我最成功的是什么？

四、分析周围环境

周围环境是影响个人职业发展的因素之一。不同的经济发展阶段，影响着职业的选择和发展。在进行环境分析时，首先，要考虑相对宏观的社会环境、经济环境和政治环境，如国家经济稳步发展、二孩政策乃至三孩政策实施，这些都是宏观的环境；其次，要考虑行业的发展环境，如国家对学前教育的重视、最近几年新生婴儿增加托幼园所的数量短期内难以满足人们的需要等；最后，要考虑所处地区和家庭环境，例如，父母或亲戚朋友从事学前教育的工作，我们比较容易了解学前教育的相关情况、信息等，对自己选择学前教育相关工作还是有帮助的。

五、选择适合职业

分析自我和分析环境是做职业选择的基础。我们在选择职业时，要充分考虑自己的兴趣、特长、性格，还要考虑各种环境因素对自己的影响。例如，从1997年开始，国有企业开始大规模分离托儿所幼儿园等社会化职能。1997年，国有企业有25.4万户，到2007年减少到11.5万户，年均减少1.4万户。这期间，托儿所、幼儿园的数量也在大幅度减少，随之，对幼儿教师、保育员的需求也在减少，同时，也影响学生选择学前教育专业。

六、构建发展目标

我们在规划自己的职业发展时，通常要制定长远目标、阶段目标和近期目标。

1. 长远目标

长远目标就是沿着职业理想指引的方向所确立的最远期的奋斗目标。尽管长远目标在短期内不会实现，但是它决定着职业规划是否能够成功，接近我们的职业理想。长远目标是通过不同阶段目标的实现而实现的。

2. 阶段目标

我们的职业生涯可能长达30～40年，也可能会更长，这就必须把职业生涯划分成几个阶段，因为在不同的阶段面临的问题不同，环境也可能发展变化，要适时规划和调整阶段目标。例如，在学校读书期间，我们的目标是什么？

3. 近期目标

近期目标是我们当下需要制定的1～2年的目标。近期目标是实现阶段目标和长远目标的基础。近期目标应该是切实可行的、具体的，通过自己努力就一定能实现的。保育专业的中职生，制定近期目标就是要确定学校学习的目标、针对自己与阶段目标和长远目标的差距，选择参加什么技能训练、加入什么社团、参加什么职业资格考证学习等，为自己能尽快在从事托幼园所的保育工作岗位前，积累更多的专业知识、能力、素养，达到岗位要求的学历，考取专业要求的职业资格证书。

七、制定发展措施

发展措施是指为实现目标而进行的具体行为和做法。制定发展措施是要分析现有的知识、能力、环境等基础与不同阶段的目标的差距，基于差距而拟采取的措施。通常的策略是：构建合理的知识结构；培养职业需要的实践能力；参加有益的职业训练。

请根据表1-8设计一份自己的职业生涯规划书。

表1-8　设计我的职业生涯规划书

我的职业理想（长远目标）	职业生涯规划书
我的专业	
自我分析	
环境分析	
选择职业	
构建目标	
发展措施	

下面是一位幼儿园园长的成长经历，请分析苗菁园长的成长经历，并谈谈她在保育工作中取得的成绩及原因。

微课　幼儿园园长成长经历

从“保”出发　用爱“育”人

小时候，我很敬佩教师这个职业，因为老师们用自己的爱和学识成就我们每个人的成长。1992年，我实现了自己的愿望，踏入了朝阳幼儿师范学校的大门，当看到墙上“为人师表　身正为范”八个大字时，我深深知道：作为一名幼儿教师，不仅要有“爱”，更要有专业的底气。只有努力学好专业知识和专业技能才能让自己成为一名合格的幼儿教师。从此，我给自己树立了目标：一定要成为一名优秀的幼儿教师。在整个学生时代，我时刻牢记自己的目标，认真学习《幼儿卫生学》《幼儿心理学》《健康教育》等课程，并掌握了传染病辨别、急救、幼儿意外伤害救治等知识。在实习期间，我努力将自己的所学运用到工作实践中。

曾记得在第一次保育实习时，我的指导教师告诉我：“爱孩子的前提就要给孩子一个健康的身体，要想做一名好老师，就要先学会做保育员，因为在保教工作中保在前，育在后，只有真正保障了幼儿的身体健康，帮助幼儿形成良好的生活卫生习惯和健康的生活方式，才能够实施真正的教育，实现保教结合。”因此，在每一次的实习过程中，我都努力践行好保育职责，积极尝试进行保教结合。因为在实习工作中表现突出，我还被评为了优秀实习生。

1995年毕业后，我被分配到了一所新成立的幼儿园。面对幼儿园的发展建设，我努力工作着。为不断提高幼儿园办园质量和教师专业能力，幼儿园打破了多年“两教一保”的管理模式，以课题研究方式推进了“三教轮换”的开展，也就是每个老师都有承担保育的机会。作为一名新教师，我从最基础的保育员做起。我深知保育工作对于幼儿发展的重要性，因此我用爱的细心、耐心和关心照顾每一个孩子，观察幼儿的生活需要，关注幼儿的健康成长，注重培养幼儿良好的生活卫生习惯。在我的精心照顾下，我们班的出勤率位居全园第一。为了更好地实现自己成为优秀教师的理想，我积极参与课题研究，积极承担观摩教学，积极参与各类学习，不断丰富自己在理念塑造和教学实践中的经验积累。在十五年的一线教师的成长期，我从一名新教师逐渐成长为朝阳区骨干教师、朝阳区十佳教师、朝阳区师德标兵、朝阳区青年岗位能手，并获得了健康指导师及学前教育本科学历证书。

我始终相信：只要不懈地努力，就会有成长平台。2010年，我开始从事保教主任工作。作为主抓教育教学的管理干部，我深深知道，要带领教师团队共同成长，提升幼儿园的保育工作质量。因此，在新建园创办的过程中，面对平均年龄只有19岁的教师团队，我带领他们从最基础的保育工作开始学起，通过互动式交流及理论学习，帮助他们夯实保育理论知识；通过实操演练，帮助他们掌握擦桌子、扫地、拖地、削水果、叠被子等保育技能；同时，注重运用教育评价的方式帮助教师夯实保育能力。在这样系统的培养和指导下，老师们的保育意识及保育能力均在逐步地增强，能够关注和满足幼儿生活的需要。通过不懈的研究与实践，我园不仅自创了《保育员工作流程实施手册》，保育工作也得到了家长的充分认可，满意率达到100%。

2016年，我被调动到一所市级示范园做副园长兼党支部副书记，但岗位的变化

并没有影响到我的专业方向。在深入班级过程中，我发现所有新教师从事的第一个岗位均是保育岗，而保育工作又是教育工作推进的重要前提。但从实践中我们看到，保育工作仍然是幼儿园工作的薄弱环节。因此我继续坚持以提升教师的保育能力为抓手，带领保教团队申报了北京市学前教育研究会“十三五”课题《幼儿园保育教师保育能力培养策略的实践研究》。作为课题主持人，我带领干部、教师深入研究，对保育专业知识的构建（如卫生消毒篇、传染病防控篇、安全急救篇、生活护理篇）、保育专业技能的养成（如常规工作规范篇、用具清洁技巧篇、卫生清扫窍门篇）、保育日常考核机制（如保育岗每周工作自检表、保育岗月考核等级评价标准及评价量表、保育知识考核试卷）等进行了深入的研究，逐步形成了“教师保育案例篇”及《新教师保育实用手册》。本人的保育论文《制定保育员岗工作等级评价标准，促进日常保育工作质量提升》《谈指南思想引领下，新教师保育能力提升的实践研究》也多次在北京市获二、三等奖；撰写的文章《调整保育评价细则提升保育工作质量》刊登在《学前教育》杂志第2017年7/8月合刊上；作为编委，还曾参与编写首都师范大学出版社出版的《儿童为本科学保教》一书并面向全国发行。

2018年，我成为园长兼党支部书记，岗位的调整让我更加坚信专业的力量。因此我继续以保育工作为抓手，以专业发展为目标，以幸福教育为精神指引，继续带领着我的团队研究着、发展着、幸福着。做幼儿教师这26年间，我更深刻地感受到：在一个好老师的成长过程中，只要你有坚定的信念、高瞻的理念、育人的感念、对儿童的想念，你就能时时刻刻做教育，分分秒秒育儿童。学前教育的幸福感就在于幸福的一群人在做着世界上最幸福的一件事，我们只要从“保”出发，用“爱”育人，坚守好每一天的幸福，就一定会感受到学前教育人的职业幸福。让我们一起努力做学前教育的追梦人！

（北京市朝阳区西坝河第三幼儿园　园长：苗菁）

案例分析：

苗园长由一名普通的幼儿师范学生成长为幼儿园的园长兼党支部书记，分析其原因有以下几点。

（1）目标明确，引领成长。

刚刚成为幼儿师范学生时树立了目标——一定要成为一名优秀的幼儿教师，这是长期目标。在求学期间认识到：作为一名幼儿教师，不仅要有“爱”，更要有专业的底气。因此，认真学习专业知识和专业技能，评为优秀实习生，为成为一名合格的幼儿教师奠定基础。

在新教师阶段，树立的目标是：用爱的细心、耐心和关心照顾每一个孩子，观察幼儿的生活需要，关注幼儿的健康成长，注重培养幼儿良好的生活卫生习惯。于是，在努力工作的基础上，完成学前教育本科学习，积极参与课题研究，积极承担观摩教学，积极参与各类学习，提升保育专业理念，积累经验，成长为保教主任。

在保教主任的岗位上制定的目标是：要带领教师团队共同成长，提升幼儿园的保育工作质量。带领新教师从保育工作做起，编写了保育员工作流程实施手册，保育工作也得到了家长的充分认可，满意率达到100%。

在园长兼党支部书记岗位上的目标是：岗位的调整让我更加坚信专业的力量。因此我继续以保育工作为抓手，以专业发展为目标，以幸福教育为精神指引，继续带领着我的团队研究着、发展着、幸福着。带领教师团队进行专业发展，提升管理水平。

（2）不断学习，助力成长

苗园长在每一阶段都不断学习，在学校时认真学习专业知识和专业技能；在新教师阶段，不断向老教师学习，同时，进行本科学历的提升；在管理岗位上，通过课题研究，科研引领，对保育工作进行科学的学习和实践，使苗园长成长为专家型保育员和领导。要想成长进步，就要不断学习，无论是保育专业书籍、教育名家著作，还是国内外学前教育专家的最新理念，都是最好的学习资料。

（3）专业信念，保障成长

我们能够感受到苗园长是热爱学前教育的，从“保”出发，用“爱”育人，坚守好每一天的幸福，就一定会感受到学前教育人的职业幸福，让我们一起努力做学前教育的追梦人！只有热爱，才能全力以赴地努力和付出！

苗园长从一位普通的幼儿师范学生，经过不断的学习、实践，逐步成长为一名园长，是保育员专业成长的榜样。每位保育员，只要不断学习、坚定目标、倾情投入都会获得成功。

第二章　托幼园所保育工作的基本内容

根据《托育机构保育指导大纲（试行）》《保育师国家职业技能标准（征求意见稿）》《幼儿园教育指导纲要（试行）》《幼儿园工作规程》等国家文件中对保育师、保育员岗位内容的规定，本章选择保育师和保育员工作内容中的相同部分进行详细介绍。其中，配合教育活动部分，幼儿园保育员的职责之一是配合教师进行教育活动；而在托育机构中，新手保育师的工作先是配合有经验的保育师进行，然后是独立进行。因此，本章选择新手保育师和保育员的共同部分配合教育活动来详细介绍。

第一节　清洁与消毒

《托儿所幼儿园卫生保健管理办法》适用于招收0～6岁幼儿的各级各类托儿所、幼儿园，也就是本书所指的托幼机构。为贯彻落实《托儿所幼儿园卫生保健管理办法》的有关规定，卫生部印发了《托儿所幼儿园卫生保健工作规范》，对托幼机构的卫生与消毒做了明确的规定。本节以《托儿所幼儿园卫生保健工作规范》中关于清洁与消毒的有关规定为依据，结合托育机构和幼儿园的工作实际进行说明。

※本节知识导图

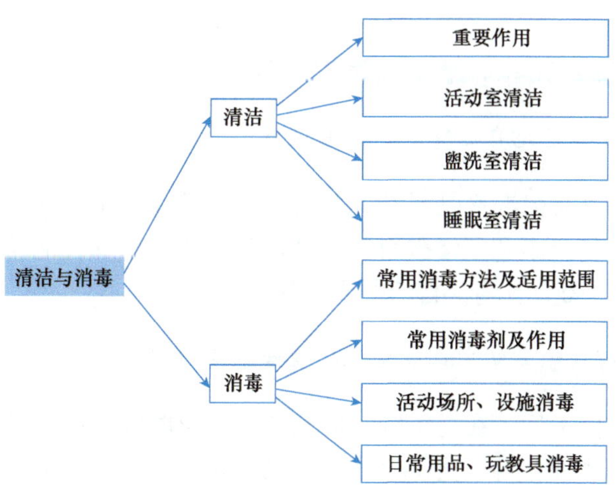

学习任务一　清　　洁

幼儿园小张把幼儿园卫生消毒工作当成是幼儿园工作的重中之重。每天严格执行幼儿园卫生制度，做好室内外环境卫生清洁，室内做到空气清新、窗户洁净、四壁无尘、物品摆放整齐、幼儿床铺整洁，对幼儿的用具进行消毒。同时能够认真对待每一名幼儿，并指导幼儿个人卫生、疾病预防和保健等工作。能够按照要求做到每天小扫除，每月大扫除，时刻保持活动室内空气的流通，保证婴幼儿有一个舒适、干净的环境。

※ 知识目标

- 知道幼儿园清洁工作标准、要求和方法。

※ 能力目标

- 能够在幼儿园模拟环境下进行清洁工作。
- 使用正确的方法指导幼儿爱护环境卫生。

※ 素养目标

- 感受保育工作中清洁卫生的重要性，高度重视清洁卫生工作。

微课　清洁的一般程序

一、环境清洁对婴幼儿身心发展的重要作用

1. 环境清洁是婴幼儿身心健康的有效保障

活动室、睡眠室与盥洗室是婴幼儿每日生活与活动的主要场所，其清洁程度将直接影响婴幼儿的身体健康和正常教育教学活动的开展。因此，活动室、睡眠室与盥洗室的良好卫生状况是婴幼儿身心健康的有效保障。

2. 环境清洁有利于婴幼儿养成良好的生活卫生习惯

婴幼儿入托（园）后，在托（园）时间长，在家时间相应缩短，因此托幼机构良好的环境卫生状况和保育师（员）平时对婴幼儿进行的卫生习惯培养将直接地、潜移

默化地影响婴幼儿良好生活卫生习惯的养成。

3. 环境清洁可有效预防各类传染病

托幼机构及园所内环境的清洁可以避免病毒、细菌的滋生与传播，有效预防和减少托幼机构传染病的发生，保证婴幼儿的身心健康。

同时，托幼机构及园所要有效地指导家长做好家庭的卫生清洁工作，家园形成教育合力，帮助婴幼儿形成良好的卫生习惯，共同保障婴幼儿生活环境的清洁卫生。

二、活动室清洁

1. 清洁工具

活动室专用干抹布、半干抹布、湿抹布各1块，干拖把、湿拖把各1把，鸡毛掸子、水盆、水桶、洗涤剂、酒精棉棒等清洁工具。

2. 清洁标准

1）每月至少擦拭两次窗户、墙壁、家具、灯具，每天至少擦拭一次窗台、玩具柜、游戏角等。除每天一次对地面和桌面进行早扫除外还应进行若干次的擦拭，如地面应在进餐前后、教育活动前后进行擦拭，桌面在桌面游戏和学习活动前后及进餐前后进行擦拭。

2）从上至下、从左至右、从里向外进行擦拭，以消除死角。

3）地面干净，无污物、无尘土、无多余物品。

4）窗明几净，室内家具用品清洁，无尘、无擦痕。

3. 清洁流程

活动室清洁的一般工作程序是：开窗通风→擦拭灯具→清洁墙壁→擦拭门→擦拭窗→清洁玩具柜→擦拭玩具柜→擦拭桌椅→清洁地面→物品摆放→清洁抹布、拖把。

（1）开窗通风

进行全面清洁工作前，保育师（员）应先将活动室窗户打开，保证室内外空气流通，避免室内浮尘造成空气污染。

（2）擦拭灯具

1）用鸡毛掸子掸掉灯管及灯盒盖上的灰尘。

2）用半干抹布擦拭灯管、灯罩和开关；消毒灯管要用酒精棉棒擦拭。

3）工作时要注意避免灰尘落入眼中。

4）建议普通灯管每月清洁一次，消毒灯管每周清洁一次。

（3）清洁墙壁

1）用鸡毛掸子掸掉墙壁上的灰尘。

2）用干净的湿抹布擦拭瓷砖围墙，确保无污渍、墙壁光洁。

3）建议每月清洁墙壁一次。

（4）擦拭门

1）从上到下，用干净的半干抹布擦拭门框和门边棱。

2）从上到下，用干净的半干抹布擦拭门主体部分的正反两面。

3）用干净的湿抹布擦拭门把手后，用清洁剂彻底擦拭有油污处，再用半干抹布擦拭门把手。

4）建议门框、门主体每周清洁一次，门把手每天清洁一次。

（5）擦拭窗

1）用鸡毛掸子从上至下清扫纱窗，使之无灰尘；如灰尘太多，可用湿抹布擦拭或将纱窗卸下用流动水冲洗。

2）用干净的湿抹布和干抹布交替从上到下擦拭玻璃的正反两面，或用专门擦玻璃的工具彻底擦拭，使之无灰尘、无擦痕。

3）用干净的湿抹布分别擦拭窗棂、窗台。

4）建议纱窗、窗棂、玻璃每两周清洁一次，窗台每天清洁一次。

（6）清洁玩具柜

1）将玩具柜中的物品逐个取出，用半干抹布进行擦拭。

2）用干净的湿抹布擦拭玩具柜的里层和外层。

3）建议每周清洁玩具柜两次。

（7）擦拭桌椅

1）每次餐前、餐后和每次桌面活动后用半干抹布擦拭桌面。

2）每周用湿抹布借助清洁剂全面擦拭桌椅的各部位，包括桌椅的棱角、桌椅腿部。

3）可教年龄大一些的幼儿练习擦拭桌椅。

（8）清洁地面

1）将扫帚压住，由里向外按顺序清扫地面，并将垃圾收起。

2）用半干的干净拖把从房间的里面向门口倒退着从左向右横拖，同时注意不断清洗拖把，保持拖把的清洁。

3）将家具和物品挪开，用半干的干净拖把清洁家具和物品下的地面。

4）建议每日餐后或者地面有垃圾时随时清洁。

（9）物品摆放

1）设施、物品全部清洁后，将活动室内各类物品摆放整齐。

2）建议每天坚持摆放物品，以培养婴幼儿良好的生活习惯。

（10）清洁抹布、拖把

抹布、拖把不能混用，每次用完应及时清洁，清洁后分类悬挂、晾干。

4. 注意事项

1）清洁过程中避免地面太湿，以防婴幼儿滑倒。

2）清洁过程中动作要轻，避免干扰婴幼儿正常的学习及游戏活动。

3）注意清扫墙角、玩具柜下的卫生死角。

三、盥洗室清洁

1. 清洁工具

用来清洁杯具内部和清洁水池的专用清洁布两块，拖把、水盆、水桶、去污粉、刷子、橡胶手套等清洁工具。

2. 清洁标准

1）地面无污渍、无积水；水池整洁干净，下水管处无污物；便池、马桶及时冲洗，无尿碱、无臭味、无蚊蝇。

2）门窗、灯具、水杯、保温桶、水杯架等清洁干净，香皂、卫生纸摆放及时，室内无垃圾堆放。

3）室内各种用具、设备在婴幼儿离园后每天彻底清洁一次。

3. 清洁流程

盥洗室清洁的一般工作程序是：开窗通风→擦拭灯具→清洁墙壁→擦拭门→擦拭窗→清洁保温桶→清洁水杯→清洁毛巾（干手器）→清洁水池→冲洗便池→准备香皂（洗手液）、卫生纸→清洁地面→垃圾处理→清洁双手。

与“活动室清洁”相同的流程，此处不再赘述。

（1）清洁保温桶

1）将保温桶中的剩水倒入水桶中。

2）用清洁保温桶的专用清洁巾擦拭保温桶内胆的周边和底部，然后用热开水将内胆周边和底部的渣滓冲洗干净，并将水倒出。

3）用专用清洁布擦洗保温桶的水龙头并用热开水冲洗干净。

4）保温桶外部用另外一块半干的干净抹布擦洗。

（2）清洁水杯

1）用清水冲洗水杯，然后用清洁水杯的专用抹布借助洗洁精擦洗水杯内外，再用清水冲洗干净，杯口朝下放置在专用晾杯架上晾干。

2）在消毒柜高温消毒后按婴幼儿学号或名字摆放在清洁的水杯架上。

（3）清洁毛巾（干手器）

清洁毛巾：先把毛巾放温水中浸泡30min，用肥皂搓洗后用开水烫洗，再在水龙头下用清水逐一冲洗干净，放入专用蒸车蒸煮10～20min后晒干，按婴幼儿学号或名字挂放整齐。

清洁干手器：首先必须断电，然后用半干抹布擦拭，建议每周擦拭两次。

（4）清洁水池

1）将水池中的污物清理干净。

2）用清洁水池的专用清洁布蘸些去污粉（或洗衣粉、洗涤剂）擦拭水池，将水池中的油污、水渍、污物彻底除掉。

3）用清水冲洗水池，做到水池光滑，无污物、无异味。

（5）冲洗便池

1）用漂白粉或洁厕灵浸泡20min。

2）用刷洗厕所的专用刷子彻底刷洗池底、两侧、拐角和下水道口等处。

3）用清水将便池冲洗干净。

4）建议每天随时冲刷，每周五用漂白粉浸泡后彻底清洁一次。

（6）准备香皂、卫生纸

1）在每个水龙头下对应的香皂盒内放入一块香皂，建议每周彻底清洁香皂盒一次。

2）将卫生纸放在便于婴幼儿发现、拿取的地方，卫生纸用完要随时添加。

（7）垃圾处理

1）室内要有带盖密封的垃圾桶。

2）保育师（员）在正确处理垃圾的同时，应教育婴幼儿把垃圾桶随时放入垃圾桶内。

3）垃圾必须每天下班前定时倾倒处理，杜绝垃圾在室内过夜。

4）垃圾桶每周用刷子彻底清刷一次。

（8）清洁双手

1）在水龙头下冲洗双手。

2）打香皂后，用七步洗手法洗手。

3）用流动的水冲洗至少10s，并用手捧水冲洗水龙头。

4）用干毛巾或纸巾彻底擦干双手。

5）保育师（员）应在清洁杯具餐具前及卫生扫除后及时清洁双手，避免双手造成的污染。

4. 注意事项

1）注意保持盥洗室内卫生和良好的通风，以防细菌和微生物滋生。

2）注意保持地面干燥，防止婴幼儿滑倒。

3）婴幼儿如厕后应及时冲洗厕所。

4）保育师（员）应清洁双手后再摆放水杯、毛巾、肥皂、卫生纸等相关物品，避免二次污染。

5）提醒年龄大一些的幼儿如厕大小便后及时冲厕。

四、睡眠室清洁

1. 清洁工具

睡眠室专用干抹布、半干抹布、湿抹布各1块，干拖把、湿拖把各1把，水盆、水桶、洗涤剂、刷子、酒精、棉棒等清洁工具。

2. 清洁标准

1）窗帘整洁，墙面无尘土，地面干净、无污物。

2）室内床铺整洁、摆放距离适中。

3. 清洁流程

睡眠室清洁的一般工作程序是：开窗通风→清洁窗帘→擦拭灯具→清洁墙壁→擦拭门→擦拭窗→整理床铺→清洁地面→洗刷拖鞋。

与“活动室清洁”相同的流程，此处不再赘述。

（1）清洁窗帘

1）将窗帘取下，先全面浸泡，再用洗涤剂重点清洗有油污处。

2）完全冲洗干净后拧干，在太阳下暴晒、晾干后原位悬挂。

3）建议每月清洗窗帘一次。

（2）整理床铺

1）按照从上到下的顺序用半干的干净抹布擦拭床头、床栏、床框、床腿。

2）将床单、褥子铺平并清扫铺面。

3）将被子叠放整齐，并将床铺有序摆放。

4）建议每天婴幼儿午睡后清洁、整理一次。

5）用肥皂水将被罩、床单、枕巾浸泡后搓洗，用开水烫洗，然后冲洗干净，拧干后在阳光下暴晒或晾干，建议每月清洗一次。

（3）洗刷拖鞋

1）将拖鞋浸泡在清水中，用洗涤剂洗刷，然后用清水冲洗干净。

2）用1∶100浓度的84消毒液浸泡30min消毒，清水冲洗后在阳光下暴晒或晾干。

3）建议每周洗刷拖鞋一次。

4. 注意事项

1）尽量选择婴幼儿不在睡眠室的时间进行清洁；如果婴幼儿在睡觉，动作要轻，避免干扰婴幼儿休息。

2）清洁过程中注意不要因太干而扬尘，也不要造成地面湿滑。

3）床上用品和拖鞋的清洁工作可请家长在周末时协助进行。

实践练习

请在真实的幼儿园环境或者模拟环境下，按照清洁工作的标准和程序清洁活动室。

讨论交流

如果你是保育师（员），你会如何做好室内卫生清洁工作？

微课 消毒的一般程序

学习任务二 消 毒

案例导入

星期一早上，保育员黄老师第一个到幼儿园，他打开班级的门后，就取来抹布，在活动室擦拭座椅、玩具柜，然后从寝室至活动室边开窗边擦拭窗框、窗台。最后，黄老师用拖布拖洗活动室、寝室的地面，摆放桌椅。

学习目标

※知识目标

- 知道幼儿园室消毒工作的范围、标准、要求和方法。

※能力目标

- 能够规范地完成模拟幼儿园的消毒工作。

※素养目标

- 感受保育工作中消毒工作的重要性，高度重视消毒工作。

一、托幼机构及园所常用消毒方法及其适用范围

1. 煮沸消毒

煮沸消毒是将需要消毒的物品放入煮锅内用水全部淹没加热煮沸的一种消毒方法。一般从水沸后开始计时，持续煮沸15～20min。

适用范围：餐饮具、毛巾、餐巾、服装、床单等耐热物品。

2. 蒸汽消毒

蒸汽消毒是利用水沸腾后的水蒸气进行消毒的一种方法。消毒时间应在水沸腾并冒出蒸汽后开始计时10～20min。被消毒的物品应垂直放置，并留有空隙。

适用范围：餐饮具、餐桶和菜盆等。

3. 浸泡消毒

浸泡消毒是指用按比较配制的消毒剂溶液将物品全部浸没进行浸泡，以达到消毒目的的消毒方法。对于需要浸泡的管腔类物品，应使管腔内充满消毒液，作用至规定时间后，取出用清水冲洗、晾干。

适用范围：织物、耐湿玩具、便具、塑料制品等。

4. 擦拭消毒

擦拭消毒时，应用抹布浸以一定浓度的消毒剂溶液，依次往返擦拭被消毒物品的表面。必要时，在作用至规定时间后，用清水擦拭干净以减轻可能引起的腐蚀作用。

适用范围：家具、门把手、水龙头等物体表面以及地面、墙面等。

5. 喷洒消毒

用装有消毒剂溶液的普通喷雾器进行喷洒消毒，以使物体表面全部湿润，作用至规定时间。

适用范围：室内空气、居室表面和家具表面的消毒。

6. 紫外线灯消毒

用紫外线灯对室内空气、物体表面进行照射消毒的一种消毒方法。

适用范围：室内空气、物体表面。

7. 日晒消毒

日晒消毒是指将各类物品放在太阳下直接照射3～6h，以利用紫外线消毒灭菌的一种简便可行的消毒方法。

适用范围：衣服、被褥、书籍、玩具等。

二、托幼机构及园所常用消毒剂及作用

含氯消毒剂主要包括84消毒剂（有效氯含量应在400～700mg/L）、漂白粉、次氯化酸钠等，主要用于托幼机构中物体表面擦拭、地面喷洒或设施设备、玩教具消毒，漂白粉液用于便池、痰盂消毒。

过氧乙酸、来苏水等常用于传染病发生后的疫源地消毒、物品消毒。

碘伏、酒精常用于皮肤消毒和医疗器械消毒。

三、活动场所、设施消毒

1. 消毒工具

按1∶200和1∶100比例配置好的84消毒液、水盆、喷壶、清水抹布、消毒抹布、紫外线消毒灯等。

2. 消毒方法

（1）活动室（睡眠室）消毒

活动室（睡眠室）空气消毒的主要措施有开窗通风、紫外线灯照射和消毒液喷洒及擦拭三种方式。

1）开窗通风。

开窗通风是利用空气和日光，打开门窗使空气流通，以减少各类传染病传播的最常用、最简便和最经济的一种消毒方法。

开窗通风的次数要求：当室温与外界温度相近时，可实行全天通风；当外界温度与室内温度差别较大时，如冬季和夏季，每日婴幼儿不在室内时至少通风两次。

开窗通风的时间要求：每次通风时间为15～20min。

开窗通风的注意事项：在室内外温差较大时，开窗通风应尽量选择婴幼儿不在室内时进行，注意循序渐进；冬季睡眠室的通风应在午睡前一小时停止，避免婴幼儿进入时温度太低；在室外空气质量较差时（如雾天、大风天、沙尘暴等），应避免开窗通风；传染病易发时期，应加强通风次数，延长通风时间。

2）紫外线灯照射。

在确认室内无人、关闭门窗的情况下，打开悬吊式或移动式紫外线灯，直接照射

室内30min，以达到空气消毒的目的。

建议消毒灯开关处贴上警示标志，帮助婴幼儿了解消毒灯对人体的危害，教育婴幼儿不随意开消毒灯。消毒灯开启后，关闭室门。门口的显眼处要有醒目提示，以防止婴幼儿或家长误入，造成人身伤害。

为确保人身安全，建议每天在婴幼儿离园后打开紫外线灯进行紫外线消毒，消毒30min后由专人负责关闭。

3）消毒液喷洒及擦拭。

用1∶200的84消毒液对室内空气进行喷洒，应遵循先上后下、先左后右的顺序。

喷洒时注意穿隔离服，戴口罩，以免造成对自身的污染和伤害。

建议对室内空气喷洒消毒液30min后，保育师要用清水抹布对室内家具、设施擦拭一遍，充分通风30min后方可让婴幼儿进入。

（2）盥洗室消毒

婴幼儿离园后，保育师（员）将盥洗室内水池、地面和厕所进行彻底清刷，用1∶100的84消毒液对盥洗室内水池、地面和厕所进行喷洒消毒。

（3）门把手、水龙头、桌椅消毒

先用清水抹布将门把手、水龙头、桌椅擦拭干净，再用1∶200的84消毒液擦拭一遍，并使消毒液滞留10～15min，最后用清水擦拭一遍。

（4）户外大型玩具消毒

先将户外大型玩具各部位进行清洗，再用1∶200的84消毒液对各部位进行均匀喷洒，或用消毒抹布进行均匀擦拭，滞留15～30min，最后用清水擦拭一遍。建议婴幼儿离园后再进行消毒。

3. 消毒注意事项

1）注意开窗通风，保持室内空气流通是预防传染病最有效、最实用的措施。

2）为减少消毒液对婴幼儿的人身伤害，一般用消毒液消毒和紫外线照射消毒每周进行一次，传染病流行期间每日消毒一次。

3）消毒液要放置在婴幼儿不易接触到的地方，瓶装84消毒液的浓度为400～700mg/L。

四、日常用品、玩教具消毒

1. 消毒用品

用于蒸煮消毒的蒸车、消毒柜、紫外线消毒灯、按1∶200和1∶100比例配置好的84消毒液、水盆、喷壶、清水抹布、消毒抹布、拖把等。

2. 消毒方法

（1）水杯消毒

1）将彻底清洗、晾干的水杯垂直摆放在消毒柜中，关闭消毒柜门，打开电源，高温消毒30min。

2）若没有消毒柜，可进行蒸煮消毒，消毒10～20min，蒸煮消毒时，水一定要浸没水杯。

3）消毒完毕，待温度冷却后将水杯按婴幼儿学号或名字对应地摆放在水杯架中。

4）建议每日早晨婴幼儿入园前对水杯进行消毒。

（2）饮水机消毒

1）先打开饮水机后面的排污管，再打开所有开关以排空所有的剩水。

2）将1片泡腾片溶解在2L左右的清水里制成消毒液。

3）将消毒液灌入胆内，过15～20min后，再打开饮水机的开关和排污管，排尽消毒液。

4）用7～8L的清水多次冲洗内胆。

5）最后用消毒液擦洗饮水机的水龙头及其他暴露在外的部位，并用清水冲洗干净。

（3）餐具消毒

每餐后餐具要求在食堂专用的洗碗池清洗，在食堂专用蒸车消毒。如果在班内洗手池清洗餐具要使用专门的容器，不可直接将餐具放在洗手池里。

1）去掉碗中剩余的残渣，用专用洗碗布使用洗洁精将碗内外的油腻洗净，再用流动水冲洗两遍，放入蒸车垂直摆放整齐。

2）将盛放点心、馒头的盘子去掉渣滓，用洗碗布洗刷完毕后，用清水冲洗干净，放入蒸车专用篦子空隙中，垂直摆放整齐。

3）将婴幼儿进餐用的小勺和筷子用洗洁精搓洗完毕，用流动水冲洗两遍，清洗干净后放入专用的布袋，放在蒸车篦子上一并消毒。

4）关闭蒸车门，打开电源，蒸汽消毒10～15min。

注意：以上餐具也可用消毒柜高温消毒30min。没有条件进行热力消毒的，也可用1∶200的84消毒液浸泡5～10min，消毒后要用流动清水冲洗两遍，直至将残留物冲洗干净。

（4）毛巾消毒

1）将毛巾用肥皂搓洗干净，用开水烫洗，再将已冲洗干净的毛巾放入1∶200的84消毒液中浸泡5～10min，用清水冲洗干净后拧干挂在阳光下暴晒。

2）毛巾晾干后按婴幼儿学号或名字挂放整齐。注意挂放的距离，两毛巾间隔距离为10cm，上下前后不能叠放在一起。

3）建议每天消毒一次。

注意：也可将毛巾放入专门布袋，完全浸泡在水中蒸煮消毒15～20min，或者放入消毒柜中高温消毒30min。

（5）床上用品消毒

1）天气晴好时，将婴幼儿床上用品晾晒在阳光下，日晒消毒2～4h。

2）晾晒被褥时，注意被褥之间间隔40～50cm，防止交叉感染。

3）如遇雨季，可将婴幼儿被褥打开，用紫外线消毒灯均匀消毒30min，也可达到消毒目的。

4）婴幼儿床单、被罩每月清洗一次，搓洗后可用开水烫、暴晒后再使用。

（6）抹布、拖把消毒

1）先将抹布、拖把清洗干净，用1∶100的84消毒剂浸泡30min。

2）用清水冲洗干净后放在阳光下暴晒。

3）将清水抹布和消毒抹布分开使用、悬挂，活动室、睡眠室、盥洗室专用的拖把分开使用、悬挂。

4）建议每日卫生清洁工作结束后对抹布、拖把进行专门消毒。

（7）玩具消毒

1）毛绒、布制玩具可用肥皂粉清洗，冲洗干净后放在阳光下暴晒2h。

2）对于铁制或木制玩具用酒精或1∶200的84消毒液擦拭，或者日光暴晒2h进行日光消毒。

3）塑料玩具清洗后用1∶200的84消毒液浸泡10min后冲洗干净，再在阳光下晾晒。

4）玩具柜每周用1∶200的84消毒液进行彻底擦拭消毒。

（8）图书消毒

1）阳光充足时，将图书打开放在阳光下暴晒2～4h进行日光消毒。

2）如遇阴雨天气，可将书摊开放在紫外线灯下照射30min进行紫外线消毒。

3. 消毒注意事项

1）物品、用具使用消毒剂消毒后要用清水把残留消毒剂洗掉或擦掉。

2）所有物品、用具的消毒都应在清洁工作之后进行。

3）保育师（员）把毛巾、杯子消毒后，要用镊子或者把手彻底洗净后，再把毛巾、杯子等物品放到规定位置，避免污染。

4）拖把、抹布、水桶等清洁工具要专用，及时刷洗，避免混用。

同学之间交流讨论日常用品、玩教具的消毒方法有哪些。

第二节　生 活 照 护

保育师（员）对婴幼儿提供生活照护，是托幼机构中婴幼儿的共同需要。但是，因为托育机构和幼儿园中的婴幼儿年龄特点有所不同，所以托育机构为婴幼儿提供的生活照护和幼儿园为幼儿提供的生活照护内容是不相同的。

※本节知识导图

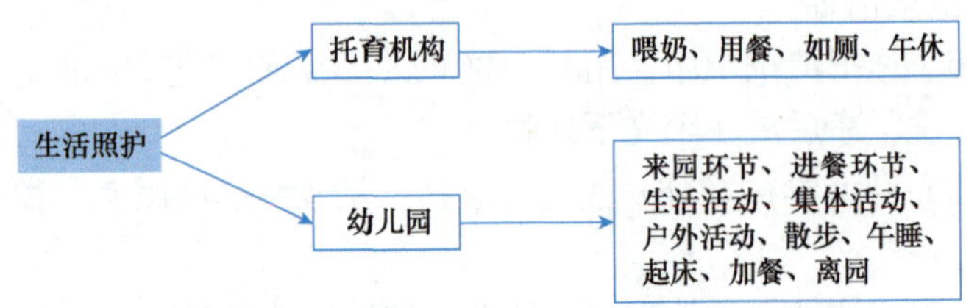

学习任务一　托育机构中的生活照护

托育中心苗苗班的保育师常常发现：有的婴幼儿玩得正投入，突然大哭起来，走近一看，原来是裤子尿湿了；午餐时，有的婴幼儿专心致志吃得香，但是桌下却形成了“小溪流”；个别幼儿边玩边尿，或者突然站住不动，两脚分开站在那里，小便顺着裤管流到地上。

※知识目标

- 了解婴幼儿的特点。
- 掌握婴幼儿的喂奶、用餐、如厕和午休的照护工作流程。

※能力目标

- 能够按照照护工作的要求和流程，完成婴幼儿的喂奶、用餐、如厕和午休等照护工作。

※素养目标

- 体验婴幼儿照护工作的细心、耐心、科学的重要性，树立不怕脏、不怕累的工作思想。

《托育机构管理规范（试行）》规定：托育机构应当科学合理安排婴幼儿的生活，做好饮食、饮水、喂奶、如厕、盥洗、清洁、睡眠、穿脱衣服、游戏活动等服务。本次学习任务主要介绍婴幼儿喂奶、用餐、如厕、午休的生活照护。

一、喂奶

婴幼儿的喂奶可以分为两种情况：一种是喂配方奶，奶粉的调配主要是在调理区完成，调配前保育师要洗干净双手，用婴幼儿专属的奶瓶和奶粉，取适合温度的水，先放适量的水，再放入奶粉，调匀奶粉；另一种是给婴幼儿喂自备母乳，同样先洗干净双手，取适量的母乳，装入婴幼儿专属的奶瓶中，放入恒温器中加温后可以哺喂婴幼儿。保育师要观察婴幼儿的喝奶情况，随时进行记录并与家长进行反馈，喝完奶后保育师注意清洗奶瓶，整理台面。婴幼儿喂奶的流程如图2-1所示。

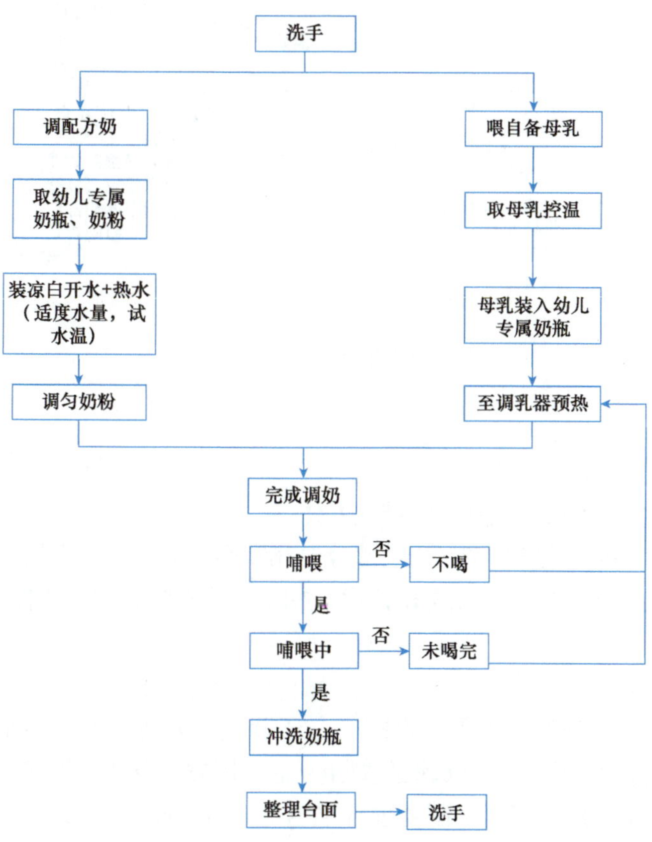

图2-1　婴幼儿喂奶的流程

注意事项：

1）如果婴幼儿有肠胃不适，请询问家长后，再进行喂奶。

2）泡好的奶，若婴幼儿1h内未喝完，须倒掉。

3）奶粉开封后于罐盖写上开封日期，并尽量于1个月内食用完毕。

喂奶的照护流程如图2-2所示。

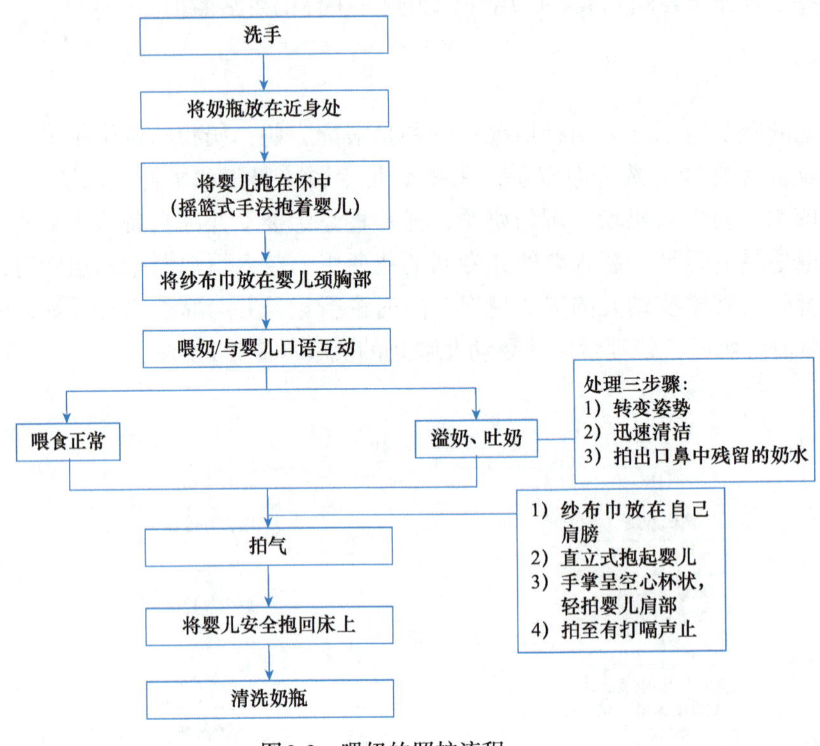

图2-2　喂奶的照护流程

注意事项：

1）喂食时间为每3～4h 1次。

2）每喂食30～40mL，最好拍背排气1次。

3）喂食时，奶瓶要倾斜45°，奶嘴部分要充满奶，避免吸入空气。

4）如果婴儿停止吸吮，可以再试几次，如果仍然不吃，就不要再强喂。

二、用餐

婴幼儿进餐包括备餐、进餐、收拾三个环节，因为幼儿的年龄小，咀嚼能力差，肠胃消化弱，在饮食上要注意以软烂食物为主，用餐中保育师的护理也显得尤为重要。餐前保育师要严格按照消毒制度进行桌面的消毒，指导、帮助幼儿洗干净手，穿上围兜、坐在餐椅上，做好进餐前准备。在进餐中保育师要为幼儿创设良好的进餐氛

围，包括轻音乐播放、良好的师幼关系，根据幼儿的进食情况进行分餐，关注幼儿的进餐量。餐后收拾餐具指导幼儿擦嘴漱口，引导幼儿将椅子归位，保育师要做好清洁整理工作。

幼儿用餐的照护流程如图2-3所示。

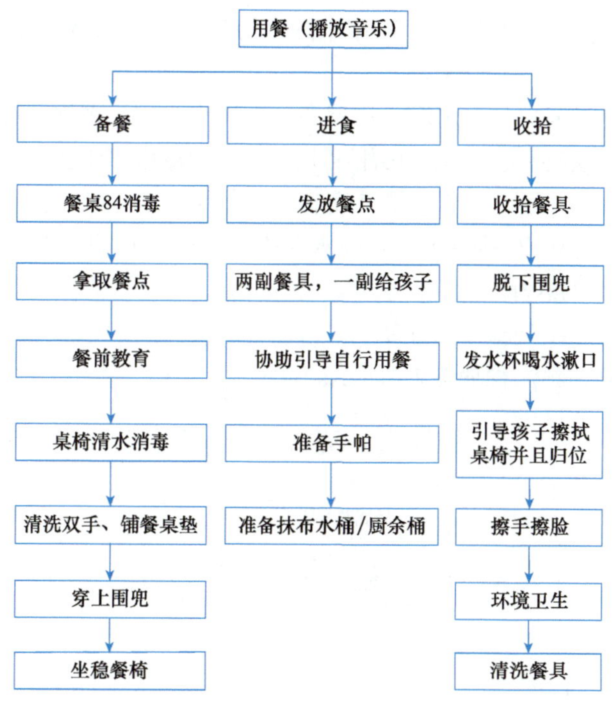

图2-3　幼儿用餐的照护流程

注意事项：

1）培养幼儿良好的饮食习惯，不挑食、不偏食、不贪食。

2）关注幼儿之间的个体差异，个别不能独立进餐的幼儿，教师要给予帮助，可以协助喂饭，要注意喂饭的姿势，与幼儿面对面坐。

3）给幼儿创造良好的进餐氛围，严禁在进餐时批评幼儿，让幼儿进餐时心情愉悦。

4）做好餐前和餐后的消毒，严格按照保育员消毒流程进行消毒，关注餐前、餐后的护理，养成良好的卫生习惯，严防病从口入。

三、如厕

1岁前婴儿的换尿布流程如下。

1）将需要的换尿布的物品准备好。

2）将婴儿抱上换尿布的台子。

3）先和婴儿沟通，告诉婴儿将要做什么，并且注意其意愿（反应）；如果意愿不高，那么请稍待一会儿，再行沟通。

4）换掉脏的（有便）纸尿裤，告诉婴儿“我们要换一片新的纸尿裤”。避免用不雅的词汇（如“你好脏、好臭”），要保持较平静、温馨的语气及态度。

5）把有便的尿布放进一个抛弃式的袋子中。

6）用湿纸巾替婴儿清洁，避免用有香味的湿纸巾，并确定女宝宝要由前向后擦拭。

7）轻轻抱起婴儿至澡盆，用温水沾湿婴儿专用泡泡露，清洗屁股和双脚。

8）冲洗干净再轻轻抱起婴儿，再用婴儿个人专用浴巾擦干。

9）换上新的尿布并固定，告诉婴儿正在进行的事。

10）帮助婴儿下换尿布的台子，并在水龙头下清洗婴儿的双手。

11）清洁换尿布的区域。

12）洗手，接着做应进行的工作。

1岁后婴幼儿的如厕流程如图2-4所示。

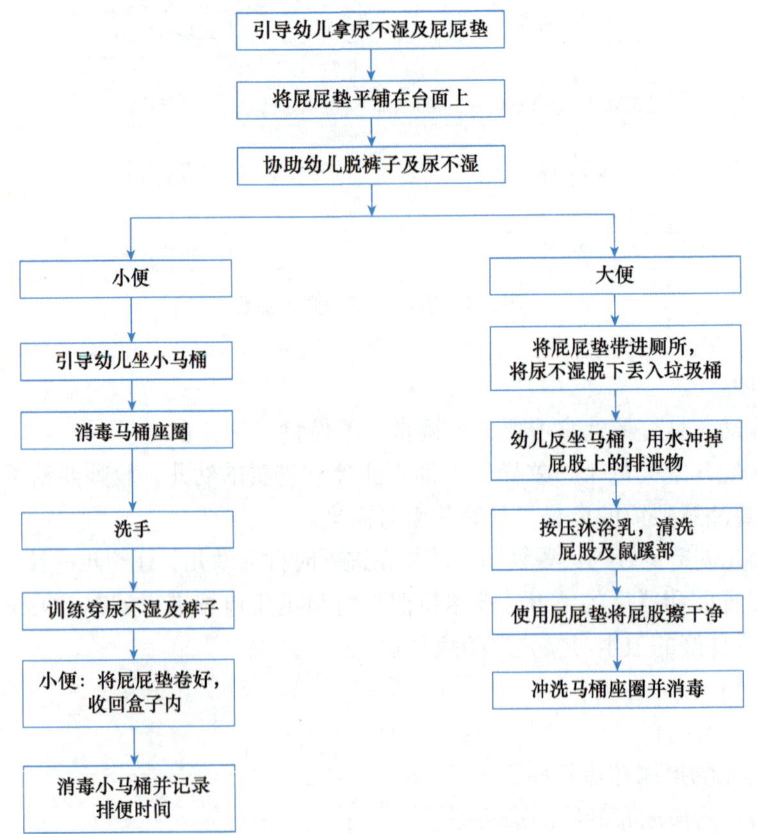

图2-4　1岁后婴幼儿的如厕流程

四、午休

保证幼儿充足的睡眠，使幼儿养成良好的睡眠习惯，是促进幼儿健康成长的重要条件之一。教师要严格按照作息时间准时上床、起床，保证幼儿正常的睡眠时间。午睡前教师要先进行幼儿床铺的安全检查，检查是否有异物，幼儿入睡环节可以播放轻音乐，使幼儿放松心情帮助幼儿快速入睡，对于个别入睡困难的幼儿，教师可以安抚、陪同幼儿入睡，午睡环节教师注意要定时地巡视幼儿午睡时肤色、呼吸、口中有无异物等，关注幼儿睡姿及盖被子情况，保证幼儿有安全健康的睡眠。如有异常及时按照园所的上报流程进行上报。

婴幼儿午休的照护流程如图2-5所示。

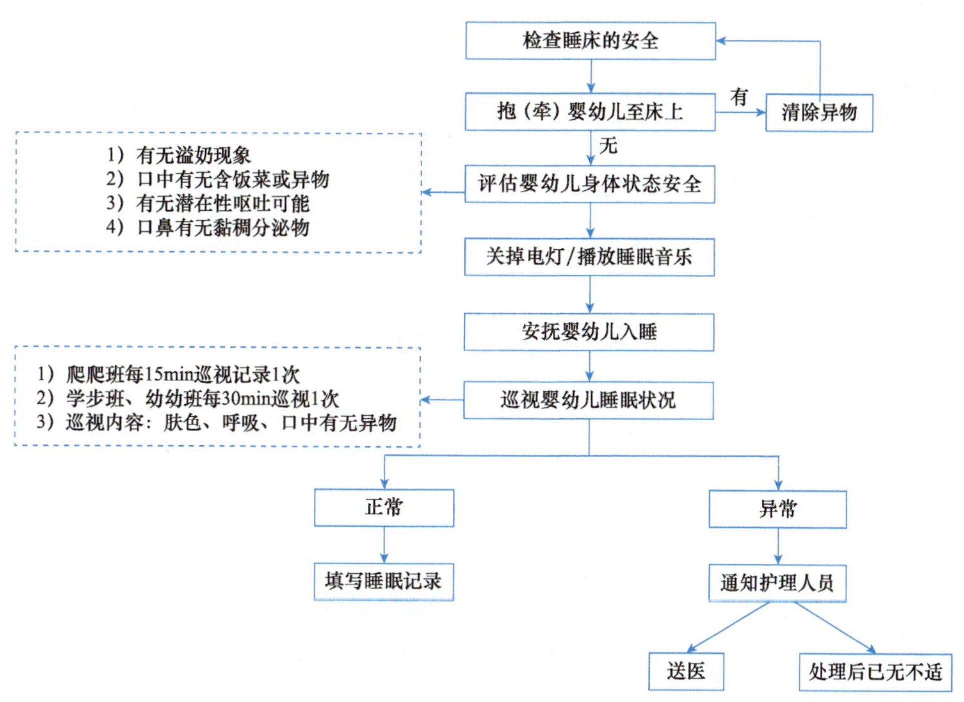

图2-5　婴幼儿午休的照护流程

注意事项：如果溢奶在枕头和棉被上，务必重新更换。确保卧具是干净的才可让婴幼儿继续就寝，且照顾者必须提高警惕，避免婴幼儿因溢奶口鼻被遮盖而窒息。

请找一个玩具娃娃，模拟给婴幼儿换尿布的过程。

学习任务二　幼儿园中的生活照护

乐乐在幼儿园的小班，他非常不爱喝水，每次喝水的时候老师都会叮嘱他要喝半杯水，但乐乐总是在老师不注意的时候把水悄悄倒掉。后来班里的保育员张老师将喝水环节变成了一个庆祝游戏，每天都会与幼儿共同举杯共同饮水，比如组织幼儿分组喝水："今天区域游戏实在是太开心了，我们来喝点饮料庆祝吧，干杯吧，朋友们！"这时乐乐赶紧接了一杯水和小朋友们一起干杯了，从此在喝水环节孩子们会主动与同伴干杯喝水，老师也不再担心乐乐喝水的问题。

※ 知识目标

- 了解幼儿园一日生活主要环节。
- 了解在一日生活中对幼儿生活护理的基本内容。

※ 能力目标

- 能够根据工作要求说出幼儿园一日生活护理的主要内容。

※ 素养目标

- 了解一日生活照护的基本内容及要求，增强教师责任感。

幼儿园中，保育员需要提供生活照护的活动主要有来园环节、进餐环节、生活活动、集体活动、户外活动、散步、午睡、起床、加餐、离园等。

一、来园环节的生活照护

保育员生活照护的工作内容主要有以下几点。

1）根据园所的一日通风制度进行开窗通风，如有特殊天气（雾霾、大风等）暂停开窗。

2）按要求做好晨检小扫除工作，整理班级物品，准备水杯、毛巾，做好幼儿晨检入园接待工作。

3）严格按照清-消-清流程对桌面进行消毒，取餐具时盖好盖布。

4）配合班级教师做好晨检接待工作，热情礼貌地与班级幼儿打招呼，关注班级幼儿的情绪及健康状况。

5）指导幼儿放好自己的衣服和物品，关注班级幼儿的穿衣量，根据班级温度提示幼儿穿脱衣服。

二、进餐环节（早、中、晚）的生活照护

幼儿的进餐包括三餐两点，即早餐、午餐、晚餐和两顿加餐。根据幼儿身体发育特点，幼儿园要制定科学合理的饮食制度，幼儿进餐必须定时定量，开饭要准时，进餐间隔应该是3～4h。保育员在进餐过程中对幼儿的生活照护尤为重要。

1. 餐前准备

1）按照幼儿园消毒制度做好清-消-清的消毒工作，提前准备餐具，发放公共餐盘（对于中大班幼儿，教师可指导值日生分餐具）。

2）指导幼儿安静收拾餐前益智的玩具，组织幼儿有序做好餐前的盥洗。

2. 进餐过程中

1）穿戴好围裙、帽子、手套、口罩为幼儿分餐，根据幼儿的需要分餐，做到饭不等人，人不等饭。

2）进餐中巡回观察，密切关注幼儿的进餐情况，提示幼儿正确的坐姿，指导幼儿正确使用餐具，安静进餐，进餐时干稀搭配，对特殊幼儿进行照护。

3）采用多种方式向幼儿介绍饭菜，以鼓励、表扬、树立榜样的方式引导幼儿不挑食。

4）用儿歌的方式提示幼儿正确使用餐具，细嚼慢咽，文明进餐。

5）关注幼儿进餐情况，给予吃饭速度过快、过慢，肥胖、体弱等个性幼儿特殊照护，及时为需要添饭的幼儿添饭。

3. 进餐结束后

1）餐后指导幼儿按要求送餐具，主动擦嘴、洗手、漱口，养成良好的生活卫生习惯。（中大班幼儿自己送餐布、清理桌面）

2）做好餐后卫生消毒工作，待幼儿全部离开活动室后，进行桌面、地面的清理消毒。

三、生活活动的照护

幼儿在园的生活需要保育员细心照护。幼儿在园的生活活动包括盥洗、饮水、如

厕环节。在这些环节中，为了保证幼儿的身体健康，保育员的正确照护对于幼儿的健康尤为重要。

1. 盥洗

1）为幼儿提前准备好毛巾、洗手液。

2）配合教师组织幼儿分组盥洗，指导幼儿用七步洗手法洗手，结合幼儿的年龄特点随时提示、指导、协助幼儿用正确的洗手方法洗手。

3）及时清理盥洗室地面、台面的水渍，保持地面干燥，以免滑倒或弄湿衣服。

2. 饮水

微课　幼儿园中的生活照护-指导不爱喝水的幼儿

1）配合班级教师组织幼儿有序喝水，引导幼儿双手端水杯，到饮水区饮水，不洒水，喝完水将水杯放回原处。

2）保育师关注班级幼儿饮水情况，提示个别幼儿（家长叮嘱的、观察到幼儿有上火现象的、出汗较多的）多喝水。

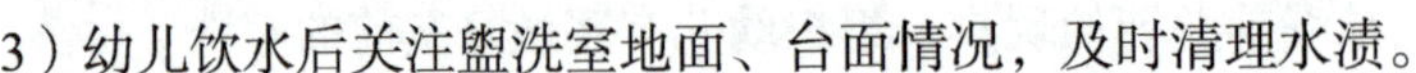

3）幼儿饮水后关注盥洗室地面、台面情况，及时清理水渍。

3. 如厕

1）用接纳、平和的态度对待幼儿的如厕行为，营造宽松、安全、和谐的如厕氛围，及时满足幼儿的如厕需要。

2）保育员站在盥洗室和厕所门口，关注幼儿如厕情况，指导幼儿排队如厕，不推挤。

3）观察并立即回应有如厕需求的幼儿，对有特殊需要的幼儿给予特殊关注和指导。

4）卫生间提供幼儿如厕顺序、穿脱裤子的方法，关注幼儿提裤子的情况，指导需要帮助的幼儿，引导和帮助小班幼儿塞好裤子，如有幼儿尿裤子，及时指导或帮助幼儿换好衣服，将湿衣服进行晾晒。

5）随时将便池内的尿液冲刷干净，观察便池台阶上是否有尿液、地面是否有水迹，及时清理厕所卫生，保持厕所清洁与安全，避免幼儿滑倒或摔伤。

6）向幼儿介绍冲便池的方法，并安排趣味性的环境提示。

7）教师陪同并提示幼儿如厕时要注意台阶，在厕所不打闹、不乱跑，保证自身安全。

8）保育员及时了解幼儿的排便情况，发现异常及时解决。如幼儿在园大便，保育员要根据年龄特点进行指导（保育员帮助小班幼儿擦屁股，鼓励中大班幼儿自己擦屁股，帮助幼儿检查是否擦干净）。

四、集体活动中的生活照护

1）关注幼儿在集体活动中的情绪状态，发现异常及时处理。

2）关注幼儿参与活动的情况，如有如厕情况，及时指导幼儿安静如厕，不影响老师和同伴。

3）在集体操作活动中，保育员引导幼儿安全使用工具，指导幼儿学会保护自己。

4）活动结束后指导幼儿收拾自己的桌面材料，鼓励幼儿自己完成。

五、户外活动中的生活照护

1）户外活动前关注幼儿的穿衣情况，协助幼儿整理衣物。对于小班的幼儿，保育员要帮助塞裤子；对于中大班的幼儿，由同伴或保育员检查塞裤子的情况。

2）结合季节特点，户外前、盥洗后主动擦润肤霜，知道擦润肤霜可以保护皮肤。

3）户外活动中关注幼儿参与活动的情况，观察幼儿的情绪状态、走路姿势，发现问题及时解决。

4）活动中，指导幼儿使用器械的正确方法，照顾特殊幼儿，指导个别幼儿，细心观察、照顾体弱儿。

5）户外过程中如幼儿有如厕的需求，带领幼儿回班如厕、盥洗。

6）观察幼儿参与户外活动的运动量，做好幼儿的护理工作。

7）户外时准备好纸巾及垃圾桶。

六、散步时的生活照护

午饭后的散步时间是幼儿非常喜欢的环节，教师可以利用散步时间引导幼儿感受大自然的美，丰富幼儿的情绪情感。

1）午饭后散步环节，保育员提示幼儿不要跑、跳，不做剧烈的运动。

2）结合季节选择适宜的场地组织幼儿散步，天气冷可以选择楼道、阳台，天气暖和时可以选择户外场地。

七、午睡中的生活照护

睡眠能恢复机体的活力，对保证健康有重大的意义，因此要保证幼儿有充足的睡眠。保育员要做好幼儿午睡环节的生活照护，帮助幼儿养成良好的睡眠习惯也是很重要的一项工作。

1）为幼儿营造良好的睡眠环境，冬季较冷，保育员应提前关闭睡眠室的窗户，保证室内的温度适宜；夏季天气热，保育员可以提前半小时打开睡眠室的空调，将空调温度调至26℃，保证室内温度的舒适性。

2）检查幼儿床上是否有异物或危险物品，检查幼儿手中和衣服兜里是否有危险物品，预防发生危险。

3）睡觉前，指导幼儿按正确的顺序（从下到上）及方法脱衣服，提示幼儿脱衣服前先如厕。

4）指导幼儿换拖鞋，将自己的衣服、鞋子叠好并摆放整齐。

5）观察睡眠中幼儿的睡觉姿势，过程中提示个别幼儿起床小便。

八、起床时的生活照护

1）播放轻音乐，轻声唤醒幼儿，主动与幼儿打招呼，观察幼儿起床后的情绪状态，发现异常及时处理。

2）分批、分层地叫幼儿起床，协助高层的幼儿下床，做好安全护理工作。

3）指导幼儿按照正确的方法穿衣，穿衣服顺序为从上到下；检查幼儿的衣服、鞋袜是否有穿反的情况；穿好衣服将拖鞋放回原处。

4）待幼儿起床后，将被子翻过来放15min，幼儿全部离开睡眠室后开窗通风。

5）待幼儿全部离开后整理幼儿床铺，检查床铺是否有异物或者因出汗、尿床被褥潮湿的现象，如有及时晾晒。

6）做好睡眠室地面的清洁消毒工作。

九、加餐环节的生活照护

幼儿园包含三餐两点，两点是上午一次牛奶或酸奶，起床后一次水果。保育员要做好加餐环节的照护工作，保证幼儿安全及健康。

1）严格按照清-消-清流程消毒桌面。

2）按照班级幼儿人数提前取牛奶，喝奶的过程中播放轻音乐，巡视幼儿加餐情况，提示幼儿安静喝奶、不打闹。

3）为幼儿提前准备餐布，如有牛奶洒在桌面上及时清理。

4）带幼儿喝完牛奶，指导幼儿将牛奶盒、吸管垃圾分类，指导幼儿擦嘴、漱口、盥洗，养成良好的生活、卫生习惯。

5）中午提前为幼儿准备水果，提前15min完成水果的削皮、分果儿，并用专用的盖布将水果盖好。

6）关注幼儿吃水果的情况，指导幼儿吃水果时不说话，为幼儿介绍水果的营养，鼓励幼儿不剩水果，还要关注班级中对某些水果过敏的幼儿。

7）待幼儿吃完后清洁餐盘及桌面、地面。

十、离园环节中的生活照护

离园环节是一日保育工作和幼儿园生活的最后一个环节，顺利的离园工作不仅关系到幼儿的情绪，也直接影响第二天来园的准备工作，更是对家园工作起着关键性的

作用。

1）协助班级教师检查幼儿的衣物是否整齐，是否有湿衣服的现象，如果有及时为幼儿更换并向家长说明原因。

2）配合班级教师组织好幼儿排队等待家长接，过程中提示幼儿不打闹。

3）关注幼儿情绪及健康状况，如有情况及时解决。

4）对于幼儿在园有特殊情况、需要特别向家长交代的，请家长稍等，待接完幼儿再与家长进行沟通。

5）待幼儿全部离园后，清洗、消毒玩具，清洁活动室、盥洗室、厕所的地面。

6）将幼儿的水杯进行清洗并放在消毒柜中消毒。

7）整理班级物品，做好断水、断电等工作，为第二天做好准备。

讨论交流

1）讨论幼儿园一日生活中有哪些环节需要保育员的生活照护。

2）小组讨论在各环节中保育员如何对幼儿做好生活照护。

拓展学习

请分析下面案例中保育员的做法是否合适。

我们班有一个幼儿叫安安，他很不爱动，家里的伙食又很好，因此每次体检时都是超重，而且从小班到大班越来越胖了，每次一过寒暑假回来就会又胖一圈，家里人也很着急，但都无计可施。针对这种情况，我会在每天来园时询问他在家的饮食与运动情况，提醒家长在家里也要多运动，饭后散散步，饮食要荤素搭配、营养均衡等，只要有空就会与安安交流他感兴趣的话题，在幼儿园里特别关照他，到了自由运动时间，我就会带他去跑步，开始的时候安安不肯跑，或者我刚去关心其他孩子，他就溜走，于是，我就拉着他一起跑。但是经常跑步，安安就会有些厌烦，不太愿意了。我就会改变一些锻炼的方法，选一些他感兴趣的运动，比如跳绳、蹦蹦床、跳台阶、抓小鸡等，还会让他与其他小朋友比赛，让他慢慢喜欢上运动，在不断地坚持下，安安喜欢上了运动，体重增长也有所控制。

案例分析：

我国的幼儿教育法规明确规定了保育员的职责。例如，在新颁布的《幼儿园工作规程》中，对保育员的要求除了上述外，还有一条很重要却往往容易被广大幼教工作者忽视的是："保育员要在教师指导下，科学照料和管理幼儿生活，并配合本班教师组织教育活动。"这一方面是国家对保育员从事幼儿保育和教育的专业性的认可，另一方面也暗含着保育员作为教育者的角色要求。保育员就是生活老师，其一言一行都对幼儿起着潜移默化的作用。保育员不仅要关注幼儿的生活，更要关注幼儿的情绪，要注意了解幼儿不同时期的需要，根据幼儿的兴趣和感受不断调整教育行为。

第三节　安全保障

微课　幼儿园安全保障工作

作为婴幼儿成长发展的教育者，我们应该创设符合婴幼儿身心发展规律的托幼环境，为婴幼儿提供健康、安全、和谐、充满关爱的成长环境，使环境教育促进婴幼儿身心全面发展。本节内容帮助幼儿保育专业的同学了解幼儿园环境安全监察的途径，能够识别园内安全隐患，了解幼儿园安全事故处理的流程，为未来走上职业岗位打下良好的基础。

伤害是幼儿面临的重要健康威胁，婴幼儿伤害的发生与其自身生理和行为特点、被照护情况、环境等诸多因素有关。托幼机构应当最大限度地保护婴幼儿的安全健康，切实做好伤害防控工作，建立伤害防控监控制度，制定伤害防控应急预案，为婴幼儿的安全健康提供牢固的保障。

※本节知识导图

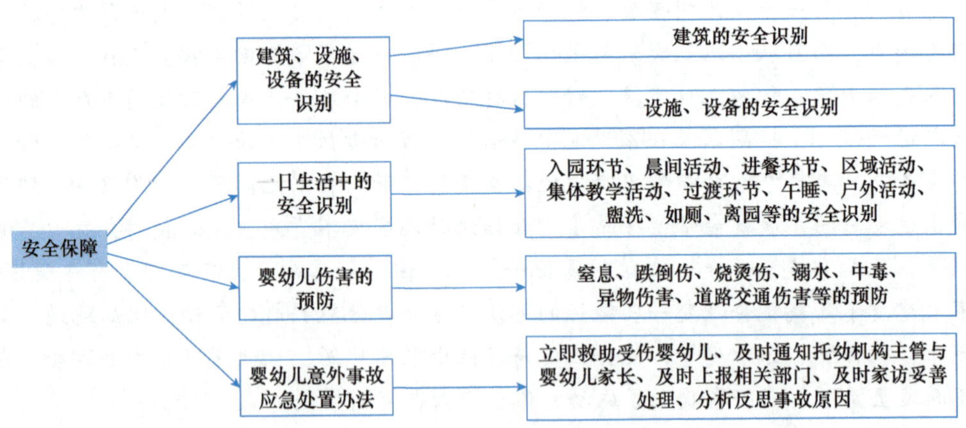

学习任务一　建筑、设施、设备的安全识别

某幼儿园大班小朋友花花在午睡起床时不慎从上铺摔了下来，孩子从床上摔下时

头部着地，当时老师检查了一下，没有肿起来，老师也害怕领导知道，自己看看也没有什么问题就不了了之，放学后家长来接也没有告知家长真实的情况，回家后孩子说头疼，到医院检查才知道是脑震荡。安全的成长环境是婴幼儿身心健康成长的必备条件。婴幼儿自我保护意识薄弱，自我管理能力较弱，因此为幼儿提供一个安全的环境非常重要，有利于婴幼儿健康发展。那么如何营造一个安全的环境开展幼儿安全教育就成为学习的重点。

※知识目标

- 了解建筑安全识别的主要内容、方法。
- 了解托幼机构中常见设施、设备的安全识别因素。

※能力目标

- 能够预判建筑、设施、设备对婴幼儿安全存在的安全隐患。
- 能够采用相应的措施对婴幼儿安全风险隐患进行规避。

※素养目标

- 关注婴幼儿安全防范，树立安全照护意识。

一、建筑的安全识别

托幼机构建筑是供1～6周岁婴幼儿进行集中保育、教育的机构。婴幼儿大部分时间在这里进行各种活动。由于婴幼儿身体尚未发育成熟，身体抵抗力弱，对外界环境适应能力差，托幼机构建筑要确保婴幼儿安全、卫生、适用。

托幼机构场地周围要设置围护设施，一是防止幼儿从机构周围走失，二是防止其他无关人员进入托幼机构，保证婴幼儿的安全。

幼儿的体力、活动能力比较差，上下楼梯动作缓慢，不适宜多楼层上下；另外，幼儿行动速度较慢，对环境适应能力差，一旦发生火灾等紧急情况，难以迅速疏散，尤其在楼梯间疏散更困难，为保护幼儿身体健康，确保紧急疏散时的安全，规定幼儿生活用房所在的层数不应布置在四层及四层以上。

托育机构主要是婴幼儿使用，婴幼儿活动能力较差，在发生紧急情况时，需要大人帮助疏散，因此规定托育机构应设在一层，是为保护婴幼儿的安全，在紧急情况下，使婴幼儿能迅速、安全地疏散。

因为婴幼儿的身高较矮，为了保证婴幼儿的视线不被遮挡，避免产生封闭感，并体现托幼机构建筑空间的正常尺度，所以活动室、公共活动室的窗台距地不宜大于0.60m。如果窗台低，婴幼儿可能爬上窗台，发生从窗坠落的事故，因此要求采取防护措施。睡眠室的形式不同于活动室，一般需要高于活动室的窗台，达到0.90m。如果婴幼儿的床紧靠窗户，为了防止幼儿在床上爬高，窗的下部需做固定扇，或者加护栏。活动室的窗宜设下亮子，为了婴幼儿安全，窗亮子不可以开启，即使为了通风需要开启，也要尽量做上旋开启，设推拉窗，必须设置防护措施。1.80m以下严禁设开启窗扇，是为了防止婴幼儿通过时碰伤头部。

婴幼儿身体各部分的发育尚未成熟，动作还不十分协调，防护意识差，但是他们好奇心强烈，容易忽视周围的危险，很容易导致安全事故的发生。门是婴幼儿经常接触的地方，因此在托幼机构建筑设计中，应注意门的安全问题。为了方便婴幼儿自己开启或关闭房间门，应在距地0.60m处加设幼儿专用的拉手，门拉手可以将婴幼儿和教师使用的要求作整体考虑，结合门的造型，通常设垂直拉手，门扇内外皆装置。活动室、睡眠室的门应设观察窗，在兼顾婴幼儿和教师视线范围的情况下做透明玻璃，以便婴幼儿和教师进出活动室能观察门内外的情况，防止发生碰撞。

外廊、阳台、上人屋面、平台等地方是交通和疏散通行的地方，也是婴幼儿经常活动的场所，在这些临空场所活动易发生高空坠落事故。婴幼儿活泼好动，安全意识差，易出现嬉闹、拥挤行为，因此这些场所必须设防护栏杆，防止高空坠落，确保婴幼儿的人身安全。

由于婴幼儿好动，在应急疏散时，易发生集中拥挤、推搡栏杆行为，因此栏杆使用的材料应坚固、耐久，并能承受规定的水平推力。

为防止婴幼儿攀爬，造成高空坠落事故，栏杆应采用防攀爬的构造，不应有任何可踏面。例如，栏杆不应采用任何横向杆件和装饰物，女儿墙不应做防水小沿砖等构造。做垂直杆件时，杆件间的净距不应大于0.09m，以防止幼儿头部带身体穿过而发生坠落事故。近年来，时常发生儿童坠落事故，其中栏杆间距过宽是原因之一。

考虑到婴幼儿的身体特点，婴幼儿使用的楼梯不同于成年人楼梯，楼梯扶手、栏杆宽度、踏步尺寸均与成年人楼梯不同。幼儿扶手高度宜为0.60m，可在成人扶手中间增设。设置垂直杆件时，其净宽度不应大于0.09m。由于儿童腿长比成年人短，楼梯踏步的尺寸不能与成年人楼梯踏步尺寸相同，因此对婴幼儿楼梯踏步尺寸作出了规定。

婴幼儿活泼好动，安全意识差，上下楼梯时易发生嬉闹、攀爬等行为，甚至有些婴幼儿爬上楼梯扶手滑行、玩耍，很容易发生坠落事故。为保护婴幼儿的生命安全，婴幼儿使用的楼梯，其楼梯井净宽度大于0.11m时，必须采取防止攀滑的措施，防止婴幼儿从楼梯上滑落穿越，坠落至楼梯井底。

二、设施、设备的安全识别

1. 桌椅安全

1）准备2～3种高度桌椅，相差10cm以内可以使用同一尺寸。
2）定期进行卫生评价，桌椅面要每天消毒。
3）平滑无棱角，不应有外露的钉子、插头、铁丝、大头针等危险物品。
4）幼儿园室内桌椅应该为圆角，如有安全隐患，及时采取措施包裹。

2. 床具与寝具安全

材质：使用木板床、藤绷床或棕绷床（硬床），不使用帆布床、钢丝床（软床）。
原因：避免身体下陷使胸部受压，影响脊柱发育；避免幼儿站立在床上不平衡。
高度：与地面保持一定距离，避免寒气湿气侵害幼儿身体。
卫生：睡眠前清理地面，避免睡眠时呼吸传染疾病。
光滑平整：平滑无棱角，不应有外露的钉子、插头、铁丝、大头针等危险物品。

3. 餐具安全

1）坚固耐用、光滑无毒、易于清洗，不起化学反应。
2）耐高温、不易破碎，双层隔热，表面没有涂油漆。

4. 室内玩教具安全

1）铅笔、蜡笔、绘画用的彩色笔等都不应含有有毒色素或其他有毒物质。
2）笔杆上的颜料表面应有一层不易脱落、不溶于水、不溶于唾液的透明漆膜。
3）玩具平滑无棱角，不应有外露的钉子、插头、铁丝、大头针等危险物品。

5. 室内用水安全

1）饮水机或饮水桶边角是否平滑，是否有翘起的铁皮有可能刮伤幼儿。
2）带开水出水口的，是否有儿童锁；饮水机或饮水桶是否有安全锁。
3）地面有无积水，避免滑倒。
4）饮水桶最好有小柜子固定水桶。避免倾倒砸伤幼儿。

6. 室内用电安全

1）安全使用电器，无漏电电器。
2）无线路拖拽于地面，避免绊倒幼儿。
3）电源附近无易燃物品（纸张、窗帘、塑料袋），避免发生火灾。

7. 班级物品管理

1）刀具类（剪刀、水果刀等）：放在幼儿接触不到的地方，避免发生危险。

2）化学用品类：班级里的消毒液、洗消用品做好标签，对幼儿进行安全教育，不用饮料瓶子盛装，以免幼儿误食。

3）妥善安置：远离班级区域，专人专区保管，领用需记录（记录留存与保管）。

8. 户外玩具的安全

（1）大型玩具

1）户外场地上的大型玩具，确保活动器材结构完整、牢固，定期进行检查与维修。

2）要坚固、耐用、平滑、安全，没有突出的螺丝、铁丝等安全隐患。

（2）小型玩具

活动器材定期进行检查与维修，要结实、平滑，表面无破损，绳线无缠绕。

描述建筑安全识别的主要因素有哪些。

学习任务二　一日生活中的安全识别

媛媛是幼儿园小班的小朋友，中午吃饭过程中，媛媛不停地跟同桌说话，老师提醒她进餐过程中不要说话，以防食物进入食管，可媛媛不听，仍然一边吃饭一边说话，一边喝汤一边和身旁的小朋友打闹。这时保育员正在帮其他小朋友盛汤，媛媛突然愣住了，脸憋得通红，一直咳嗽，表情很痛苦。保育员及时发现了这个情况，判断媛媛是被食物卡住了，立刻采用急救方式对媛媛进行急救，幸好发现得及时，幼儿园对保育员都进行过标准规范的急救训练，媛媛才脱离了危险。此时的媛媛被吓坏了，不停地哭泣，保育员赶紧安慰她，并再次强调吃饭的时候不要说话、不要打闹，媛媛点了点头。

※知识目标

- 了解一日生活的相应内容。

● 知道一日生活安全环境识别的方法。

※能力目标

● 能够预判一日生活中所处环境存在对婴幼儿安全风险的隐患。
● 能够采用相应的措施对婴幼儿安全风险隐患进行规避。

※素养目标

● 关注幼儿活动内容，提升保护幼儿安全的责任感。

由于3～6岁幼儿自主活动的时间较多，活动范围较大，在园的一日生活丰富多彩，因此，本任务中一日生活中的安全识别以幼儿园一日生活的安全识别为主。

一、入园环节中的安全识别

1. 做好晨检工作

晨检时，除了确保幼儿身体健康外，不让幼儿将危险物品带入园内，包括小珠子、玻璃片、带尖的玩具等，如发现类似物品可由家长带回，或暂由老师保管。

2. 做好家长接待工作

有服药需求的幼儿，要求家长填写服药条，注明幼儿姓名、服药时间和注意事项等。服药时严格对照姓名、用量和用法。没有服药条，保育员决不能擅自为幼儿服药。

3. 注意事项

1）不能让家长把幼儿送到门口，任由幼儿自己进园。
2）不能让幼儿离开家长、教师的视线。
3）接送卡一定由老师亲自交到家长手中。

二、晨间活动的安全识别

幼儿陆陆续续入园，教师分散，班级内会稍有混乱，保育员一定要关照到每一名幼儿，包括洗手、换衣服、区角活动等。

三、进餐环节的安全识别

1）保育员注意餐具、饭菜的温度。
2）幼儿进餐不说话、不引逗、不恐吓，防止食物进入食管。

3）吃带有骨头、刺的食物时，注意不要扎到幼儿。小班应去骨、去刺。

4）确保幼儿的饭菜全部咽下，避免含在嘴里参加其他活动，导致食物进入气管。

5）避免幼儿进餐过程中用餐具打闹、嬉戏。

6）对过敏体质的幼儿要多加关注。

四、区域活动的安全识别

1）保育员与教师之间相互帮助，避免某一教师巡回指导或指导某一区域内幼儿的时候，其他区域的幼儿发生危险。

2）防止幼儿出于好奇心把手指伸入小孔，造成充血肿胀，无法拔出。

3）防止幼儿把细小玩具放入口中。

4）建构区的积木比较结实，质地重，且棱角分明，防止误伤幼儿。

5）科学区一些易破碎的科学制品，防止幼儿探索过程中打碎而引发危险。

6）美工区的一些素材，如铅笔、剪刀，防止误伤幼儿。

五、集体教学活动的安全识别

1）摆放椅子过程中防止幼儿举过头顶误伤，或者椅子摆放过密，夹伤手指。

2）防止幼儿翘椅子摔倒受伤。

3）玩教具的安全使用。

六、过渡环节的安全识别

1）活动交替过程中，清点好幼儿人数。

2）幼儿行动不统一，保育员应帮助教师关注好每一名幼儿。

七、午睡的安全识别

1）幼儿行动分散（漱口、脱衣服、如厕），保育员要及时关注。

2）进行午检，防止幼儿出现把皮筋缠在手腕、手指，或者把小球含在嘴里的情况。

3）不允许幼儿在床上、床之间跳跃，避免受伤。

4）避免幼儿翻身掉床。

5）注意用火、用电安全，如电蚊香。

6）起床时幼儿行动分散，保育员要及时关注。

八、户外活动的安全识别

1）关注幼儿的服装，如鞋子是否合脚，衣服是否合适，避免绊倒摔伤。

2）出于好奇心幼儿可能会尝试一些新奇的玩法，比如头朝下滑滑梯，保育员看到

后要及时制止。

3）幼儿玩一些轻器械（跳绳、沙包）时，注意引导幼儿安全操作，防止误伤。

4）避免幼儿过于疲劳，动作不规范，以免受伤。

5）幼儿行动分散，保育员应帮助教师关注好每一名幼儿。

6）回班时清点好人数。

九、盥洗、如厕的安全识别

1）盥洗室空间狭长，且有遮挡，要尽量避免幼儿离开教师和保育员的视线。

2）盥洗室内空间狭小，避免幼儿因为拥挤导致推搡、打闹，造成受伤。

3）避免地面湿滑造成受伤。

4）保育员要注意水温，不要过凉或者过热。

十、离园的安全识别

1）避免离园时间到时幼儿还未准备好，要避免忙中出错。

2）避免和家长交流而忽视了幼儿。

3）避免幼儿因为兴奋在园内跑跳造成误伤。

4）全体幼儿出班，需格外注意幼儿安全。

5）未能及时离园的幼儿也不能离开教师视线。

6）一定将幼儿亲手交到家长手中。

7）一些家庭原因（如父母离异），幼儿由谁接走一定要确认清楚。

如何做好一日生活的安全识别？

学习任务三　婴幼儿伤害的预防

某幼儿园中班小朋友在户外活动过程中，擅自离开老师要求的活动区域活动，偷偷跑到花池边摘花，一不小心被脚下的花池边绊倒，正巧头磕在了石头上，当时头就流血了。保育员赶紧跑过来，安抚受伤的小朋友，并将小朋友及时带到保健医处处理，好在伤势不严重。此类的意外在幼儿园经常出现，因此进行室外安全环境的识别非常重要，要及时发现隐患，解决问题，避免意外的发生。

※知识目标

- 了解常见的婴幼儿伤害。
- 知道常见婴幼儿伤害的预防方法。

※能力目标

- 能够依据常见婴幼儿伤害的预防方法，对婴幼儿进行安全照护。

※素养目标

- 关注婴幼儿安全防范，树立安全照护的防范意识。

婴幼儿伤害的发生与其自身生理和行为特点、被照护情况、环境等诸多因素有关。常见的伤害类型包括窒息、跌倒伤、烧烫伤、溺水、中毒、异物伤害、道路交通伤害等。大量证据表明，伤害是可以预防和控制的。

一、婴幼儿窒息预防

窒息是指呼吸道内部或外部障碍引起血液缺氧的状态。常见的婴幼儿窒息原因包括被床上用品、成人身体、塑料袋等罩住口鼻；吸入和咽下的食物、小件物品、呕吐出的胃内容物等阻塞气道；绳带等绕颈造成气道狭窄；长时间停留在密闭空间导致缺氧等。

1. 安全管理

制定和落实预防婴幼儿窒息的管理细则，主要内容包括：对婴幼儿生活环境和娱乐运动设备导致窒息风险的定期排查和清除；对婴幼儿睡眠、喂养的照护与管理；婴幼儿服饰、玩具的安全管理；对保育师进行预防婴幼儿窒息的安全教育和技能培训。

2. 改善环境

1）将绳带、塑料袋、小块食物、小件物品等可造成婴幼儿绕颈或窒息的物品放在婴幼儿接触不到的位置。

2）使用玩具、儿童用品等前后，检查有无零件、装饰物、扣子等的破损、脱落或丢失。

3）排除护栏、家具、娱乐运动设备中可能卡住婴幼儿头颈部的安全隐患。

4）在橱柜、工具房等密闭空间设置防护设施，防止婴幼儿进入。

3. 加强照护

1）婴幼儿睡眠时，检查其口鼻是否被床上用品、衣物等覆盖，如果有要及时清除。

2）不喂食易引起窒息的食物；婴幼儿进食时保持安静，避免跑跳、打闹等行为。

3）婴幼儿在娱乐运动设备上玩耍时要加强看护，避免拉绳、网格等造成的窒息。

二、婴幼儿跌倒伤预防

跌倒伤是指因倒在地面、地板或其他较低平面上的非故意事件造成的身体损伤。常见的婴幼儿跌倒伤原因包括：滑倒；从家具、楼梯或娱乐运动设备上跌落等。婴幼儿正处于运动能力的逐渐发展过程中，跌倒较常见，托育机构应加强防护，预防婴幼儿跌倒伤。

1. 安全管理

制定和落实预防婴幼儿跌倒伤的管理细则，主要内容包括：严格执行《托儿所、幼儿园建筑设计规范》（2019年版）相关条文；对婴幼儿生活环境和娱乐运动设备跌倒伤风险的定期排查和清除；对婴幼儿玩耍娱乐、上下楼、睡眠等活动的安全照护与管理；婴幼儿服饰、玩具安全管理；对保育师（员）进行预防婴幼儿跌倒伤的安全教育和技能培训。

2. 改善环境

1）地面应平整、防滑、无障碍、无尖锐突出物，并宜采用软质地坪；清除可能绊倒婴幼儿的家具、电线、玩具等物品。

2）楼梯处装有楼梯门，确保婴幼儿不能打开。

3）规范安装娱乐运动设备，设备周围地面使用软质铺装。

4）婴幼儿床有护栏。

5）在窗户、楼梯、阳台等周围不摆放可攀爬的家具或设施。

6）墙角、窗台、暖气罩、窗口竖边等有角处应做成圆角，家具选择圆角或使用保护垫。

3. 加强照护

1）保育师（员）要与家长沟通，为婴幼儿选择适宜活动的鞋、衣服等服饰。

2）为婴幼儿换尿布、衣物时，保育师（员）应专心看护，始终与其保持近距离，中途不能离开。

3）婴幼儿使用娱乐运动设备过程中或上下楼梯时，保育师（员）应加强看护，与其保持较近距离并确保婴幼儿在视线范围内。

4）婴幼儿玩耍运动前，对玩耍运动环境、设备设施进行安全性检查。

三、婴幼儿烧烫伤预防

烧烫伤是由热辐射导致的对皮肤或者其他机体组织的损伤，包括皮肤或其他组织中的部分或全部细胞因热液（烫伤）、热的固体（接触烧烫伤）、火焰（烧伤）等造成的损伤以及由放射性物质、电能、摩擦或接触化学物质造成的皮肤或其他器官组织的损伤。常见的婴幼儿烧烫伤原因包括热粥热水烫伤、取暖设备烫伤、蒸汽高温烫伤、火焰烧伤等。

1. 安全管理

制定和落实预防婴幼儿烧烫伤的管理细则，主要内容包括：严格执行《托儿所、幼儿园建筑设计规范》（2019年版）相关条文；对婴幼儿生活环境烧烫伤风险的定期排查和清除；对婴幼儿进食、玩耍娱乐、洗浴清洁等活动的照护与管理；婴幼儿玩具用品、电器、取暖设备的安全管理；对保育师（员）进行预防婴幼儿烧烫伤的安全教育和技能培训。

2. 改善环境

1）设置热水器出水温度应低于45℃。

2）设置专门区域存放热水、热饭菜、温奶器、消毒锅等物品，专用房间放置开水炉，并设置防护措施防止婴幼儿接触；使用门栏或护栏等防止婴幼儿误入厨房、浴室等可能造成烧烫伤的区域。

3）桌子、柜子不使用桌布等覆盖物，避免婴幼儿拉扯桌布导致热源物倾倒、坠落。

4）化学用品、打火机、火柴等物品专门保管并上锁；不使用有明火的蚊香驱蚊。

3. 加强照护

1）在婴幼儿饮食、盥洗前进行温度检查。

2）加热、取放热物时观察周围有无婴幼儿，避免因碰撞、泼洒造成烫伤。

3）安全使用暖水袋等可能造成婴幼儿烫伤的用品。

四、婴幼儿溺水预防

溺水是因液体进入而导致呼吸损伤的过程。常见的婴幼儿溺水地点包括浴缸、水盆、水桶等室内设施以及池塘、游泳池等室外场所。

1. 安全管理

制定和落实预防婴幼儿溺水的管理细则，主要内容包括：对婴幼儿生活环境溺水

风险的定期排查和清除；对婴幼儿洗浴清洁、玩耍等活动的照护与管理；对保育师（员）进行预防婴幼儿溺水的安全教育和技能培训。

2. 改善环境

1）托育机构内的池塘、沟渠、井、鱼缸、鱼池、涉水景观等应安装护栏、护网。

2）水缸、盆、桶等储水容器要加盖，并避免婴幼儿进入储水容器所在区域，使用完水池、浴缸、盆、桶后及时排水。

3. 加强照护

1）保持婴幼儿在保育师（员）的视线范围内，避免婴幼儿误入盥洗室、厨房、水池边等有水区域。

2）婴幼儿在水中或水边时，保育师（员）应专心看护，始终与其保持近距离，中途不能离开。

五、婴幼儿中毒预防

中毒是指因暴露于一种外源性物质造成细胞损伤或死亡而导致的伤害。常见的毒物包括农药、药物、日用化学品、有毒植物、有毒气体等。本书的中毒指急性中毒，不包括慢性中毒。

1. 安全管理

制定和落实预防婴幼儿中毒的管理细则，主要内容包括：对婴幼儿生活环境中毒风险的定期排查和清除；保障婴幼儿安全用药；对保育师（员）进行预防婴幼儿中毒的安全教育和技能培训。

2. 改善环境

1）将药物、日用化学品等存放在婴幼儿无法接触的固定位置。

2）规范使用消毒剂、清洁剂。

3）使用煤火取暖的房间应有窗户、风斗等通风结构，并保证正常工作；正确安装、使用符合标准的燃气热水器。

4）托幼园所内不种植有毒植物，不饲养有毒动物。

3. 加强照护

1）玩具及生活用品应安全无毒，同时保育师（员）要关注婴幼儿的啃咬行为，避免婴幼儿因啃咬而导致中毒。

2）避免有毒食物引起婴幼儿中毒，如有毒蘑菇、未彻底煮熟的扁豆等。

六、婴幼儿异物伤害预防

异物伤害是指因各种因素导致异物进入体内，对机体造成一定程度损伤，出现了各种症状和体征，如食道穿孔、气道梗阻、脑损伤等。婴幼儿异物伤害多因异物通过口、鼻、耳等进入身体造成损伤，常见的异物包括食物、硬币、尖锐异物、电池、小磁铁、气球、玩具零件及碎片等。

1. 安全管理

制定和落实预防婴幼儿异物伤害的管理细则，主要内容包括：对婴幼儿生活环境异物伤害风险的定期排查和清除；对婴幼儿饮食、玩耍等活动的照护与管理；婴幼儿食物、玩具、儿童用品的安全管理；对保育师（员）进行预防婴幼儿异物伤害的安全教育和技能培训。

2. 改善环境

1）将硬币、电池、小磁铁、装饰品（如项链、皮筋、发卡等）、文具（如笔帽、别针）等小件物品放置在婴幼儿接触不到的区域。

2）使用玩具、婴幼儿用品等前后，检查有无零件、装饰物、扣子等的破损、脱落或丢失。

3）定期检查家具、娱乐运动设备有无易掉落的零件（如螺丝钉、螺母等）、装饰物，如果有要及时固定。

3. 加强照护

1）及时收纳可能被婴幼儿放入口、鼻、耳等身体部位的小件物品。

2）及时制止婴幼儿把硬币、电池等小件物品放入口、鼻、耳等身体部位的行为。

3）选择适龄玩具，不提供含有小磁铁、小块零件的玩具。

4）不提供易导致异物伤害的食物，如含有鱼刺、小块骨头的食物。

七、婴幼儿道路交通伤害预防

道路交通伤害是指因道路交通碰撞造成的致死或非致死性损伤。道路交通碰撞是指发生在道路上至少牵涉一辆行进中车辆的碰撞事件。

1. 安全管理

制定和落实预防婴幼儿道路交通伤害的管理细则，主要内容包括：制定托幼园所车辆安全要求和管理制度和携带婴幼儿出行安全管理制度；制定托幼园所内车辆行驶、停放安全管理制度，严格把控运输婴幼儿出行车辆驾驶员的资质要求，儿童安全

座椅安全使用要求；对保育师（员）进行预防婴幼儿道路交通伤害的安全教育和技能培训。

2. 改善环境

1）托幼园所须将婴幼儿活动区域与车辆行驶和停靠区域隔离。
2）托幼园所出入口须设立专门安全区域。
3）托幼园所出入口须与道路间设置隔离设施。

3. 加强照护

1）携带婴幼儿出行时，应严格遵守道路交通法规。
2）携带婴幼儿出行时，密切看管并限制婴幼儿随意活动。
3）携带婴幼儿出行时，给婴幼儿穿戴有反光标识的衣物。
4）婴幼儿乘坐车出行时，要规范使用安全带。

请你描述婴幼儿常见的伤害有哪些，并谈谈应如何做好预防。

学习任务四　婴幼儿意外事故应急处置办法

户外活动时间，孩子们在塑胶跑道上拍球。优优的球滚掉了，他跑过去捡，恰巧毛毛抱着球过来和优优撞了个满怀，两个孩子跌坐在地上，一个捂着脸，一个摸着头，哇哇大哭起来。那边，小乐从滑梯上滑下来，站起来时腿一软滑倒了，手上擦破了皮。

※ 知识目标
- 了解婴幼儿意外事故应急处理办法。

※ 能力目标
- 能够说出婴幼儿意外事故应急处理的流程。

※ 素养目标
- 能把婴幼儿的生命安全放在第一位。

在托幼机构，婴幼儿的生命安全是第一位的。托幼机构的所有工作人员一定要以婴幼儿的生命安全为首，要防患于未然，做好各种预防措施。但一旦婴幼儿发生意外事故，保育师（员）及所有工作人员要进行应急处理。托幼机构针对婴幼儿意外事故的处理办法主要有以下几种。

一、立即救助受伤婴幼儿

婴幼儿发生意外事故时要做到：救助要及时，疏忽大意有可能导致婴幼儿错过最佳的救治时机；救助方式要合理，不恰当的救助方式可能导致损害后果的加重。

二、及时通知托幼机构主管与婴幼儿家长

婴幼儿发生意外事故时应立即与家长取得联系，让家长在最短的时间内赶到孩子身边，安抚孩子情绪，参与决策救治方案，以保证治疗活动的顺利进行。托幼机构方积极的救助态度在一定程度上能缓解家长的对立情绪，为事故纠纷的妥善处理创造良好条件。

三、及时上报相关部门

根据《学生伤害事故处理办法》第十六条的规定，发生学生伤害事故情形严重的，学校应当及时向主管教育行政部门及有关部门报告。及时上报有利于上级主管部门第一时间准确地了解事故信息，以便上级部门在必要的情况下及时、科学地参与指导、指挥事故的处置工作，尽可能调动各种资源救助受害者，并控制事态，稳定局面。

四、及时家访妥善处理

发生事故的当天，托幼机构领导、教师应该进行一次及时的家访，进一步了解、关心婴幼儿的伤情，表示慰问。

托幼机构领导、教师要以诚恳的态度与家长及时沟通，在说明事情发生的全过程中，既不能强词夺理，又不能隐瞒事实，还要做好家长的安抚工作。

与家长做好后续处理工作，具体可分为轻微的安全事故和重大安全事故两种情况处理。

五、分析反思事故原因

事故发生后要及时查找原因，制定措施。托幼机构工作人员和婴幼儿都要吸取经

验，教师要抓住契机教育婴幼儿。当意外事故的主角是熟悉的伙伴时，婴幼儿较容易了解意外事故发生的后果。

图2-6为幼儿园意外事故应急处置流程。

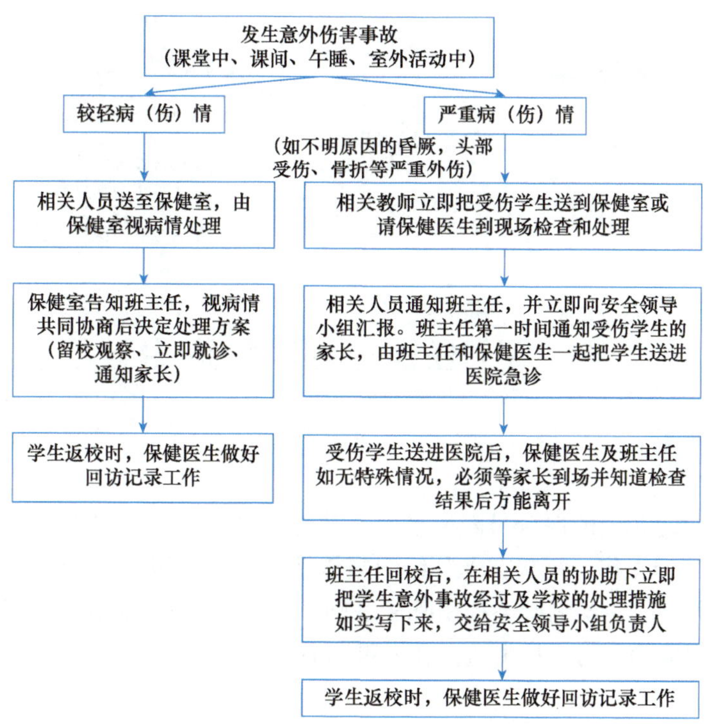

图2-6　幼儿园意外事故应急处置流程

与同学交流一下，当婴幼儿出现意外事故时，保育师（员）应该怎么办。

第四节　配合教育活动

微课　配合教育活动

著名教育家陶行知提出："生活即教育，一日生活皆课程。"也就是说，我们不能只把集体活动看作是幼儿的学习活动，而应该把幼儿的一日生活各个环节都赋予教育意义，要做到生活教育化、教育生活化。保育师（员）配合班级开展教学活动也是非常重要的。

※本节知识导图

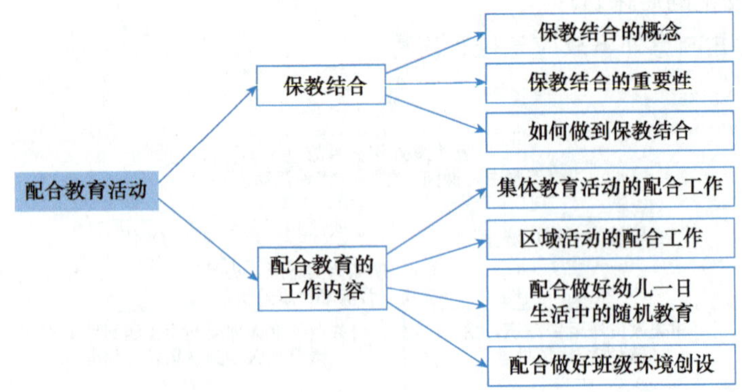

学习任务一　保 教 结 合

刚刚入职幼儿园的保育员陈晨老师，致力于做好保育员的本职工作，每天认真做好班级卫生管理工作。每次在老师组织集体活动的时候她只会干自己的事情，比如擦擦桌椅、扫扫地，主班老师会提示陈晨老师帮忙准备材料，陈晨老师心想，“我只是保育老师负责照顾幼儿的一日生活，开展集体活动和我有什么关系？”

※知识目标

- 了解保教结合的基本概念。
- 了解保教结合在教育教学中的重要性。

※能力目标

- 能够在实践中做到保教结合。

※素养目标

- 知道保教结合是日常教育的重要因素，了解保育岗、教师岗对幼儿发展的重要性。

一、保教结合的概念

什么是保教结合？保教结合是一个整体概念，保和教是教育整体的不同方面，同

时对婴幼儿产生影响。

保就是保护幼儿的健康。健康的内涵十分广泛，有身体方面的，有心理方面的，还有社会方面的。身体方面包括预防疾病，加强营养和锻炼，使幼儿有健康的体魄；心理方面是指培养幼儿良好的情绪，注重其健康、积极的情感培育；社会方面是指培养幼儿探索环境、适应社会的能力，同时还要培养幼儿良好的交往能力，使幼儿不仅有与他人交往的勇气，还能掌握与他人交往的技巧。

教即幼儿园的教育教学，这是按照德、智、体、美的要求，有目的、有计划地对幼儿进行全面发展的教育。例如，合理安排幼儿的饮食、睡眠，帮助他们养成良好的生活习惯；传授知识经验，发展智力、语言及社会适应能力；培养积极的情感和良好的个性品质。

保与教虽有各自独立的含义，但又并不是截然分开的，保教相互结合、包含、渗透，相互联系。幼儿园的教育应做到教中有保、保中有教。

二、保教结合的重要性

保教结合是指保育工作和教育工作的结合，从字面上理解是保在前、教在后。以前的教育中我们更多地重视教育而忽视了保育，随着教育理念的完善，要科学地促进幼儿全面发展，重视保育在教育中的渗透和融合。

《幼儿园工作规程》明确指出："幼儿园是对3周岁以上学龄前幼儿实施保育和教育的机构。"这也就说明了幼儿园具有保育和教育的双重性，这也是我国幼儿园的一大特色，是我国幼儿园的社会使命，意味着幼儿园的保育工作也日益受到关注。

我们常说教中有保、保中有教，其实幼儿教育常常是从保育开始的。由于幼儿年龄偏小，许多的生活习惯还没有养成，因此教师要尊重幼儿发展的基本规律，如怎么吃饭？怎么如厕？怎么穿脱衣服？这既是保育也是教育。保中有教，意味着保育中蕴含着教育的目标。对于吃饭，培养幼儿良好的进餐习惯；对于如厕，培养幼儿良好的如厕习惯，不憋尿；对于穿脱衣服，培养幼儿良好的自理能力，能用正确的方法穿脱衣服。逐渐树立幼儿为自己和他人服务的意识，培养幼儿积极的态度和良好的行为习惯。

由此可见，保教渗透不可分割，作为一名优秀的保育员，要严格按照《幼儿园工作规程》《幼儿园教育指导纲要（试行）》《3-6岁儿童发展指南》中提出的相应要求，在幼儿的一日生活中促进幼儿德、智、体、美全面发展，促进幼儿身心健康发展。

三、如何做到保教结合

1. 正确理解保教结合的含义，树立正确的教育观念

在实际工作中，一些教师对保教工作的认识存在误区，认为保育工作就是保育员以照顾幼儿的一日生活需要为目的，收拾幼儿园室内外卫生，创设干净、舒适的环境

就可以了，而教育工作则更多集中于教学。这种观点是不正确的，科学的幼儿园教育应该是保教结合的教育。在幼儿园的一日教育活动中，保育员是重要且不能缺少的角色之一，保育员要树立正确的教育观念，配合班级开展幼儿的教育工作。当然，“保教合一”并不是保育员一方的努力，还需要教师的配合。作为教师同样也要转变旧观念，珍惜保育员的劳动成果，重视保育工作。只有教师和保育员树立正确的保教结合观念，做到相互理解、相互支持，才能更好地合作，做到真正的保教合一。

2. 在一日生活中自始至终贯穿保育与教育相结合的原则

3～6岁幼儿缺乏生活经验，自我照顾能力、身体活动能力、识别危险及防御能力差，需要成人的精心照顾和保护。幼儿一日生活的每项内容都有丰富的教育内涵，如生活知识、卫生知识、安全知识、行为习惯和能力培养等。教育者要遵循幼儿的身心发展规律，将保育、教育有机地融合在幼儿一日生活的每个环节中。

3. 保教人员相互理解、共同协作，教育目标一致

在幼儿园一日生活的教育教学中，保育、教育目标要保持一致，工作中要明确各自职责，各有侧重，但又要做到分工合作，分工不分家，共同完成对幼儿进行保教结合全面发展的教育任务。

保育员必须要明确，在教学时跟随主班教师的节奏，活动组织过程中不过多地干涉，因为自己过多的语言会影响教师组织活动的效率，也会让活动质量下降。教师要充分理解保育员的工作，彼此保持良好的互动的关系，工作中应与保育员积极主动地交流、探讨，帮助保育员学习教育幼儿的方法；保育员也应主动发表自己的意见，在双方共同成长的同时，促进幼儿更好地发展。

4. 提高自身专业素养，做好教育的配合工作

保育员作为幼儿园教育体系中的重要组成部分，一方面要为幼儿的生活和学习创造良好的环境，使幼儿的生活和学习有所保障；另一方面还要配合教师，帮助教师在教学活动中更加有效地开展教学。新时期背景下对幼儿教育的要求和质量都有所提高，因此，保育员的素质和实践能力也应该得到进一步的提升。作为幼儿学习和成长的帮手和保障者，保育员应该通过提升自身的保育知识和实践能力在实际工作中关心幼儿的心理健康成长，帮助幼儿养成良好的行为习惯以及积极的生活态度，从而促进幼儿的身心健康发展。所以，保育员要不断提升自身的专业素质，掌握不同年龄段幼儿的发展水平，做好幼儿的日常护理工作，配合教师开展教育教学工作内容。

5. 了解班级中的每一位幼儿，有针对性地进行保育、教育

班级中幼儿的发展存在差异性，所以不管是保育员还是主班教师，对于班级中的

幼儿都要做到心中有数，根据不同幼儿的需要制订相应的保育、教育计划。

作为新入职的保育员，你是如何理解保教结合的？

学习任务二　配合教育的工作内容

张老师是班级里的保育员，在工作中认真、负责，除了做好自己的本职工作外，还积极地配合主班教师的工作。例如，班级要开展集体活动，张老师会与主班教师提前将材料摆放整齐，在活动中指导幼儿完成作品。

※知识目标

- 掌握在一日生活各环节中保育员配合教育工作的要求及内容。

※能力目标

- 能够清楚保教配合的基本工作内容。

※素养目标

- 培养自我学习和反思的能力。
- 做好自己的本职工作。

任务学习

幼儿园是对3岁以上幼儿实施保育和教育的场所，坚持保育与教育结合的原则，对幼儿实施德、智、体、美全面发展的教育，促进其身心和谐发展是幼儿园教育的目标。因此，教师在制订计划、组织实施各项教育活动的过程中，要树立保育和教育相结合的整体观念。保育员除了照护幼儿的一日生活外，还要配合教育教学工作。所以教师在制订计划、组织和实施各项活动时，要注意保育和教育相互融合的关系。以下是在教育活动中保育员配合教学工作的相应工作要求及内容。

一、集体教育活动的配合工作

集体教学活动是幼儿在园一日生活中必不可缺的活动之一。实践表明，集体教学活动能在较短的时间内使一大群幼儿快乐而又有效地学习，集体活动也是体现“教中有保”非常重要的一个环节。下面从场地准备、材料准备、活动中的指导以及活动后的整理进行保育配合工作的介绍。

1. 场地准备

（1）室内集体活动

1）提前与主班教师沟通本次教育活动的目标及内容，按需要准备场地及桌椅摆放的位置。根据幼儿的性格特点安排幼儿座位，将个性幼儿放在教师容易指导、观察的位置。对于中大班幼儿，保育员可指导值日生共同完成桌椅的摆放。

2）调节好室内的光线，提前开灯或拉好窗帘。

（2）户外集体活动

1）提前与主班教师沟通本次户外集体活动的目标及内容。

2）提前检查活动场地内是否存在安全隐患，如碎石子、玻璃、树枝等危险物品，确保活动场地的安全。

3）冬季尽量在阳光下背风处活动，夏季尽量在荫凉处活动。

2. 材料准备

（1）室内集体活动

1）根据已经定好的内容准备需要的材料，可配合教师根据活动需要制作简单的教具。

2）协助主班教师将准备好的材料按要求摆放整齐，保证数量充足，并检查有无损坏，确保材料的安全性；对于中大班幼儿，保育员可指导值日生共同摆放材料。

（2）户外集体活动

1）保育员要配合教师准备好活动所需要的器械、户外玩具，并检查器械的安全、卫生及数量是否充足。

2）检查幼儿的服装，如衣扣、鞋带、裤带是否系好，口袋内是否有危险物品（如金属小刀、针、玻璃等），发现问题要及时处理并与主班老师沟通。

3）准备好户外垃圾桶及餐巾纸。

3. 活动中的指导

（1）室内集体活动

1）保育员应及时、适时、周到、适当地配合教师进行教学活动，保证教学活动顺利进行。

2）保育员及时关注幼儿参与活动的情况，要协助教师稳定幼儿的注意力，维持教

学活动的秩序，以保证教学活动的正常进行。如遇到个别幼儿影响教师正常开展活动或是影响同伴参与活动，应用正向的语言引导幼儿，严禁大声呵斥幼儿，避免影响主班教师开展教学活动。

3）在教学中保育员不要随意走动，注意自己说话的声音及指导幼儿活动的方式，不打扰主班教师，不打扰幼儿活动中的状态。

4）保育员按照提前沟通好的计划，有序进行指导，运用恰当的方式维持活动秩序；关注小组中个别有个性的幼儿，将指导过程中遇到的问题及时反馈给主班教师，帮助教师掌握全体幼儿在活动中的参与情况，及时处理活动中发生的特殊情况，以保证教育活动的顺利进行。

5）在教学过程中应该根据主班教师的需要帮助其出示、操作、演示教学用品，必要时承担角色人物，在配合主班教师完成教学任务的同时，注意幼儿的安全保健，如在活动中及时纠正幼儿不正确的学习姿势、指导幼儿安全使用操作物品。

6）活动中观察幼儿的情绪变化，对于中途需要小便、有特殊要求的幼儿及时给予帮助，以免影响活动的正常开展。

（2）户外集体活动

1）关注幼儿参与活动的情况，如运动量，指导幼儿动静交替，以免疲劳过度。

2）在游戏过程中观察幼儿身体是否有异样，如走路的姿势、脸色及情绪等，避免危险的发生。

3）关注班级中的特殊幼儿，如肥胖、体弱、不爱运动等幼儿的情况，及时调整体育计划，针对个别幼儿做好个别指导工作。

4）关注班级中幼儿有无出汗情况，指导幼儿根据身体情况穿脱衣服。

4. 活动后的整理

（1）室内集体活动

1）帮助教师收拾整理活动中使用的玩教具和材料，并检查是否有缺损，如有缺损要及时与教师联系，必要时应及时制作和准备，以备不时之需。

2）根据需要将桌椅归位，并摆放整齐，必要时要进行擦洗，也可指导中大班幼儿值日生一起做。

3）活动结束后，关注幼儿的健康情况及情绪，组织幼儿及时盥洗、如厕、饮水。

4）做好班级卫生和材料消毒等工作。

（2）户外集体活动

1）协助主班教师做好器械、材料的收纳及整理工作（中大班保育员可指导值日生共同参与整理器械）。

2）关注幼儿游戏后的状态，指导幼儿放松。

3）检查操场上是否有遗落的物品及垃圾，做好活动后场地的清洁及整理工作。

4）回班后组织幼儿有序盥洗、饮水，根据幼儿户外游戏的情况提示个别幼儿多喝水，做好幼儿的健康护理工作。

二、区域活动的配合工作

1. 场地准备

1）提前与主班教师沟通区域活动中保育员指导的区域。

2）提前空出区域游戏的活动场地，将区域的玩具柜摆在指定的地点；对于中大班幼儿，保育员可指导值日生完成场地的准备。

2. 材料准备

1）提前与主班教师沟通区域中需要投放哪些新的材料，注意材料的安全、卫生。

2）经常检查班级区域中材料的使用情况，及时将发现的问题反馈给主班教师，及时调整区域材料，满足幼儿游戏的兴趣。

3）准备好美工类的材料，特别是水彩、水粉等，准备好相应的清洁材料（毡垫、抹布等）。

3. 配合做好活动中的指导工作

1）按照提前沟通的指导计划进行区域的指导，观察幼儿活动的情况，不过多干涉幼儿的自主游戏。

2）活动中观察幼儿与材料的互动情况，如果幼儿需要新的材料要及时进行补充。

3）关注区域中幼儿与同伴间交往的情况，如遇到幼儿间发生矛盾要及时介入，引导或协助幼儿解决矛盾。

4）幼儿区域中遇到困难时观察幼儿解决问题的情况，根据情况进行介入，如材料使用情况、幼儿作品未完成情况等，根据幼儿的情况介入，并给幼儿留有思考和自我解决的时间。

5）保育员及时将在区域中看到的幼儿游戏情况、发现的问题反馈给主班教师。

4. 配合做好区域结束的整理工作

1）关注幼儿完成及整理的情况，如有幼儿没有收拾整齐，指导幼儿继续完成区域材料的收纳。

2）做好班级物品整理及卫生清扫、消毒等工作。

3）关注幼儿结束后的状态，是否有情绪异常的幼儿，引导幼儿盥洗、如厕、喝水。

三、配合做好幼儿一日生活中的随机教育

保育员既是保育工作者，也是教育工作者，对幼儿的成长、发展起着重要的作用。保育员要关注幼儿个性的发展和个体间的互动，抓住一日生活中各环节的教育契机，用自己的智慧和经验引导、鼓励幼儿，帮助他们更好地学习、成长。

四、配合做好班级环境创设

幼儿园的环境是指幼儿园内与幼儿相关的一切物质条件和精神条件的总和，幼儿园的环境是非常重要的教育资源，就像是一位不会说话的老师，幼儿的成长离不开环境，环境的创设对幼儿的发展影响也是极其深远的。作为智慧的保育员，要配合班级教师利用班级中的环境创设帮助幼儿形成良好的生活、卫生习惯。

请小组成员举例说明在幼儿集体活动中保育员应做好哪些配合教育工作。

拓展学习

幼儿园的曹老师在班级中开展了音乐游戏活动“粗心的小画家”，主题音乐是一首欢乐且有趣的歌曲，为了能让幼儿感受节奏和歌词的对应，曹老师设计了创编歌词的环节；为了能让孩子们用更多的形式表现歌曲，曹老师设计了与同伴共同舞蹈的环节。

活动开展前，曹老师及时和保育员张老师沟通本次活动的目标、准备的材料及重点指导内容，将活动中幼儿会出现的问题进行预设，明确保育员张老师需要给予哪些指导，将设计的每一个环节都和保育员张老师共同梳理、共同备课。张老师做到心中有活动、心中有目标，根据活动的需要将活动的场地清扫干净，提前准备创作需要的纸、笔及胶棒等材料，将桌子按照活动的需要摆放整齐，准备好餐巾纸、垃圾桶，做好让幼儿随时擦汗的准备。

活动过程中，班级中的乐乐和天天在开小差，没有认真参与曹老师的活动，张老师发现后及时提示幼儿注意听，未影响老师和其他幼儿。在幼儿分组创编环节，张老师指导幼儿进行小组讨论，将自己创编的歌曲进行试唱，在过程中发现创编时两个幼儿意见不统一，最后通过幼儿共同讨论解决了困惑，张老师及时将本组的情况反馈给了曹老师，帮助曹老师掌握班级中幼儿的情况。

张老师在配合曹老师开展活动的过程中除了关注幼儿参与的情况，及时给予指导，还关注幼儿的身体状况，比如发现一名幼儿出了很多汗，便悄悄地走到身边，要求他暂停游戏，及时为幼儿擦汗、整理衣服。活动结束后，张老师关注孩子们出汗的情况，指导个别幼儿换备用衣物等，提示幼儿多喝水。

请你分析一下案例中张老师的行为。

案例分析：

上述案例中的张老师虽然是保育员，但是在活动中依然体现了保教的统一性，《幼儿园工作规程》明确指出："幼儿园的任务是：贯彻国家的教育方针，按照保育与教育相结合的原则，遵循幼儿身心发展特点和规律，实施德、智、体、美等方面全面发展的教育，促进幼儿身心和谐发展。"我们常说保教不分家，作为保育员，除了配合主班教师的教学活动，做到心中有活动、有目标之外，还要关注幼儿的健康情况，根据幼儿的情况及时给予护理，配合主班教师保障幼儿的身心健康发展。

第三章 托幼园所保育工作中的人际沟通

第一节 与婴幼儿的沟通

微课 与幼儿的沟通方法

与婴幼儿的沟通是指保育师（员）与婴幼儿之间的情感、信念、思想及信息等的交流过程。通过这种沟通与交流为婴幼儿提供支持和帮助，营造安全的情感氛围，帮助他们提高探索的积极性，树立自信心，发展积极的社会情感。

本节包含五个具体的学习任务，分别探讨了与婴幼儿有效沟通的五条原则，即让婴幼儿听懂你说的话、让婴幼儿知道你是值得信任的、尊重婴幼儿的气质与偏好、支持婴幼儿的自主性、对婴幼儿的行为进行正向引导。在每个学习任务之下，分别列举了每条原则所对应的沟通方法，在实际与婴幼儿沟通的过程中，要灵活使用这些方法，且不局限于这些方法。

※ 本节知识导图

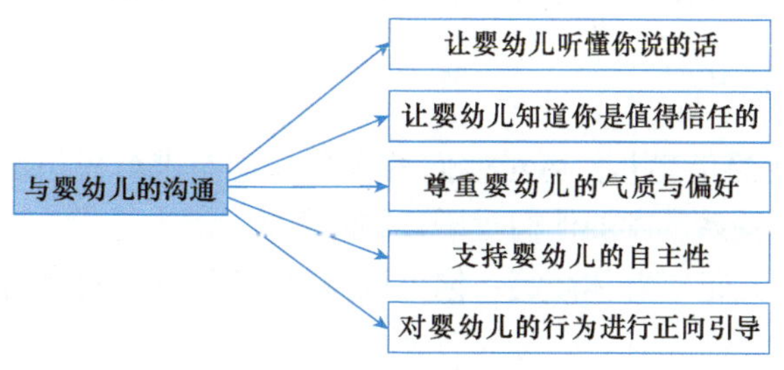

学习任务一 让婴幼儿听懂你说的话

一所托育中心里，一名三个月的婴儿躺在床上，看着一只红色的球；另一名十四个月的幼儿在户外指着天空喊着“噢，噢”；一所幼儿园的午餐时间，一名三岁半的幼儿边玩边吃，吃得很慢。当面对这些场景时，作为保育师（员）的你该如何与他们沟通？

※知识目标

- 了解“让婴幼儿听懂你说的话”的几种沟通方法。

※能力目标

- 能分析相关案例中保育师与婴幼儿的沟通行为。
- 能指导自己园所实践中与婴幼儿的沟通行为。

※素养目标

- 关爱婴幼儿，能站在婴幼儿的视角思考问题，指导与婴幼儿的沟通行为。

让婴幼儿能听懂你说的话，是与婴幼儿沟通的关键。

一、适当放慢语速

适当放慢语速，让婴幼儿能听清楚你说的话，给他们充分的回应时间。

二、使用简洁的语言

避免使用逻辑关系复杂的词语或修辞，如果需要说一些新词汇，要在具体的行为或情境中使用，或者用婴幼儿能理解的话语解释一下这些词汇。

三、模仿与描述表情和动作

对于还不会说话的小婴儿，可对他们的表情和动作进行模仿或描述，帮助他们理解语言和实物的对应关系，发展他们对语言的理解力。

例如，一个小婴儿正对着你微笑，你可以微笑着回应：“我看到了一个微笑！”

四、重复与示范语言

对于刚刚会说话的婴幼儿，可对他们的语言进行重复与示范，帮助他们发展沟通和交流的能力。

例如，一名婴幼儿指着屋顶上的灯大叫：“噢！”你可以回应：“那些是闪闪发光的灯。”孩子指着灯继续说：“多！”你可以回应：“是的，这儿有很多闪闪发光的灯！”

五、使用具体形象的语言

对于小班的幼儿，可以使用具体、形象感强的语言，在相关情景中进行沟通。

例如，介绍饭菜（宫保鸡丁）的时候可以说：“今天是小朋友们特别爱吃的鸡肉，食堂的叔叔将它切成一小块一小块的，还放了一些配菜，咬起来软软的，味道香香甜甜的，小朋友们吃完了脸会红扑扑的。”

六、不说反语和暗示语

婴幼儿无法理解语言当中的暗示，因此，在与他们沟通时注意不说反语和暗示语。

例如，希望他们安静下来的时候，却说：“怎么不说大声点？”

七、一次提出的指令不超过三条

对于婴幼儿来说，一次最好只给出一个指令，可以逐渐叠加指令，但一次性最好不超过三条指令。

幼儿园小班幼儿正在用餐，用餐快结束了，还有几名幼儿一边玩一边吃。保育员催促道：“小朋友们快吃啊快吃！”然后对吃完饭的幼儿说：“小朋友们吃完饭都把自己的餐桌整理好。”

请大家讨论一下这名保育员的沟通是否有效。如果你是这名保育员，要如何与这些幼儿沟通？

学习任务二　让婴幼儿知道你是值得信任的

一所托育中心里，一名四个月的婴儿躺在婴儿床上，挥舞着小手，咂咂嘴，突然大哭起来；一名十八个月的幼儿第一次和妈妈来到这里，怎么也不肯进门；一所幼儿园里，一名三岁的幼儿磨磨蹭蹭不肯起床。当面对这些场景时，作为保育师（员）的你会如何与他们沟通？

※ 知识目标

- 了解“让婴幼儿知道你是值得信任的”的几种沟通方法。

※ 能力目标

- 能分析相关案例中保育师与婴幼儿的沟通行为。

- 能指导自己园所实践中与婴幼儿的沟通行为。

※ 素养目标

- 对工作耐心细致，认真观察婴幼儿的需求及情绪。

让婴幼儿知道你是值得信任的，奠定与婴幼儿有效沟通的基础。

一、经常对他们表达“我很喜欢你”

保育师（员）可用语言、表情、肢体动作来表达对婴幼儿的喜爱和关心。语言的表达，如早晨入托或入园的时候，可以跟每个婴幼儿问好；表情的表达，如会意的微笑，温柔的目光对视；肢体动作的表达，如和婴幼儿交流时用弯腰或半蹲的姿势来与他们保持同样的高度等。

二、敏感觉察并回应他们的需求

小婴儿通常用哭声来表达他们的需求，可在他们哭的时候对他们的需求做出回应，这对于获得他们的信任很重要。保育师（员）还可以对着他们蹬踹着的小腿或挥舞的小拳头做出回应，此外，还要能够识别他们什么时候需要安静的环境来打盹，或者只是静静地待一会儿。

稍大点的婴幼儿除了哭，还可以用特定的面部表情、姿势和行为来表达他们的需求。作为保育师（员），要善于观察和总结他们行为背后的需求，可以引导他们用一些简单的手语用来表达自己的需求，引导他们在与人交流方面迈出关键一步。

有些幼儿无法有效地表达自己的真实想法，作为保育师（员）要会观察事情的经过，以及幼儿的行为，并能够解读这些行为背后的原因，从而真正了解并满足幼儿的需求。

例如，午睡后，有的幼儿不配合起床，作为保育师（员）要想到是不是尿床了或者身体不舒服。等安排好其他幼儿之后，单独和这个幼儿聊一聊。

三、与他们共情，帮助他们管理情绪

婴幼儿无论是开心还是沮丧、焦虑或愤怒，接纳认可他们的感受，与他们共情，才会真正打开情感联结和解决问题的大门。

当婴幼儿表现出负面情绪时，可以尝试与他们进行如图 3-1 所示的沟通。

四、做好自身的情绪管理

做好自身的情绪管理要做到以下两点：一是避免情绪的失控；二是诚实表达自己

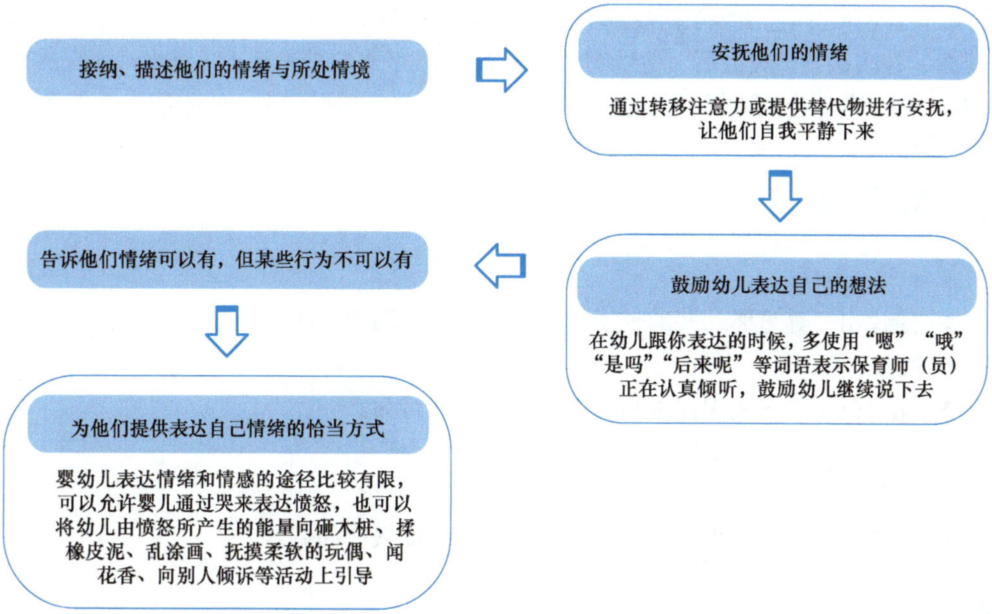

接纳、描述他们的情绪与所处情境

安抚他们的情绪

通过转移注意力或提供替代物进行安抚，让他们自我平静下来

鼓励幼儿表达自己的想法

在幼儿跟你表达的时候，多使用“嗯”“哦”“是吗”“后来呢”等词语表示保育师（员）正在认真倾听，鼓励幼儿继续说下去

告诉他们情绪可以有，但某些行为不可以有

为他们提供表达自己情绪的恰当方式

婴幼儿表达情绪和情感的途径比较有限，可以允许婴儿通过哭来表达愤怒，也可以将幼儿由愤怒所产生的能量向砸木桩、揉橡皮泥、乱涂画、抚摸柔软的玩偶、闻花香、向别人倾诉等活动上引导

图3-1　婴幼儿出现负面情绪时的沟通示意图

真实的感受，给婴幼儿传递的言语、表情及行为信息是一致的。这样可以给婴幼儿树立如何表达情绪的榜样，也有利于建立与婴幼儿的信任关系。

例如，一个幼儿撕坏了一本书，保育员明明很生气，但还是努力控制住自己的情绪，和这名幼儿探讨撕书的行为。幼儿告诉他，如果他不生气就告诉他为什么撕书。于是这位保育师说：“老师不生气，你可以说了。”可是这名幼儿还是不敢告诉他，说：“您明明很生气，一直咬着牙齿。”在这样的情境下与幼儿的沟通就是无效的。

一名幼儿怎么也不肯进幼儿园，请你尝试与处于入园“分离焦虑”中的幼儿沟通一下吧。

学习任务三　尊重婴幼儿的气质与偏好

一名十四个月的幼儿正努力地把一块长方形木块放进形状分类盒的狭缝中。他尝试了几次，一直不得要领，但他没表现出明显的挫败感。最后他把木块放下，拿起一把勺子，然后轻松地把勺子放进了狭缝，他还放了几把钥匙和几个木珠进去。他抬头看了一眼保育

师，保育师说：“你把很多东西放进了洞里。”另外一名十四个月的幼儿同样在玩一个形状分类盒，在多次尝试失败后，他号啕大哭起来。“如果木块总是进不了洞里，那真的很让人难过，”保育师边说边抚摸他的背接着说，“我在想，如果你把木块立起来会怎么样。”

※ 知识目标

- 能说出“尊重婴幼儿的气质与偏好”的几种沟通方法。

※ 能力目标

- 能分析相关案例中保育师与婴幼儿的沟通行为。
- 能指导自己园所实践中与婴幼儿的沟通行为。

※ 素养目标

- 尊重婴幼儿，认识到每个婴幼儿拥有独特的气质和偏好。

一、适应他们的沟通节奏

不要试图主导与他们的沟通节奏，给他们足够的时间来决定是否回应、怎样回应，以及用什么语言（如果可以说话）回应。

二、适时介入他们的活动

在婴幼儿探索过程中，当你决定是否、何时以及怎样帮助他们，介入他们的探索活动时，应考虑到每个孩子的气质和当前的发展水平，学会观察与等待。例如，本节“案例导入”中两个气质完全不同的幼儿在受挫能力上就有明显的差别，作为保育师（员）要了解这种差别，并知道何时介入幼儿的活动，在一定程度上降低他们的挫败感。

三、允许他们以自己的方式参与活动

他们有时会通过安静观察的方式来参与活动，虽然他们对某一项事物或活动很感兴趣，但仍选择保持安全距离在远处观察。对他们来说，选择在旁边观察就算是已经加入其中了。

一所托育中心里，老师给托大班的幼儿准备了手指画颜料和白纸，让幼儿体验在纸上点“糖豆”，一名幼儿手上沾满颜料，在自己的罩衣上涂抹、拍打，保育师走过去

告诉幼儿，不能抹在自己的身上，要在纸上涂抹。

请大家讨论一下：这名保育师的沟通是否有效呢？如果你是这名保育师，会如何与这名幼儿沟通？

学习任务四　支持婴幼儿的自主性

一名二十个月的幼儿正在户外沙盒里玩沙子，保育师告诉他再玩五分钟就要吃饭了，可是时间到了后，他还想玩。作为保育师的你该如何与他沟通？

※知识目标

- 能说出“支持婴幼儿的自主性”的几种沟通方法。

※能力目标

- 能分析相关案例中保育师与婴幼儿的沟通行为。
- 能指导自己园所实践中与婴幼儿的沟通行为。

※素养目标

- 尊重婴幼儿，将婴幼儿看作独立的，有解决问题能力的个体，引导婴幼儿自主解决问题。

一、支持他们独立完成任务

步入学步期，幼儿会特别希望独立做一些事情，如独立吃饭、穿衣、分发餐具、擦桌子等。虽然他们的动作还不够灵活，可能搞得一团乱，但作为保育师也要支持和鼓励他们完成这些事情，这对于他们自信心的建立十分关键。

二、给他们自主选择的机会

当幼儿不服从某个要求时，可简要地说明必须行动的理由，并提供可选择的方案，可以围绕这个要求的最终目的，在方式或数量上给他们选择，给予他们可自主选择的机会。

例如，午睡后，幼儿不肯起床。保育师（员）可以说：“你是希望自己悄悄起来穿好衣服呢，还是让老师大声数十下起来呢？”

三、引导他们自主解决问题

在幼儿发生不当行为（如犯了错误或伤害别人）时，可通过和幼儿沟通的方式启发幼儿自主解决问题。常见的启发式提问有：发生了什么事？你当时想做什么？你认为这件事为什么会发生？你有什么感受？你怎样才能解决？如果你不想让这样的事情再次发生，你还能做些什么？

特别需要提醒的是，很多时候幼儿在社交过程中发生的类似争抢玩具等问题，只要没有发生激烈的冲突和伤害行为，保育师（员）可以在一旁密切观察，一般情况下，他们都能够自己解决问题。

两名三岁的幼儿为一辆玩具车争抢了起来，其中一名幼儿愤怒地推倒了另一名幼儿，另一名幼儿大哭了起来。作为保育师（员）的你该如何介入？列举一下处理该问题的步骤，并填写表3-1。

表3-1　处理幼儿冲突的步骤

步骤	方法	步骤	方法
步骤1		步骤4	
步骤2		步骤5	
步骤3		步骤6	

学习任务五　对婴幼儿的行为进行正向引导

一所托育中心里，一名十七个月的幼儿在跟保育师玩游戏，兴奋之余朝保育师的腿上咬了一口。作为保育师的你该如何与他沟通？

※ 知识目标

- 能说出“对婴幼儿的行为进行正向引导”的几种沟通方法。

※ 能力目标

- 能分析相关案例中保育师与婴幼儿的沟通行为。

- 能指导自己园所实践中与婴幼儿的沟通行为。

※素养目标

- 尊重婴幼儿，将婴幼儿看作持续发展的个体，正面引导婴幼儿行为的持续发展。

一、多给予积极的鼓励

多给婴幼儿积极的鼓励有助于帮助他们建立正向的自我概念，但简单的“你真棒”不是鼓励他们的最好方式，要让鼓励更具体一些。

例如，可以对一个正在搭建积木的幼儿说：“你搭了一个很高的积木塔，你要够到多高才能把积木放在塔尖上呀，都比你高啦！”

二、避免负面的评价

“你不太爱说话呀”“你没有认真做”“你怎么把它弄成这个样子？”“这孩子怎么会这样！”“从未见过像你这样调皮的孩子”“你太让我失望了”等类似的负面评价，都会让婴幼儿怀疑自己的价值。

三、用正面语言讲述应当做什么

当不允许他们做某件事的时候，用正面语言告诉他们应当做什么。婴幼儿对语言的接受很可能是片面的，如果你说“别站在桌子上”，他也能听懂“别”的意思，但印象比较深刻的就是“站在桌子上”。当这种景象在他脑子里蔓延开来，就会在潜意识里影响行为，你可以说“脚应该放在地板上”或“你可以把脚放在这里”。

1）小班幼儿吃完水果后，你发现一名幼儿把香蕉皮扔在了凳子下面。请你尝试与这名幼儿沟通一下吧。

2）在表3-2所示的场景中，尝试用正面语言引导幼儿调整自己的行为。

表3-2　用正面语言帮助幼儿调整行为

幼儿行为	沟通
在海洋球池中，向外不断地扔海洋球	
洗完手后，将毛巾扔在地上	
没打招呼拿走另一名幼儿手里的玩具	
用力揪小兔子的耳朵	

拓展学习

下面是保育师与婴幼儿沟通的一些案例，请利用本节相关的知识点，对保育师的沟通行为进行评价分析。

案例1　和小婴儿交谈

婴儿：（对着照顾者微笑）。

保育师：（微笑着回应）“我看到了一个微笑！”（停顿）

婴儿：（微笑并扭动身体）。

保育师：（微笑并点点头）“我看到了微笑和扭动！”（停顿）

婴儿：（咂咂嘴）。

保育师：（咂咂嘴）。

婴儿：（微笑，然后把头转开了）。

保育师：（微笑）“真有趣！”

案例分析：保育师在交流中给小婴儿留下了足够的时间让她决定对话的方向。她还和婴儿保持同样的节奏，在回应前后都停顿了一下，以适应婴儿的停顿。

案例2　安抚处于分离焦虑中的幼儿

16个月的果果被妈妈抱着走进一家托育中心，她的神情非常紧张，双手紧紧地搂着妈妈的脖子。妈妈进门时将尿布袋放进了小壁橱里，向保育师打过招呼后，对她说：“果果，妈妈必须要走了。”这时，保育师走过来，半跪在地上等着抱她。但她不想下来，把妈妈抱得更紧了，所以妈妈只好抱着她坐在地板上。过了会，她稍微放松了一些，从身边拿过一个玩具在地毯上推来推去。她被玩具吸引，慢慢从妈妈腿上下来并轻轻走开了。这时，妈妈站起来弯腰亲了她，说：“妈妈该走了，再见。”说着便向门口走去。听到关门声，果果便放声大哭且跌坐在地上。

保育师走过来坐在果果身旁，轻轻地抚摸着她的肩膀。果果看了看保育师，移开了她的手。保育师仍然坐在果果身旁，说：“妈妈离开了，我知道你很难过。”果果又开始哭了。保育师仍坐在她旁边，保持沉默。果果的哭声渐渐平息了，只是轻轻地抽泣。她抽泣了一会，然后认出了妈妈放在小壁橱里的尿布袋。她想要去拿它，保育师帮她将尿布袋拿过来，果果紧紧抱着它。保育师从中拿出了一个戴着围巾的毛绒小熊，果果一把抢过来，紧紧抱着它。她抚摸着围巾，时不时将它拿到鼻子前闻一闻，之后她的表情越来越放松了。

案例分析：保育师陈述了分离的情境和果果的感受，她并没有过多地安抚果果，只是一直陪在她身边，留意着果果针对她的安抚做出的反应，鼓励她从熟悉的物品中寻求安慰。当婴幼儿学会克服分离恐惧的时候，他们的信任感也会逐渐扩展到社会关系中的其他人身上。分离焦虑是婴幼儿时期十分重要的事件，作为保育师

要高度重视，并知道如何应对。

案例3　安抚处于愤怒中的幼儿

在一家托育中心的低矮栅栏旁，一名两岁的幼儿正在玩一把塑料耙子。他把耙子插入栅栏，并且转动它，当他想把耙子拽出来时，发现它被卡住了。他一边拽一边转动小耙子，但是耙子一点也没有变松的迹象，他流露出挫败的表情。他小小的手关节因为长时间握着耙子的手柄而发白了，他的脸也因为愤怒而变红了。他用力踢着栅栏，而后坐在地上哭了起来。这时候保育师走过来，拍了拍他的肩膀，试图安抚他的情绪，然后帮助他把塑料耙子从栅栏中拽出来。

案例分析：在处理婴幼儿愤怒情绪的时候，首先，要做到共情，在案例中没有看到保育师与这名幼儿的共情。其次，在帮助幼儿处理他们面临的困难时也应该有一定的技巧。比如，当幼儿情绪稳定下来后，可以做一些“脚手架”式的帮助，比如告诉他耙子可以往哪个方向转动一下试试，让幼儿有自己解决问题的成功体验。最后，如果保育师一直在旁边观察幼儿活动的完整过程，其实应该选择更合适的时机介入幼儿的活动，而不应等到他完全崩溃的时候再选择介入。

案例4　安抚由愤怒产生破坏行为的幼儿

4岁的可可正在把恐龙玩具从房间的这一头扔到另一头。保育员走过来把恐龙玩具都拿走了，告诉他今天不能再玩这些玩具了。可可非常愤怒，他记得昨天另一名幼儿往墙角扔积木时，什么事也没有。这不公平！可可气得跺着脚走开了。

过了一会，保育员惊讶地发现可可在马桶里塞满了卫生纸，已经把马桶全堵住了。她让可可来看他造成的麻烦，并且问：“你怎么能在幼儿园做这种事情？”可可一点也没有犹豫地说：“我恨这个地方。”保育员告诉可可，要告诉他父母这件事情，并且在课间休息的时候要待在教室里。

案例分析：仔细了解整个事件的过程不难发现，导致案例中幼儿愤怒的原因，是他认为受到了不公正的对待，他很伤心。首先，作为保育员要做的是理解幼儿伤心的感受，让幼儿说出自己的想法；其次，要让幼儿知道感到伤心和按这种伤心的感受行事是有区别的，有什么感受都可以，但是行为并不是都可以的；再次，和幼儿探讨下次遇到伤心的事情时可以怎么做；最后，和幼儿一起想办法弥补破坏行为造成的损失，如帮忙进行清理等。

案例5　面对不断提要求的幼儿

这天上午大约10点钟的时候，齐齐来找保育员，他的鞋带开了，让保育师帮他系好。保育员帮他系好了鞋带，他跑开去玩了。没过5分钟，他要保育师帮他削铅笔。没过2分钟，他开始弄乱另一名幼儿的积木。保育员提醒他，那是别人的积木，他可以选一些其他的事情做。到10:15的时候，他的鞋带又开了。保育员因为他不断地要求感到恼怒，她认为这些事都是齐齐自己应该做到的事情。

案例分析：当幼儿的行为与以往不同的时候，保育员就要敏感地觉察到幼儿行为背后的需求，并做到积极地回应。案例中的幼儿不断地在吸引保育员的注意，要求保育员帮忙系鞋带、削铅笔，这其实是寻求过度关注的一个表现。这个时候，保育员可以通过让他帮忙做一些事情，如洗画笔、擦黑板或者吹哨子让大家知道午餐时间结束等活动让他有参与感。当然，在幼儿寻求过度关注前，保育员可以每天对他进行单独的问候，或者和他讨论他感兴趣的事物，帮助他感受到自己得到了关爱。

案例6　给幼儿提要求

某天，在户外时间结束时，20个月的明明正在开心地玩拖车游戏，他不愿意进屋吃午餐。

保育师："明明，到时间进屋吃午餐了！"

明明："不！玩！"

保育师：（蹲在明明旁边）"你真的很想继续玩，对吗？我要你现在进去是因为你的午餐已经放在桌上了。"

明明：（看着她，却并没有向门口移动）。

保育师："你可以拖着车走到门口，或者是坐进车里，我可以拖着你到门口。"

明明：（想了一下，看看游乐区，发现没有其他孩子了）"我拖！"（他拖着车，和保育师一起走向门口）

案例分析：保育师首先接受了明明的感受——不想吃饭是因为真的很想玩。然后向他说明了现在必须要去吃饭的理由——饭已经摆在桌子上了。最后给出了可以选择的方案——可以拖着车，或者坐在车里，由保育师拖着到门口。

案例7　引导幼儿自主解决问题

在午餐时，孩子们自己取食物，一个叫安安的小男孩总是拿很多食物。午餐后，保育师通过问他问题，帮助他探究这件事。

保育师："当你取太多食物时，会发生什么情况？"

安安："我吃不完，要扔掉一些。"

保育师："如果你少取点食物，会出现什么情况呢？"

安安好像有了重大发现："我就能全部吃掉了。"

保育师："我确信你能。"接着又问："如果你拿的食物少了，并且都吃完了，

但还没吃饱，你这时可以怎么做？”

安安：“我可以再拿一些。”

保育师：“你什么时候可以开始这么做？”

安安：“明天！”他高兴地说，似乎有点迫不及待了。

案例分析：案例中的保育师在发现幼儿的问题后，没有直接告诉他不应该取这么多食物，而是通过几个问题，让幼儿自己认识该如何去做。这种做法不仅帮助幼儿学会了解决问题的方法，也让他们越来越相信自己的能力。

第二节　与家长的沟通

与形形色色的家长沟通不是一项轻松的工作，在托幼机构中，保育师（员）在生活习惯等方面对婴幼儿更了解。因此，保育师（员）要有效地与家长沟通，共同培养婴幼儿的生活与卫生习惯。鉴于幼儿园中保育员与家长沟通的复杂性，本节以幼儿园中保育员与家长的沟通为例来进行说明。托育机构中保育师与家长沟通时遵循相同的规律和方法。

※本节知识导图

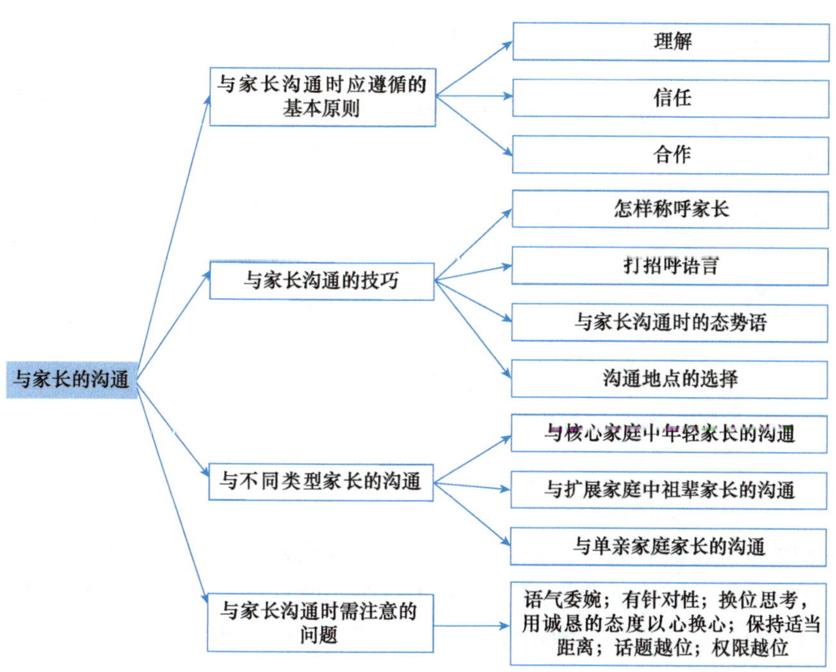

学习任务一　与家长沟通时应遵循的基本原则

情境1：家长听孩子说，被班上某小朋友打了，非常疼。家长问保育员是否有这件事？

A保育员回复："不可能，绝不可能有这种事发生。"

情境2：家长因为工作忙，不能按时接孩子。听说别的幼儿园有延时班服务，家长急切地向保育员表达希望园里开设延时班。

B保育员回复："我不负责这件事，不知道。"

情境3：童童不善于语言表达，肢体动作表达比较多，常常伤人，家长、老师很是头疼。在与其他小朋友玩玩具时，童童又出现争抢玩具并挠伤其他小朋友的情况。童童爸爸来接童童，保育员向家长反馈。

C保育员反馈："你的孩子今天又犯病了。"

※ 知识目标

- 熟悉与家长沟通中保育员遵循的基本原则。

※ 能力目标

- 能够理解与家长沟通的重要性，并能够在与家长沟通中遵守基本原则。

※ 素养目标

- 理解幼儿保教工作的专业性，具备良好的职业素养。

任务学习

与家长沟通是一个循序渐进的过程，保育员与家长之间从相互理解到彼此信任再到携手合作，是教师在沟通过程中应该遵循的基本原则。

一、理解

张女士因为自己的女儿"不被教师重视"感到很苦恼，她说了两件事。一次，电视台来幼儿园录像，有将近一半的孩子上了镜头，而自己的女儿却没上。孩子从幼儿园回来后不吃饭，总是哭闹。她认为从这件事可以看出，幼儿园不能平等地对待每个

孩子，伤害了孩子的自尊心。还有一次，班级墙壁上的集体生活照片中，有一张是女儿站在角落里的，还有一张女儿正好闭上了眼睛。张女士认为老师对自己的女儿缺乏关注，缺乏爱心，她心里很不舒服，为此还向幼儿园领导反映了这些情况。教师则觉得张女士不应该向领导告状，所以张女士与教师之间的关系一直很紧张。

1. 理解偏差是由站位视角差异造成的

家长对保育员产生误解并不像幼儿那样是由于认知水平较低造成的，而主要是因为站位视角差异造成的。这就像观察一把椅子，站在一个角度看有两条腿，换个角度看可能有三条腿或者四条腿。家长主要是从个体角度看教育，保育员主要是从集体角度看教育。在个体家庭范围内正确的观念和做法，在幼儿园则可能是不适宜的甚至不正确的，所以保育员的主要任务是帮助家长调整看待幼儿教育的视角。比如，上述案例中，幼儿在家庭相册里永远都是中心和主角，但是在幼儿园集体照片里总有幼儿站在中央，有幼儿站在边缘，而且幼儿能够坦然接受自己在集体环境中存在非中心、非主角的现实，恰恰是他们成长和成熟的表现。

2. 相互理解需要保育员先接纳再引导

正是因为家长的误解不是由于认知水平低，而是因为视角差异产生的，所以家长很容易产生“我理解，但是难以接受”的心理。因此，保育员的工作不能停留在讲道理的层次。对于家长来说，他们不是听不懂道理，而是难以接受现实。所以，保育员要理解并接纳家长的这种心理状态，以宽容的态度配合家长的需求，在无损原则的情况下，先满足家长的个性化需求，因为得到理解的家长更容易理解保育员。以这种沟通交流为基础，然后再引导家长配合，就更容易被家长所接受。

二、信任

程奶奶退休前做过30年的幼儿教师，她的孙女现在上小班。因为程奶奶，小班的保育员齐老师遇到了前所未有的沟通挑战。入园第一天，程奶奶就对孙女所在的床位不满意，要求保育员调换；入园第五天，程奶奶晚上接孙女的时候，发现孩子头上梳着两个小辫，就责问保育员为什么不是早上的四个小辫；又一天早上，程奶奶劈头盖脸地责问保育员为什么在其他家长面前说她的坏话，齐老师觉得非常委屈，因为这件事纯属子虚乌有。齐老师不知道程奶奶为什么对自己有这么大偏见，更难以理解的是，程奶奶自己也做过幼儿园老师，为什么还这么不配合老师。

1. 信任需要理解，但理解不等于信任

程奶奶曾经长年从事幼儿教育工作，对幼儿园工作是非常熟悉的。据了解，程奶奶在退休前曾遭遇过不公平待遇，所以她形成了相信自己却怀疑甚至敌视外界环境的惯性思维，她觉得别人是不可信的。这种情况由来已久，在短时间内很难改变，与这类家长沟通难度比较大。还有的家长能够理解幼教工作的细致与复杂，但不信任幼儿园教师，他们觉得教师年轻，工作经验不足，与这类家长沟通难度要小一些，经过一段时间的家园共育，他们能较快建立对保育员的信任。

2. 理解侧重理性沟通，信任侧重情感沟通

保育员在与家长沟通时不要以为自己说清楚了、家长听明白了就必然建立了信任，因为理解侧重于了解、认知和理性沟通，而信任侧重于情感沟通。信任是“相信而敢于托付”的意思，既有理性成分又有感性成分。对于家长来说，把自己的孩子托付给幼儿园进行保育和教育，说明家长的信任感是建立在对幼儿园教育的理性认识基础之上的；至于托付的教师是否值得信任，这取决于家长的情感状态，而情感的建立远比理性认识来得慢。所以，保育员要一分为二地看待家长的信任问题，既不要对自己丧失信心，也不要把它简单化，要用自己的爱心与耐心赢得家长的信任。

3. 孩子对保育员的情感是赢得家长信任的基础

与不信任自己的家长沟通是一项富有挑战性的工作，有的年轻保育员干脆望而却步，而有些经验丰富的保育员却很有“招数”。有的保育员总结说：“家长越是不信任我，我越对他的孩子好，结果孩子见到我就想让我抱，时间久了，家长就不得不信任我。”这个成功经验说明幼儿对保育员的情感是赢得家长信任的基础。家长的一切思维和情感都为孩子所系，尽管他可能对幼儿园有这样那样的不满，但是只要孩子喜欢上幼儿园，喜欢教师，喜欢小朋友，家长的一切担忧都会释然；只要孩子爱教师，家长对教师的信任感就会逐渐建立起来。

三、合作

小班有一个男孩儿叫天天，长得白白胖胖的，身体健康，动作敏捷。一天，他在从自己的座位跑向另一个小朋友的座位时被椅子腿绊倒了，把右眼眶磕破了。保育员赶紧带天天到医务室包扎，之后马上给天天的父母打电话，表示对此事感到非常抱歉。家长不但没有埋怨，反而安慰保育员说：“没关系，你们对孩子照顾得挺仔细的，但是孩子也得学会照顾自己。我家孩子动作快，很容易磕碰，受点伤不要紧，下回他自己就知道注意了。”保育员非常感谢家长的理解。回家之后，家长看着孩子脸上“挂彩”了，把心疼藏在心里，问他是怎么摔的，疼不疼，孩子就表演了是怎么摔的，怎么哭的，医生怎么包的，很乐观地接受了这次挫伤。在家长的教育和引导下，天天逢人询问就说：“是我自己不小心摔的，以后不能那么着急。”

1. 每个家长的合作意识不同，教师需要因人而异

合作意味着对外在事物保持积极的关注和开放的态度。性格外向、开朗、直爽的人容易合作，性格内向、谨小慎微的人不容易合作。家长的性格不同，合作意识也会有所不同。此外，有的家长还认为孩子在幼儿园归老师管，在家庭归家长管，彼此做好各自的事情，孩子就健康安全了。如果孩子在幼儿园出了事，就是教师的责任，所以这类家长不会像天天的父母那样理解和信任保育员，也不会配合保育员做好孩子的安全教育工作。所以，如果家长不愿意合作，保育员要具体调查和分析原因，是家长的性格问题、观念问题，还是其他原因，然后有针对性地与家长沟通。

2. 合作是家园沟通最理想的目标

家庭和幼儿园是影响孩子早期发展的两大场所，它们对幼儿的教育有很大差异。幼儿园是一个集体生活环境，幼儿之间的关系是平等的，玩玩具、做游戏都需要小朋友有分享、等待、谦让、合作的意识，幼儿之间有了矛盾，要学会使用文明的方式解决冲突。此外，要培养幼儿在集体环境中清晰、大方、大胆表达自己的能力，这些能力和习惯的培养单靠幼儿园的教育是不够的。如果家长与幼儿园的要求不一致，不但幼儿园的教育效果会受到影响，而且不利于幼儿学习社会行为规范和锻炼人际交往能力，进而影响幼儿的社会性发展。因此，家园共育是最理想的状态。

小组讨论分析，面对案例导入中的三个情境，保育员应该如何表达？

1）保育员可以这样说：________________________________

2）保育员可以这样说：________________________________

3）保育员可以这样说：________________________________

学习任务二 与家长沟通的技巧

午睡前，中班的保育员张老师都会提醒幼儿上厕所，可是安安连续两天午睡时尿了床，需要家长将被褥拿回家清洗、晾晒，张老师该怎样与安安的家长沟通呢？

※知识目标

- 了解与家长沟通的几种技巧。
- 掌握正确恰当的与家长沟通的表达方式。

※能力目标

- 能恰当地称呼幼儿家长。
- 尝试在不同场景下进行模拟沟通练习，向家长反映幼儿各种不同的情况。
- 能结合幼儿在园表现，与家长分享幼儿的进步、关系、兴趣和经历等，如有重要事件，能迅速地通知家长。

※素养目标

- 找准保育员的角色定位。
- 体会保育员的职业价值。

一、怎样称呼家长

1）恰当的称呼能够快速开启沟通的大门。如与家长第一次见面，或者在不清楚是哪位幼儿的家长时，可以直接称呼其“家长”“家长您好！”“您好，需要帮忙吗？”

2）对经常见面的家长，可以用幼儿的昵称再加上家长与幼儿关系的称呼，如“安安妈妈”“童童爸爸”“可心爷爷”。这样做，一方面容易分辨，另一方面家长也会在称呼中体会到保育员对自己孩子熟悉的程度。

3）遇到长辈，也可以使用一般性的礼貌称呼，如“这位阿姨，您来接哪个孩子啊？”

4）尽量避免在其他家长面前按职位称呼幼儿家长，如黄经理、何院长等。

二、打招呼语言

打招呼是日常礼节，保育员应当尽量主动向家长打招呼，态度亲切，让家长感受到教师对职业、对幼儿的喜爱，让幼儿在园的一天生活有个愉快的开始或结束。需要注意的是，在向家长打招呼后，不要忘了接着跟幼儿打声招呼。

1. 日常接送时间打招呼

（1）一般情况下：

1）小红妈妈，您早啊！（不要忘了同时对幼儿说：“小红早啊。”）

2）乐乐爷爷，您慢点，别急，没有迟到，时间刚刚好。

3）欣欣婆婆，您好！今天欣欣妈妈没空啊？

4）军军奶奶您慢走！军军再见，星期一见。

5）小冰爷爷，来接小冰啊，下雨路滑，小心啊。

（2）特殊情况下（如需要向家长反映情况）

1）小青妈妈，辛苦了，赶过来的吧？小青现在好些了，您别急。（孩子病了）

2）明明爸爸来了，（让明明先去上个厕所）今天有件事我跟您说说。（孩子拿了别人的东西）

3）嘉嘉妈妈，您先在办公室坐坐，我跟许老师交代一声马上过来。（孩子打架了）

2. 家长会、开放日打招呼

1）您好，您是哪位小朋友的家长？

2）欢迎欢迎，请您先到操场那边坐坐，有凳子，演出9点开始。

3）乐乐妈妈，您好！乐乐在班里准备呢，请您先在这签个名吧。

4）您好！您是来开大班家长会的吧？请从左边楼梯上二楼音乐室。

三、与家长沟通时的态势语

根据人际交往中的“73855原则”，即在人与人的沟通过程中，语言文字的沟通效果只有7%，语气语调的沟通效果占38%，态势语言的沟通效果占55%。因此，我们在与家长沟通时，为了达到更好的沟通效果，应该注重运用恰当的态势语。

1. 与家长沟通时的正确体态

1）停下手头正在做的事情，起身，注视家长，微笑打招呼。

2）站立交谈时，腰背保持直立，脚跟相靠，脚尖分开约45°，较长时间站立交谈时，双脚可略分开；双手自然下垂，稍微提腕，大拇指内收，或者左手掌心向上，轻握右手四指放于腹前也是一种令家长看上去很自然很舒服的站姿。

3）时间较长的沟通尽量请家长入座交谈。入座前请家长先入座，如：“小丽妈妈，您请坐！”落座之后，最好的坐姿是臀部坐满座位的三分之二，腰背保持直立，双脚并拢，整个身体可微微侧向家长，方便交谈。

4）在交谈的过程中，目光应该注视家长，面带微笑，时不时用“对”“哦”“是”等短语点头回应家长的谈话，必要时动笔记录家长谈话的要点。

2. 与家长沟通时的错误体态

1）边谈边干其他事情，或者目光没有看着家长说话，这都是不尊重他人的举止。

2）在交谈过程中如果出现玩纸笔、抠指甲、抓头发这些小动作，也是不利于沟通进行的。

3）把身体倚靠在墙上或其他物体上、抖腿等体态，都会影响沟通的效果。

在和家长沟通前、沟通中也要注意观察家长的态势语言。例如，家长开始看手机、脚尖移向朝着门口的方向、改成浅坐在椅子上等，暗示应该尽快结束当前的谈话。当家长情绪不好时，最好不要“追”着家长谈话，可等家长情绪好转时再沟通，会有比较好的效果。

四、沟通地点的选择

1. 日常情况沟通地点的选择

家长接送孩子时，是幼儿园教师、保育员与家长最常见的沟通时机。一般的情况可以在走廊或活动室与家长进行三言两语的沟通，不需要回避他人，如：①孩子在……活动中表现突出；②孩子今天学会了……③孩子的头发该剪了；④孩子为什么不爱喝白开水？这类沟通能有效拉近教师与家长的距离，为进一步沟通打下良好基础。

2. 特殊情况沟通地点的选择

有些不大体面的事情，保育员应单独与家长沟通，回避他人，如：①孩子拿了别人的东西；②孩子损坏了教具、玩具；③孩子午睡经常尿床；④孩子总咬手指；⑤孩子在体检中的一些令人担忧的结果。

个别严重的问题应选择在班上所有幼儿离园后或利用节假日，在幼儿园办公室或幼儿家里等不受干扰的地方沟通，如：①孩子近来一直不愿意跟同伴说话，对任何活动都不感兴趣；②孩子有攻击性行为；③孩子有自伤行为。

仔细阅读下列句子，判断哪些是恰当的表达，哪些是不恰当的表达，并说说理由。

1）王经理，早上好！今天亲自送儿子上幼儿园啊？

2）羽菲爸爸，早上好！好久没见您了。

3）难道他在家里不会这样吗？

4）您能和我谈谈孩子在家的情况吗？

5）你女儿这种情况肯定不正常啦，你们当然要带她去医院检查了。

6）乐乐的这项指标是有点偏高，您先别急，先听听医生有什么建议。

实践练习

根据案例导入的情境，一位同学扮演保育员，一位同学扮演家长，模拟张老师与

安安的家长进行沟通。

学习任务三　与不同类型家长的沟通

刚毕业的保育员小赵老师对幼儿园工作充满热情，但缺乏处事经验和应变能力，面对安安爸爸放任不管追求个性化的育儿方式；丁丁奶奶总是不放心，对丁丁过分包办和溺爱；单亲家庭琪琪的敏感……总是怕处理不当，引起家长的误解，她总是回避与家长们进行交流，她也知道这样做是不合适的，但是又把握不好与不同家长沟通的方法，如果你是赵老师，该如何面对这样的问题呢？

※ 知识目标

- 了解并熟悉不同类型家庭的主要特点。
- 熟悉与不同家庭沟通的策略。

※ 能力目标

- 能够积极展现良好专业素养，做到及时、礼貌地反馈家长的问题、关切和要求，尝试根据家长需求，以及幼儿年龄特点，向家长提供科学育儿的相关资料和建议。
- 能表现出对幼儿及其家庭环境的理解，开展有助于家庭科学育儿的相关服务。

※ 素养目标

- 理解与人沟通是幼师工作的重要任务，在沟通中展现良好的专业素养。

一、与核心家庭中年轻家长的沟通

核心家庭是指由一对夫妇及未婚子女（无论有无血缘关系）组成的家庭，通常称小家庭。幼儿的年龄为3～5岁，因此，核心家庭中的家长大多是年轻家长。年轻家长的特点为：独生子女为主；追求个性化育儿方式；与祖辈的教养观念和方法明显不一致。针对这些年轻家长的特点，与年轻家长沟通的策略主要有：①建立平等、开放、智慧的沟通交流关系；②坚持主流教育思想，也要理解个别家长的非主流教育观念并做积极引导；③引导家长把个性化教育与社会化教育相结合；④提醒家长与祖辈家长积极地讨论教养观念和方法。

二、与扩展家庭中祖辈家长的沟通

扩展家庭，亦称扩大家庭、大家庭，与核心家庭相对，指除一对夫妻及其未婚子女外，还包括其他成员的家庭。目前而言，我国大多数的扩展家庭中均包括祖辈家长。不少祖辈家长有充裕的时间和精力，而且愿意与孩子在一起生活。祖辈家长具有抚养和教育孩子的实践经验，他们具有丰富的社会阅历和人生感悟，是促进儿童发展和有效处理孩子教育问题的有利条件。祖辈家长也有一颗童心，极易与孙子孙女建立融洽的感情，为教育孩子创造了良好的感情基础，利于祖孙两辈的身心健康。同时，我们也看到祖辈育儿容易溺爱，思想观念相对年轻父母要陈旧，而且祖辈长时间带孩子容易造成孩子与其父母的感情隔阂等。

保育员与祖辈家长的沟通策略主要有：理解尊重，以诚相待；热情有礼，言之有物；主动关心，因人而异；夯实专业，以理服人。

三、与单亲家庭家长的沟通

单亲家庭，这一由来已久的社会问题早已成为普遍现象，一般人直觉认为是离异家庭，但随着家庭、社会结构的多元化，家庭可能因为各种因素而造成单亲，如离婚、配偶死亡、未婚先孕等。由于单亲家庭的成因不同，及个人本身所拥有的内外在的资源不同，面对单亲的感受及调适也就有所不同。保育员在与单亲家庭家长沟通时要尤其谨慎，在关心幼儿的同时，也要关心家长的心理状态及心理感受。与单亲家庭家长沟通的策略有：①提醒另一方家长经常对孩子表达爱和关心；②指导家长离婚后以平常心对待孩子；③提醒家长多带孩子与他人交往。

结合所学，梳理年轻家长、祖辈家长、单亲家庭家长的基本沟通策略（表3-3）。

表3-3　不同沟通对象的基本沟通策略

对象	基本沟通策略
年轻家长	
祖辈家长	
单亲家庭家长	

学习任务四　与家长沟通时需注意的问题

冬冬今天又抓人了，保育员牵过他的手一看，发现他的指甲有些长，而且很硬。保育员拿来指甲钳为冬冬剪指甲。保育员担心冬冬留一点指甲边还会伤到其他小朋友，就剪得短了一些，当时冬冬没有什么特别反应。等到晚上，冬冬的妈妈给老师发来一条短信："老师，谢谢你今天为冬冬剪指甲。不过冬冬回来说手疼，说他今天又抓人了，老师很生气就给他剪指甲。可能剪得深了一些，他有点疼。下次我会做好孩子剪指甲的工作的。"这条短信看上去像是感谢老师为孩子剪指甲，其实更多的是认为保育员生着气给孩子剪指甲，故意伤害了孩子。

保育员也回了一条短信："不用客气，给孩子剪指甲是老师应做的事情。冬冬的指甲很硬，总是会伤害到别的小朋友，所以，我觉得剪短一些更加放心。不过，我并不是因为生气给他剪指甲，我给自己的孩子剪指甲也是这样剪的。如果您能够保持他的指甲不要太长，并且教育他不去抓别的小朋友那就更好了。谢谢配合！"

※知识目标

- 了解与家长沟通中需注意的问题。

※能力目标

- 正确把握与幼儿家长沟通的范围。

※素养目标

- 明确自己的角色定位，遵守职业道德。

保育员与家长沟通需注意的问题有如下几个。

一、语气委婉

保育员不要使用"你应该"或"你必须"这样命令性的字眼，而应该说"我认为"或"你认为"这些婉转、协商性质的词语，这样家长更乐意也更容易接受建议。当然也不能过于谦虚，在确定无疑时，语气也应该十分肯定，让家长相信你的意见是不容置疑的。

二、有针对性

在解答家长的疑惑、给家长建议时，一定要有针对性。要针对孩子的实际情况给出建议，这就需要保育员在平常要认真观察每位幼儿，了解他们的性格特点、生活习惯、兴趣爱好、优缺点以及你采取了哪些教育措施、需要家长怎样的配合等，不能模糊不清、泛泛而谈，让家长不着边际，听似全有理却不能解决实际问题，从而产生失望情绪，进而对保育员的工作能力产生怀疑。

三、换位思考

幼儿在集体活动中有时手或头碰破一点皮，家长接孩子时看到心疼是肯定的，而有的保育员表现得泰然自若，认为家长少见多怪，这会使家长觉得教师对自己的孩子不够关心，对工作不够负责，进而影响家长与教师的关系，给家园沟通设置了障碍。假如保育员从孩子父母的角色去心疼孩子，或是换个角度想想，假设受伤的是自己的孩子，就能很自然地理解家长的心情，处事态度也会大不相同，家园沟通也就不会受阻。

四、保持适当距离

李老师文文静静，为教育好孩子、服务好家长付出了很多努力，但有的家长在私下里说，不太习惯与李老师沟通，因为李老师说话的时候与家长离得比较近，如果家长默默地往后撤出一点空间，李老师为了让家长听得清楚，就会不自觉地向前靠近，而家长又不好意思打断她，于是只能暂时忍着。与此同时，幼儿园里还有一位白老师，也不太注意与家长之间保持交流距离。她有时会压低声音以说悄悄话的形式跟家长交流，其实说话内容也没有什么不适宜公开的，可能是她觉得应该对其他人有所回避，才采取这种耳语的说话姿势，但是这种姿势并不雅观。

1. 人际沟通需要适宜的距离

人与人之间沟通需要保持一定的空间距离，这样的沟通才会更加礼貌和文明，也更容易被人接受。沟通双方人际关系的亲疏决定了空间距离的远近。人类学家划分了四种距离，每种距离都应与沟通双方的关系相称，否则就是不礼貌的，甚至会引起沟通一方的反感。15cm之内为亲密距离，适宜亲人和亲密的朋友之间，表现为挽臂执手或促膝谈心；46～122cm为个人距离，适宜熟人之间，表现为能够相互亲切握手，沟通时比较具有分寸感，与陌生人之间的沟通距离宜保持在122cm左右；122～370cm为社交距离，适用于面试、讲座等更加正式的交往关系；370～760cm为公众距离，也是公开演讲的距离。教师与家长之间的沟通适宜采取46～122cm的个人距离，以至少不让对方感觉到自己说话时的呼吸为宜。

2. 与家长沟通属于公共场合中的正式沟通

根据沟通发生的场合，可以把沟通分为公共场合中的正式沟通和私人场合中的非正式沟通。正式沟通是指在工作系统内，依据一定的工作原则所进行的信息传递与交流，比较正规。与家长的沟通属于幼儿园工作内容，是公共场合中的正式沟通，要求教师的沟通言行大方得体。耳语是凑近别人耳朵小声说话，已经达到亲密距离，属于私人场合中的非正式沟通方式，不适宜教师与家长之间的沟通。如果有在场的其他人不宜知道的交流内容，可以选择人少安静的场所或者另选时间交流。

3. 非言语沟通姿态要符合教师身份

人们在言语沟通过程中通常会伴随一些非言语沟通方式，如面部表情、目光接触、动作手势和身体姿态等，这些肢体语言具有浓厚的个人色彩，反映了一个人的文化修养和职业习惯。幼儿教育要求教师具有既活泼又认真、既放松又严谨的综合素质，并通过文雅的非言语沟通姿势表现出来。即使在长期的家园共育中，教师与家长已经建立了友好、融洽的沟通关系，也要与普通的私人交往有所区别。不是说关系好了就没必要重视这些“形式”，因为虽然正在与教师沟通的家长只有一个人，但是看见教师在沟通的家长有很多人，所以教师要注意保持自己的仪表和仪态，维护好教师形象。

五、话题越位

园长听见王老师正在与一位家长说一家新开业的商场促销打折的事情，当问及王老师怎么与家长聊起这件事的时候，王老师说是家长提起的，自己不好意思不接茬儿。

同样是在接待家长的时间，年轻的郑老师在与家长聊孩子在幼儿园的表现时，聊着聊着就转移话题了。这位家长说：“我家孩子挺喜欢你的，我也觉得你性格脾气好，你有没有对象啊？你想要什么条件的？我可以帮你介绍。”诸如此类的现象在幼儿园并不少见。

1. 与家长沟通的首要动机应该是成就动机

与家长沟通是一种人际交往活动，人际沟通与交往有三大基本动机：亲和动机、赞许动机和成就动机。亲和动机是指通过沟通，希望获得家长的理解、关心与好感的愿望；赞许动机是指通过沟通希望获得家长的认可、肯定称赞和嘉许的愿望；成就动机是指通过沟通追求工作优异、事业成功的愿望。不同的沟通动机对家长沟通工作都是有益的：与家长拉家常、聊一些与孩子和幼教无关的事情有利于拉近与家长的情感；向家长展示孩子的进步与自己的能力，有利于增强家长的信任。但是，幼儿园教育的最终目的是使工作顺利开展、孩子快乐发展、教师专业获得成长，所以与家长沟通的首要动机应该是成就动机。

2. 注意与女性家长之间的交往与沟通

幼儿园以女性教师为主，经常到幼儿园接送孩子的家长也以妈妈和奶奶等女性家长为主，因此，幼儿园是女性之间交往与沟通的集中地带。女性之间的沟通比较热情、随和、细腻、生活化，除了工作和孩子的事情以外，大家很容易聊起衣着、购物、美容、保健、瘦身、旅游、婚姻等方方面面的话题。而且，家长都有与教师拉近关系的朴素愿望，一些家长会主动向教师提及生活、休闲和情感的话题，家长的心思是可以理解的，教师不宜一口回绝或者闭口不谈这些内容，但是，应该注意沟通的时间、场所与程度，不宜在接待家长和带班的工作时间以及幼儿园工作场所交流这些话题。如果家长主动提及，教师可以礼貌地应承几句，然后说还要接待其他家长，等以后有机会再聊。

3. 适度把握与家长从工作关系发展为朋友关系的原则

教师与家长之间的基本关系是工作关系，但是交往久了，在观念、性格、脾气和爱好上比较投缘的教师和家长，就会从工作关系发展为朋友关系。很多孩子因为升班或者上小学之后离开了原来的幼儿园，但是孩子及其家长仍然与教师保持着密切的联系，并在生活上互相帮助。但是，要记住，与家长发展为朋友关系的前提是无功利、无取巧、无偏袒的。一心一意、公平无私地对待所有的孩子，是教师人格魅力之所在，是赢得家长的信任和尊重、与家长建立真正纯洁友谊的基石。

六、权限越位

一个星期天，钟老师与未婚夫在建材装饰城遇见了成成的妈妈，原来成成的妈妈是做家庭装修的。她得知钟老师就要结婚了，需要装修新房，就说安排自己的工人给钟老师装修。钟老师认为这样不合适，成成的妈妈说："为谁装修不是装修啊？你平时工作那么忙，哪有那么多时间看建材、做监工，你就放心把新房交给我吧。"家长非常热情，钟老师盛情难却就答应了。可是不久，成成无意中跟其他小朋友说："你知道吗？钟老师就要当新娘子了，你给老师送个什么礼物？"小朋友问他送什么，他说妈妈送给老师"一间大房子"，这个"大礼物"就在小朋友和家长中间传开了，钟老师"辟谣"也没用，因为虽然没有送"大房子"，但是确实在帮忙"装修"。钟老师说装修费是自己出的，但她没办法让别人相信自己是"全额自费"的，总之很苦恼，装修风波闹得她非常不愉快。

1. 与家长沟通的权限应服务于教育任务

《幼儿园工作规程》中指出："与家长保持经常联系，了解幼儿家庭的教育环境，商讨符合幼儿特点的教育措施，共同配合完成教育任务。"可见，教师与家长沟通的由来源于教育的需要，并且目的是教育幼儿。逾越教育范围的沟通均属沟通权限越位，年轻教师尤其要有这种职业敏感性，把握沟通的分寸，切忌与家长合作私事，不给其

他家长、幼儿和教师留下产生误解的隐患，为自己营造一个单纯、安心、没有纷扰的工作氛围。

2. 成熟的为人处世之道是人际沟通的必修课

与家长沟通是出于工作需要，但是由于各种原因，常常容易涉及工作以外的事情，直接打断或者拒绝家长又显得不礼貌，所以教师要不断地、有意识地总结处事经验，提高沟通技巧。前文案例中，如果钟老师保持一定的职业敏感性，把握好说话的分寸，那么当时就可以婉言谢绝家长的好意。比如，不要一股脑儿地跟家长说很多关于结婚细节的事情；如果家长要帮助自己装修，可以说自己先看看、逛逛建材城，需要的时候再与家长联系；家长再问的时候，就说已经开始装修了；如果家长继续问装修的细节，可以说是由未婚夫安排的，自己不清楚。

幼儿教师不但要学会做工作，还要学会做人处事。做人处事的经验是一本无字书，需要教师用心去感悟。成熟的为人处世之道是人际沟通的必修课。

3. “充分利用”但不是“过度利用”家长资源

时常听教师说“充分利用家长资源”，但在现实生活中，有的家长感觉被“过度利用”。比如，很多幼儿园都在做主题教育，需要收集很多资料，于是教师经常给家长布置作业，收集新主题的图片、视频或者实物，而且时间紧张，说要就要，使得家长下了班就赶紧上网查资料、去书店买资料或者做手工。事实上，教师可能并没有要求每个家长都要做，但是孩子会攀比，如果教师表扬其他小朋友给班级做这事、做那事，自己却没有做，那么孩子就会感觉比较失落，于是闹着家长必须做。这种情形会造成家长与教师的误会。

《幼儿园教育指导纲要（试行）》指出：“家庭是幼儿园重要的合作伙伴。应本着尊重、平等、合作的原则，争取家长的理解、支持和主动参与，并积极支持、帮助家长提高教育能力。”虽然教师的期望是家园共育，但家庭之间的差异是很大的，并不是每个家长都有充裕的时间或者丰富的物质资源，支持教师的教育教学工作。教师应对此给予理解，妥善安排家园共育的内容，有限利用家长资源，不要过度宣传家长志愿者的工作，不要在幼儿面前过度表扬为班级服务的幼儿家长，以免使幼儿产生攀比心理，给其他家长造成压力。

实践练习

在家长的允许下，协助教师与一个幼儿家庭，做一次家园沟通（记录时间、地点、沟通对象、方式、家庭主要结构类型、家长特点、沟通基本内容及反思等，如表3-4所示）。

表3-4　幼儿园幼儿入园基本情况记录表

<table>
<tr><td>孩子姓名</td><td></td><td>性别</td><td></td><td>出生年月</td><td></td></tr>
<tr><td>家庭住址</td><td colspan="3"></td><td>紧急联系电话</td><td></td></tr>
<tr><td>家庭成员</td><td colspan="3"></td><td>主要接送人</td><td></td></tr>
<tr><td>健康状况及饮食习惯</td><td colspan="5">1. 是否经常患病 ______
2. 适应季节、环境的能力如何 ______
3. 心理健康方面：是否经常保持情绪愉快 ______；是否任性 ______
4. 是否自己吃饭 ______
5. 是否偏食 ______
6. 有无过敏史 ______
7. 有无抽风史 ______</td></tr>
<tr><td rowspan="5">基本生活能力（习惯）</td><td>饮水</td><td colspan="4">是否有饮白开水的习惯（　）是否会用杯子喝水（　）</td></tr>
<tr><td>睡眠</td><td colspan="4">是否独睡（　）是否陪睡（　）是否尿床（　）</td></tr>
<tr><td>穿脱衣服</td><td colspan="4">是否自己穿（　）脱（　）衣服　是否由成人帮忙穿（　）</td></tr>
<tr><td>玩用具整理</td><td colspan="4">是否自己收拾玩具 ______
有无幼儿自己支配的空间 ______</td></tr>
<tr><td>如厕</td><td colspan="4">幼儿能否自己如厕大、小便（　）是否由成人把屎、尿（　）</td></tr>
<tr><td>活动兴趣</td><td colspan="5">最喜欢的活动：______
最喜欢的玩具：______
对什么事情最感兴趣：______</td></tr>
<tr><td>交往</td><td colspan="5">喜欢与成人交往吗？
有同龄小伙伴吗？
家长每天是否有时间与孩子玩或交流
（时间：__________具体内容：__________）</td></tr>
<tr><td>孩子需要特别关照的地方</td><td colspan="5"></td></tr>
</table>

第三节　与同事的沟通

托幼园所是由各种人员组成的一个有机整体。保育师（员）在托幼园所中的工作，不同岗位的人员会有不同程度的交织。因此，保育师（员）与园所人员的有效沟通，会促进其工作的正常开展，否则会适得其反。

※ 本节知识导图

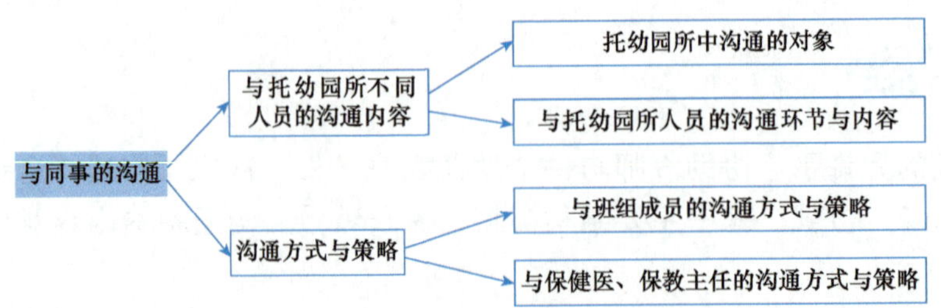

学习任务一　与托幼园所不同人员的沟通内容

在保育会上，保健医和保育组长针对上周各班发现的共性问题进行反馈和业务培训。在会议中，各班保育师（员）可针对自己的困惑进行提问，或者将自己工作中发现的小窍门进行梳理和分享。中班小王老师是个特别爱思考、善反思的老师，能够合理安排时间和工作内容，还创新了很多小窍门，如教室地面怎样擦更干净、玻璃怎样擦没有痕迹……

※知识目标

- 熟知与托幼园所内部不同人员的沟通内容。

※能力目标

- 能够与不同工作人员进行有效沟通。

※素养目标

- 感受沟通在保育工作的重要性，引导学生养成主动与人沟通的思想和意识。

一、托幼园所中沟通的对象

1. 托育机构内

班级内沟通对象：班内不同保育师。
班级外沟通对象：托育机构负责人、保健人员、炊事员、保安人员。

2. 幼儿园内

班级内沟通对象：班长、班级教师。
班级外沟通对象：各班保育员、园区保育组长、保健医、保教主任。

二、与托幼园所人员的沟通环节与内容

1. 一日生活各环节中与班内成员的常规沟通

（1）来园、离园环节中的沟通内容和目的
沟通内容1：婴幼儿来园人数。

目的：准备相应人数的毛巾、水杯、餐具等。

沟通内容2：幼儿晨、午、晚检的内容。

目的：注重安全工作，能确保关注到每一位婴幼儿，做到班级工作不遗漏。

（2）生活环节中的沟通内容和目的

沟通内容1：婴幼儿进餐、盥洗、饮水、如厕时的整体情况。

目的：结合发现的共性问题，调整教育内容及班级常规。

沟通内容2：婴幼儿进餐、盥洗、饮水、如厕时的个别情况。

目的：关注个别婴幼儿，能及时有效给予赞扬或针对性的指导。

（3）集体活动环节中的沟通内容和目的

沟通内容1：活动前玩教具准备、桌椅柜子摆放方式等。

目的：做好活动前的准备工作，完成配班工作。

沟通内容2：活动中观察的婴幼儿具体表现。

目的：关注个别婴幼儿，能及时有效地给予赞扬或针对性的指导。

（4）户外活动环节中的沟通内容和目的

沟通内容1：活动前所需的运动器材准备、游戏辅助内容。

目的：做好活动前的准备工作，促进活动有效开展，完成配班工作。

沟通内容2：户外活动时婴幼儿表现，如带想小便、喝水的幼儿回班。

目的：教师站位、班级教师及时补位、合理分工。

（5）区域游戏环节中的沟通内容和目的

沟通内容1：所负责的区域中玩教具材料增补状况及婴幼儿整体游戏水平。

目的：满足婴幼儿需求，结合发现的共性问题，调整区域材料。

沟通内容2：婴幼儿区域游戏时的个别情况。

目的：关注个别婴幼儿，能及时有效地给予赞扬或针对性的指导。

2. 发生特殊情况时的沟通

微课　幼儿发生呕吐时的沟通

（1）婴幼儿发烧、呕吐时的沟通内容和目的

沟通内容1：向班长、保健医说明事情详细情况，如消毒情况、隔离人员安排等。

目的：严格遵守工作流程及规范。

沟通内容2：与班级教师商讨事情后续处理安排。

目的：稳定开展班级工作，及时了解自己的工作内容。

（2）婴幼儿与同伴发生冲突时的沟通内容和目的

沟通内容1：与班长和班级教师介绍事情的详细情况，共同商讨解决办法。

目的：做到班级教师全知晓，并制定初步解决方案。

沟通内容2：向保教主任请教师幼互动及家长工作方面的困惑。

目的：提高师幼互动策略的有效性，丰富家长工作方式。

（3）发生意外伤时的沟通内容和目的

沟通内容1：向保健医说明事情详细情况，并请其进行初步诊断和处理。

目的：严格遵守工作流程及规范，能够第一时间处理幼儿伤势。

沟通内容2：向保教主任请教家长工作方面的困惑，共同分析发生意外伤的原因和改进措施。

目的：减少家园矛盾，发现问题及时改进。

（4）需要特殊关注时的沟通内容和目的

沟通内容：与保健医商讨班级情况及指导策略，如肥胖儿、体弱儿、患有龋齿的幼儿、近视幼儿等。

目的：了解班级需要特殊关注的幼儿，并给予科学、合理、有效的指导。

简要说一说在幼儿来园、离园环节中有可能出现的沟通情况？并绘制成思维导图。

学习任务二　沟通方式与策略

小张老师在保健医为孩子们进行体检后，马上了解班中肥胖儿的名单，并第一时间与班级其他教师沟通，当天中午召开了班务会，针对肥胖儿制订了班级工作计划，当晚与幼儿家长进行一对一的沟通，做好家园指导工作。

※知识目标

- 了解与不同人员沟通的方式。

※能力目标

- 能运用适宜的沟通策略与不同人员进行沟通。

※素养目标

- 引导学生利用沟通方式与策略，锻炼自己的沟通能力，与教师和家长建立良好的合作关系。

任务学习

一、与班组成员的沟通方式与策略

1. 沟通方式

口头语言沟通：班务会沟通，要注重沟通的及时性和有效性。

书面语言沟通：班务会记录本、交接班记录本、保育员每日工作记录本等。

2. 沟通策略

（1）要注重沟通的及时性和有效性

在婴幼儿一日生活中会有很多突发的事情，也会有很多不起眼、很杂很琐碎的事情，但我们要永远记住：托幼机构中无小事。所以请一定要做到有事情立刻马上沟通，不要等。

（2）与班组成员建立良好合作的伙伴关系

保育和教育是托幼机构工作中不可分割的两部分内容，所谓“保教结合”，只有相互配合才能做好工作。保育师（员）要想得到班组成员的支持，首先需要给班级成员提供支持和协作。比如，当班组成员带领幼儿进行户外活动时，保育师（员）需要维持纪律，观察幼儿的运动情况，看幼儿是否出汗、是否需要增减衣服等；当班组成员在室内开展游戏活动前，保育师（员）应主动询问需要配合的内容，如配合表演、发放玩教具或展示课件等。

（3）与班组成员彼此坦诚，有爱有情

保育师（员）工作看起来似乎很简单，但要做好并不是一件容易的事，爱岗敬业、热爱幼儿是做好保育工作的保证，工作要从爱开始，要通过创设“松”的环境，激发“爱”的情感，共同把工作做好。

主班老师说：“保育员与我们相处得很融洽，很和谐。她很有爱心，当我们遇到困难的时候，我们可以找她帮忙。她知道什么事情可以参与进来，什么事情不能参与进来，哪怕有时候我们忙得顾不上她，她也不会带有个人的感情色彩来工作。这是非常难能可贵的。”

上面案例中的这位保育员有着优良的人际交往品质，她为人谦逊和善，待人真诚、热心。从主班老师对她的评价中可以看出，首先，这位保育师很有爱心，她爱自己的工作，爱自己的同事。所以在工作的时候，她会关注到老师的感受，体会到老师的需要，在必要的时候给予帮助。当老师工作负担重的时候，她会主动帮助老师分担，当老师工作受挫的时候，她会以同事甚至一个长者的身份给予老师支持和鼓励。

（4）与班组成员共同制定教育目标与措施

首先，应与班组成员共商教育目标，一起分析婴幼儿发展状况，了解婴幼儿发展差异，共同制定婴幼儿的发展目标，共同建立一日活动常规。为了和班组成员共同落实保教目标，保育师（员）要对每周的教育内容、教育目的等方面做到心中有数，可请班长指导制订保育师（员）工作计划，使保育工作更有指向性和具体化。

其次，针对婴幼儿发展中存在的问题，保育师（员）要与班组成员共同商讨教育措施，如有的婴幼儿依赖性强，在整理床铺、叠放衣服、进餐等方面自理能力较差，保育师（员）都应协助班组成员开展有关方面的教育主题活动，如“我们的床铺很整洁”“学叠开襟衣服”“愉快进餐”等。在主题活动中，保育师要主动与班组成员一起讨论活动的目的、实施策略等。

（5）转变保育意识，促进专业技能水平发展

1）从只关注物到关注人并存。

在清洁卫生方面，以往保育师（员）注重提供整洁、舒适的环境，把大部分的时间用于清洁卫生、摆放物品上。现在，保育师（员）也应更多地关注到幼儿是环境的主人，应根据幼儿的发展需要，以有利于幼儿的发展为基点与幼儿共同创设环境。例如，保育师（员）要改进以往按自己的意愿摆放物品、包办代替的行为，在保育中实施教育，采取言传身教的方法用语言提醒幼儿，引导幼儿自己收拾玩具，培养幼儿物品归类摆放、用完放回原位的良好行为习惯，指导幼儿做值日生，鼓励幼儿为集体做力所能及的事等。在生活管理方面，以往保育师（员）认为引导幼儿学会生活自理、培养幼儿良好生活习惯等是教师的责任，要改变保育师（员）的这种意识，作为保育师（员），要与教师共同完成“幼儿良好的生活行为习惯”的常规培养。所以在一日生活各环节中，保育师（员）应主动与教师沟通，相互作用，共同关注幼儿，共同教育幼儿。

2）配班工作，从被动到主动。

以往保育师（员）会认为自己的工作只是做好卫生、消毒工作，照顾幼儿的吃饭、起居，不参与教师组织的活动，不与幼儿交流。但现在，在了解工作职责和本班的教育目标、教育内容后，应积极配合教师共同组织教育活动，在活动中协助教师教学，引导注意力不集中的幼儿对活动产生兴趣，吸引幼儿积极投入活动中。例如，一天午餐后，保育师（员）发现幼儿们在围着走廊的壁画，为墙壁上图画的线条、颜色为什么变模糊，画面为什么变难看而争论不休。保育师（员）及时与教师交流此情况，相互协商如何满足幼儿的探究兴趣，于是与教师一起组织了“春天的壁画为什么变难看”的主题活动。

二、与保健医、保教主任的沟通方式与策略

1. 沟通方式

口头语言沟通：幼儿一日生活中随时、每周卫生大检查时、每日晨午检时等。

书面语言沟通：保育工作沟通记录本、保育教研活动记录本、保育师（员）每日工作记录等。

2. 沟通策略

（1）积极参与研讨互学

1）学习理论知识。

掌握幼儿教育理论，对幼儿教育有理性的认识，掌握教育理论，知道在工作中做什么，而且知道为什么要这样做。在具体实施过程中，定期参加保育工作会，学习幼儿教育学、心理学及教育技能技巧、优秀经验文章等，结合本班幼儿的情况谈自己的认识，理解基本的理论知识，有目的地借鉴别人的教育经验。

2）理论内化为行为。

把理论内化为行为，实践是教育理论转化为教育行为的平台。在具体实施过程中，可以采取以下办法：①结合工作想法进行实践；②观察幼儿在活动中的表现，与幼儿交谈，参与幼儿的活动等，尝试与家长沟通交流，针对自己的工作和幼儿的表现提出自己的意见；③撰写观察记录，有助于积累点滴经验，由助教转向施教，提高教育能力。

3）参与教研活动。

积极参与教研活动，了解如何组织与实施教育活动，如何解决实际中的问题与困惑，加深对问题的认识，促使自己提高具体的教育技能。

（2）有主见，爱思考，敢表达

能在自己的工作职责范围内创造性地工作，在工作方面积极主动，有主见、敢于提出自己的意见和看法，爱思考，做到有理有据。

（3）虚心请教

有的老师在保育岗位上具有丰富的经验，知道在一日活动中怎样与幼儿互动、怎样对待体弱儿、哪些环节容易出现问题、如果出现问题应该如何应对等，他们的这些经验都是宝贵的，值得年轻的保育员学习。

说一说与班长和班级教师的沟通方式与策略都有哪些。

第四节　与社区的沟通

托幼机构一般设置在社区内。对于社区内的资源，托幼机构可以进行有效的利用。

托幼机构因其工作的专业性，可以把自身的优势资源推广到社区，让社区中更多的婴幼儿受惠。因此，托幼机构与社区的合作是必然的。托幼机构的保育工作人员自然而然也要学会与社区的沟通。幼儿园与社区的沟通与合作，在实践中做得比较成熟，托育机构与社区的沟通与合作还有待进一步挖掘。本节主要介绍幼儿园与社区的沟通与合作。

学习任务　了解幼儿园与社区教育合作的内容与方式

4月早教活动开始前，小李老师和小孙老师共同承担本次进社区早教活动，于是与园所保教主任和负责早教的老师组成4月早教工作小组，大家积极思考本次早教活动计划开展的内容，并及时与社区相关负责人取得联系，将活动时间、活动地点、活动内容告诉报名参加的社区家庭。

※知识目标

- 了解幼儿园与社区教育的合作内容与方式。

※能力目标

- 能够说出幼儿园与社区教育的合作方式，并能进行有效沟通。

※素养目标

- 增强学生的沟通意识，拓展学前教育资源。

一、幼儿园与社区教育的合作内容

开发社区资源，服务幼儿教育事业。

社区资源可划分为物质资源、人力资源和文化资源，社区幼儿教育资源丰富、幼儿园作为幼儿教育的主导方面，应主动争取合作，开发利用好这些资源。

（1）开发利用社区的物质资源

社区物质资源包括自然环境资源、设施资源、行政机构和公司、企业等社会组织。自然景物和地理环境中的花草树木、江河湖海、日月星辰、山川田野、地况地境、季节气候、名胜古迹等都是可供幼儿园选择和利用的教育资源，为社区幼儿提供了丰富多彩的教育素材和学习生活空间。教师可以经常带领幼儿到街道、广场、花园、小区、博物馆等去嬉戏、玩耍、参观，激发孩子们热爱自然、热爱家园、热爱社会的情感；带领孩子走进劳动、生活现场，丰富幼儿对社会活动和自然现象的感性知识。

（2）开发利用社区的人力资源

社区的人力资源包括：①专业人员，如各类科技人员，有一技之长的人，以及从事各种职业的人士；②热心人士，愿意为幼儿教育贡献力量的人员；③退休人员等，他们是社区里最活跃的人力资源，是幼儿接触社会、认识社会、融入社会的重要媒介。幼儿园可以定期组织幼儿与家长参加幼儿园的开放式教育活动，通过“请进来，走出去”的方式开发、整合园内外教育资源。

比如，在“六一”儿童节期间，为了让孩子们度过这个难忘的节日，教师可以和幼儿一起准备一些文艺节目。“六一”儿童节那天，幼儿园可以邀请家长、社区的小学生、老年文艺队等社会各界人士来共同欢庆。爷爷奶奶的腰鼓、扇子舞表演，消防员叔叔的擒拿格斗展示，家长代表的口技表演、二胡独奏，哥哥姐姐的舞蹈、相声，以及小朋友们自己准备的精彩节目，会使整个幼儿园洋溢在热情、喜庆的气氛之中，相信在场的每个人都终生难忘。

（3）开发利用社区的文化资源

社区的传统文化、民风习俗、道德风尚、价值观念、生活方式、审美情趣、网络文化等都为社区幼儿教育营造了浓厚的文化氛围，它们是幼儿教育资源的重要素材。幼儿园要吸取社区的优秀文化元素，将其融入幼儿园课程内容，开展相应的教育活动，有利于幼儿园的文化特色建设。

2. 发挥自身优势，服务社区事业发展

幼儿园在利用社区资源发展自身的同时，还应该发挥自身作为专门教育机构的优势，充分利用幼儿园资源，以多种形式为社区发展服务，担负起社区幼儿教育指导者和推动者的责任，向社区辐射教育功能，将所有幼儿融为一体，为幼儿发展营造良好的社会环境。

（1）树立幼儿园的文明形象，发挥文明示范的引领作用

一所好的幼儿园可以成为社区精神文明的标志，对社区的精神文明建设起示范引领作用。幼儿园作为社区的组成部分，应为树立社区的精神文明形象做贡献，如美化幼儿园环境、提高幼儿园教师和工作人员的素质、培养幼儿良好文明习惯等；也可以将社区生活和园内教育活动结合起来，如开展环境教育，引导幼儿参与废物利用、节约用水电、爱护公共卫生等活动，这样不仅可以积极推动社区环境保护，幼儿也可以在活动中受到教育，同时提高幼儿素质，促进社区精神文明的发展。

（2）开放幼儿园的教育设施，与社区共享

幼儿园处于社区幼儿教育的中心，拥有齐全的幼儿教育设施、设备。幼儿园可以开放这些物资资源，适时适度地面向社区婴幼儿、家长，为居民提供便利条件。比如，以幼儿园的玩具图书为依托，建立“玩具图书馆”，在节假日、双休日等定期面向社区婴幼儿及其家长开放，让他们共享幼儿园的这些教育资源，以提升社区幼儿的愉快体验，使其更好地适应幼儿园生活。早在20世纪70年代，英国就出现了集社区中心、收藏馆和幼儿园于一体的“玩具馆”。2001年起青岛市首批社区“玩具图书馆”在市南区湖南路幼儿园、晨光幼儿园等三家幼儿园同时出现，接纳社区幼儿前来借玩具、图书，使幼儿有更多机会与其他幼儿接触，发展良好的同伴关系。

（3）发挥幼儿园的教育专长，服务社区教育

幼儿园不仅拥有完备的硬件设施和环境，而且拥有经验丰富的专业师资力量，可以有计划地组织教育内容和活动等。幼儿园可主动为社区提供服务。例如，有的幼儿园在条件许可的情况下为解决社区内小学生中午用餐难的问题，专门在幼儿园开设“家庭小饭桌”，收取低廉的餐费，让小学生在幼儿园用餐和午休。这不仅解决了家长的后顾之忧，还扩大了幼儿园在社区的影响力。

二、幼儿园与社区教育的合作方式

1. 构建幼儿园、社区合作组织，形成共有网络

（1）成立教育顾问团

幼儿园聘请有关幼儿园课程实施与评价、幼儿保健、早教指导、教育法律等方面的专家，定期在社区、幼儿园开展指导工作，为合作共育保驾护航。

（2）成立早教中心（指导站）

通过成立早教中心或早教指导站，开展讲座、早教菜单式辅导等免费活动，满足社区对婴幼儿早期教养的需求。

2. 整合社区教育资源，形成共育互动平台

（1）建立资源共享库

整合社区资源，实现共享，将各类资源根据开展的主题活动整理汇总并充分有效利用，将资源最优化。通过提供区域内各种社会资源，为幼儿园办学充实教育力量、教学资源，为幼儿的全面发展提供社会支持。

（2）搭建艺术舞台

幼儿园和社区可以联合组建“艺术舞台”，既可以定期展示孩子们舞蹈、绘画、乐器、书法等多方面的才艺，又可以丰富社区群众的文化生活，营造健康和谐的生活氛围。

（3）建立社区咨询站

幼儿园可以进入社区提供教育咨询，解答社区居民的教育问题。在社区建立固定

时间、固定地点的咨询站，形成咨询活动的常规化，促进社会整体教育水平的提高。咨询活动由园方和社区共同安排，幼儿园负责答疑，社区负责组织，帮助家长分析诸如育儿难题、幼儿特殊行为指导与分析等家庭教育问题，以提高家庭教育水平。

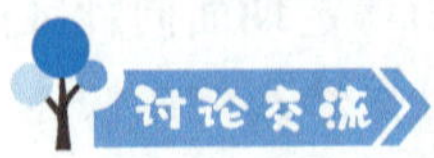

请结合0～3岁幼儿年龄特点和发展水平，根据社区场地、人员、季节等因素，设计一次幼儿园进社区早教活动方案。

第四章　托幼园所的管理

第一节　托育机构的管理规范

托育机构是为3岁以下婴幼儿（以下简称婴幼儿）提供全日托、半日托、计时托、临时托等托育服务的机构。托育机构应为婴幼儿提供科学、规范的照护服务，促进婴幼儿健康成长。

托育机构应当根据场地条件合理确定收托规模，配备符合要求的保育人员。托育机构负责人负责管理、指导、检查和评估保育人员的工作。托育机构保育人员是保育工作的主要实施者，应当具有良好的职业道德和业务能力，身心健康，负责婴幼儿的日常生活照料和活动组织，主动了解和满足婴幼儿不同的发展需求，平等对待每一个婴幼儿，呵护婴幼儿健康成长。

※ 本节知识导图

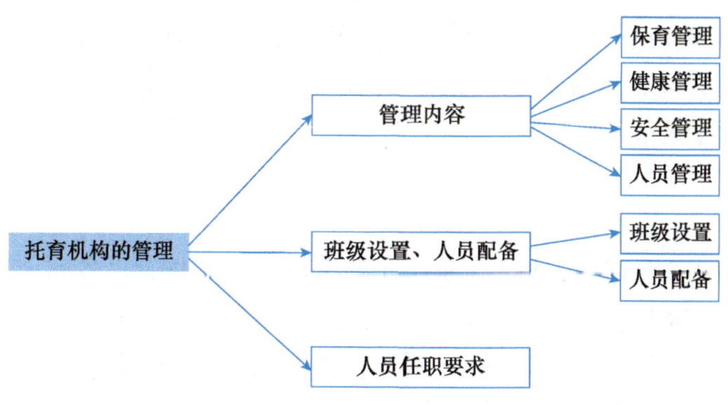

学习任务一　托育机构的管理内容

某社区新开办的一所托育机构正在招聘工作人员，负责人想找你帮忙设计一下该机构的招聘岗位。

学习目标

※知识目标

- 了解托育机构的管理内容。

※能力目标

- 能够根据托育机构的实际情况，设计该机构的管理内容。

※素养目标

- 促进学生对托育机构的全面了解，使学生对未来的工作单位充满期待。

任务学习

近年来，随着人们对早期教育越来越重视，托育机构方兴未艾。为加强托育机构专业化、规范化建设，按照《国务院办公厅关于促进3岁以下婴幼儿照护服务发展的指导意见》的要求，国家卫生健康委员会组织制定了《托育机构设置标准（试行）》和《托育机构管理规范（试行）》。

按照《托育机构设置标准（试行）》，托育机构应当根据场地条件，合理确定收托婴幼儿规模，并配置综合管理、保育照护、卫生保健、安全保卫等工作人员。托育机构组织结构中由负责人负责全面工作，另需配备保育人员、保健人员和保安人员。

《托育机构管理规范（试行）》明确了备案管理、收托管理、保育管理、健康管理、安全管理、人员管理、监督管理的任务要求。在这里，我们主要了解一下保育管理、健康管理、安全管理和人员管理。

一、保育管理

1）托育机构应当科学合理安排婴幼儿的生活，做好饮食、饮水、喂奶、如厕、盥洗、清洁、睡眠、穿脱衣服、游戏活动等服务。

2）托育机构应当顺应喂养，科学制定食谱，保证婴幼儿膳食平衡。有特殊喂养需求的，婴幼儿监护人应当提供书面说明。

3）托育机构应当保证婴幼儿每日户外活动不少于2小时，寒冷、炎热季节或特殊天气情况下可酌情调整。

4）托育机构应当以游戏为主要活动形式，促进婴幼儿在身体发育、动作、语言、认知、情感与社会性等方面的全面发展。

5）游戏活动应当重视婴幼儿的情感变化，注重与婴幼儿面对面、一对一的交流互动，动静交替，合理搭配多种游戏类型。

6）托育机构应当提供适宜刺激，丰富婴幼儿的直接经验，支持婴幼儿主动探索、操作体验、互动交流和表达表现，发挥婴幼儿的自主性，保护婴幼儿的好奇心。

7）托育机构应当建立照护服务日常记录和反馈制度，定期与婴幼儿监护人沟通婴幼儿发展情况。

二、健康管理

1）托育机构应当按照有关托儿所卫生保健规定，完善相关制度，切实做好婴幼儿和工作人员的健康管理，做好室内外环境卫生。

2）托育机构应当坚持晨午检和全日健康观察，发现婴幼儿身体、精神、行为异常时，应当及时通知婴幼儿监护人。

3）托育机构发现婴幼儿遭受或疑似遭受家庭暴力的，应当依法及时向公安机关报案。

4）婴幼儿患病期间应当在医院接受治疗或在家护理。

5）托育机构应当建立卫生消毒和病儿隔离制度、传染病预防和管理制度，做好疾病预防控制和婴幼儿健康管理工作。

6）托育机构工作人员上岗前，应当经医疗卫生机构进行健康检查，合格后方可上岗。

托育机构应当组织在岗工作人员每年进行1次健康检查。在岗工作人员患有传染性疾病的，应当立即离岗治疗；治愈后，须持病历和医疗卫生机构出具的健康合格证明，方可返岗工作。

三、安全管理

1）托育机构应当落实安全管理主体责任，建立健全安全防护措施和检查制度，配备必要的安保人员和物防、技防设施。

2）托育机构应当建立完善的婴幼儿接送制度，婴幼儿应当由婴幼儿监护人或其委托的成年人接送。

3）托育机构应当制订重大自然灾害、传染病、食物中毒、踩踏、火灾、暴力等突发事件的应急预案，定期对工作人员进行安全教育和突发事件应急处理能力培训。

托育机构应当明确专兼职消防安全管理人员及管理职责，加强消防设施维护管理，确保用火用电用气安全。

托育机构工作人员应当掌握急救的基本技能和防范、避险、逃生、自救的基本方法，在紧急情况下必须优先保障婴幼儿的安全。

4）托育机构应当建立照护服务、安全保卫等监控体系。监控报警系统确保24h设防，婴幼儿生活和活动区域应当全覆盖。

监控录像资料保存期不少于90日。

四、人员管理

1）托育机构工作人员应当具有完全民事行为能力和良好的职业道德，热爱婴幼儿，身心健康，无虐待儿童记录，无犯罪记录，并符合国家和地方相关规定要求的资格条件。

2）托育机构应当建立工作人员岗前培训和定期培训制度，通过集中培训、在线学习等方式，不断提高工作人员的专业能力、职业道德和心理健康水平。

3）托育机构应当加强工作人员法治教育，增强法治意识。对虐童等行为实行零容忍，一经发现，严格按照有关法律法规和规定，追究有关负责人和责任人的责任。

4）托育机构应当依法与工作人员签订劳动合同，保障工作人员的合法权益。

请你根据所学知识，帮助新开办的托育机构负责人设计一份人员招聘广告。

学习任务二　托育机构的班级设置、人员配备

杨洋是中职幼儿保育专业的一年级学生，计划在寒假期间去托育机构实习增加实践经验，但是，她对托育机构的班级设置、人员配备不了解。

※知识目标

- 了解托育机构的班级设置。
- 了解托育机构的人员配备。

※能力目标

- 能够判断托育机构的班级设置、人员配备是否符合规定。

※素养目标

- 促进幼儿保育专业学生对未来工作的班级情况和托育机构人员配备进行充分了解，并能够相互配合工作。

一、托育机构的班级设置

1）托育机构一般设置乳儿班（6～12个月，10人以下）、托小班（12～24个月，15人以下）、托大班（24～36个月，20人以下）三种班型。

2）18个月以上的幼儿可混合编班，每个班不超过18人。

3）每个班的生活单元应当独立使用。

二、托育机构的人员配备

1）托育机构合理配备保育人员与婴幼儿的比例应当不低于以下标准：乳儿班1∶3，托小班1∶5，托大班1∶7。

2）按照有关托儿所卫生保健规定配备保健人员、炊事人员。

3）独立设置的托育机构应当至少有1名保安人员在岗。

分小组讨论交流，根据托育机构的三种班型各应配备多少保育人员，如果保育人员配备不达标会造成哪些不良影响。

学习任务三　托育机构的人员任职要求

杨洋同学计划毕业后进入托育机构担任保育师工作，并希望成长为一名托育机构负责人，希望可以尽早了解托育机构人员的任职要求等相关事宜。

※知识目标

- 了解托育机构的人员任职要求。
- 掌握托育机构保育师岗位职责。

※能力目标

- 能够判断一个托育机构的人员是否符合任职要求。

微课　托育机构的班级设置与人员配备

※ 素养目标

● 掌握托育机构保育师的主要职责，并通过不断学习积累专业知识，对保育工作保有热情。

任务学习

托育机构负责人负责全面工作，应当具有大专以上学历、有从事儿童保育教育、卫生健康等相关管理工作3年以上的经历，且经托育机构负责人岗位培训合格。

保育人员主要负责婴幼儿的日常生活照料，安排游戏活动，促进婴幼儿身心健康发展，养成良好的行为习惯。保育人员应当具有婴幼儿照护经验或相关专业背景，受过婴幼儿保育相关培训和心理健康知识培训。

保健人员应当经过妇幼保健机构组织的卫生保健专业知识培训合格。

保安人员应当取得公安机关颁发的保安员证，并由获得公安机关《保安服务许可证》的保安公司派驻。

讨论交流

托育机构的负责人、保育人员、保健人员、保安人员的任职要求分别是什么？托育机构保育人员主要负责的事项有哪些？

拓展学习

张微是一名幼儿保育专业的优秀毕业生，她入职某托育机构后一直勤奋努力，认真工作，希望自己能在工作中迅速成长。

5年后，她经过妇幼保健机构组织的卫生保健专业知识培训，且成绩合格，成为该托育机构的一名保健人员，2年后，她又成长为该托育机构的卫生健康主管。

在新学期来临之际，该托育机构计划进行机构负责人的竞聘活动，张微特别想抓住此次机会竞聘为机构负责人。

请你帮张微分析一下，她是否具备担任机构负责人的条件？

案例分析：

《托育机构设置标准（试行）》的第四章人员规模中的第十八条要求：托育机构负责人负责全面工作，应当具有大专以上学历、有从事儿童保育教育、卫生健康等相关管理工作3年以上的经历，且经托育机构负责人岗位培训合格。

案例中的张微不具备担任机构负责人的条件。原因如下：

1）张微为中职毕业，在本次竞聘前未获得大专学历，所以学历不符合对托育机构负责人的学历要求。

2）张微在本次竞聘前还没有经过托育机构负责人岗位培训，所以培训经历不符合对托育机构负责人的培训要求。

第二节　幼儿园的管理规范

幼儿园是对3周岁至6周岁学龄前幼儿实施保育和教育的机构，实行保育和教育相结合的原则，对幼儿实施德、智、体、美、劳诸方面的教育。幼儿园教育是基础教育的重要组成部分，是学校教育制度的基础阶段。

幼儿园办园形式越来越多样化，必须加强幼儿园的科学管理，规范办园行为，提高保育和教育质量，促进幼儿身心健康。《幼儿园工作规程》《幼儿园教职工配备标准（暂行）》等对幼儿园的管理、班级设置、人员配置及任职资格等做了明确要求。

作为幼儿保育专业的学生，毕业后要进入幼儿园工作，必须对幼儿园的管理进行系统了解，才能在三年的学习中有计划地提升自己的专业能力和综合素质。

※本节知识导图

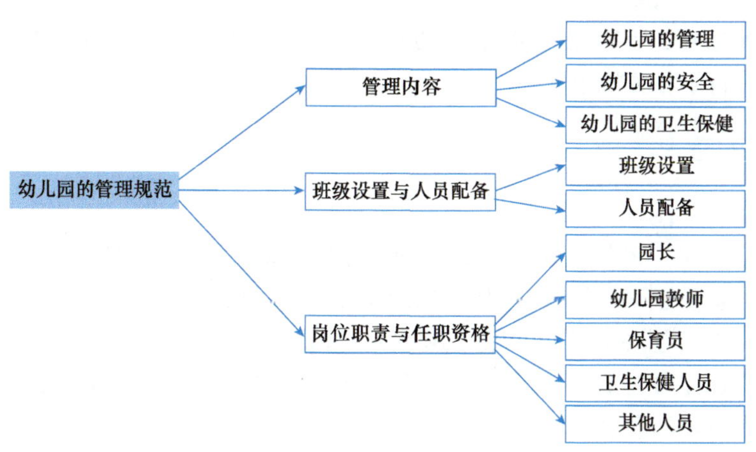

学习任务一　幼儿园的管理内容

李凤作为一名即将毕业的中职幼儿保育专业的学生，特别喜欢幼儿，想进入幼儿

园工作。但她认为如果在幼儿园担任保育员，在幼儿园的管理中会没有发言权，也没必要参与管理。

※知识目标

● 了解《幼儿园工作规程》中对幼儿园的管理内容、安全管理、卫生保健管理的相关规定。

※能力目标

● 能够初步分析一个幼儿园的组织管理是否符合《幼儿园工作规程》中的要求。

※素养目标

● 促进学生对幼儿园的全面了解，使学生对未来的工作单位充满期待。

任务学习

近年来，国家鼓励和支持各种国家和社会力量办园，幼儿园的办园形式越来越多样化，包括教育部门办园、其他部门办园、地方企业办园、事业单位办园、部队办园、集体办园、民办幼儿园和经登记备案的社区办园等。为加强幼儿园的科学管理，规范办园行为，2016年3月1日起施行的《幼儿园工作规程》对幼儿园的管理、安全、卫生保健等方面进行了相关规定。

一、幼儿园的管理

1）幼儿园实行园长负责制。

幼儿园应当建立园务委员会。园务委员会由园长、副园长、党组织负责人和保教、卫生保健、财会等方面工作人员的代表以及幼儿家长代表组成。园长任园务委员会主任。

园长定期召开园务委员会会议，遇重大问题可临时召集，对规章制度的建立、修改、废除，全园工作计划，工作总结，人员奖惩，财务预算和决算方案，以及其他涉及全园工作的重要问题进行审议。

2）幼儿园应当加强党组织建设，充分发挥党组织政治核心作用、战斗堡垒作用。幼儿园应当为工会、共青团等其他组织开展工作创造有利条件，充分发挥其在幼儿园工作中的作用。

3）幼儿园应当建立教职工大会制度或者教职工代表大会制度，依法加强民主管理和监督。

4）幼儿园应当建立教研制度，研究解决保教工作中的实际问题。

5）幼儿园应当制订年度工作计划，定期部署、总结和报告工作。每学年年末应当向教育等行政主管部门报告工作，必要时随时报告。

6）幼儿园应当接受上级教育、卫生、公安、消防等部门的检查、监督和指导，如实报告工作和反映情况。

幼儿园应当依法接受教育督导部门的督导。

7）幼儿园应当建立业务档案、财务管理、园务会议、人员奖惩、安全管理以及与家庭、小学联系等制度。

幼儿园应当建立信息管理制度，按照规定采集、更新、报送幼儿园管理信息系统的相关信息，每年向主管教育行政部门报送统计信息。

8）幼儿园教师依法享受寒暑假期的带薪休假。幼儿园应当创造条件，在寒暑假期间，安排工作人员轮流休假。具体办法由举办者制定。

拓展学习

根据《幼儿园工作规程》，地方相关政府也对幼儿园的组织机构设置和管理提出了具体要求。例如，北京市根据《幼儿园工作规程》和北京市有关学前教育发展以及幼儿园管理等文件精神，结合本市实际，制定了《北京市幼儿园办园质量督导评估办法（试行）》（以下简称《督评办法》），加强幼儿园监督监管，提升办园水平和保教质量，保障幼儿身心健康、快乐成长。

根据《督评办法》，幼儿园应设立14个组织（部队园13个），包括党小组、园务委员会、教职工大会或教职工代表大会、共青团组织、工会组织、家长委员会、膳食委员会、教研组、年级组或班组、卫生保健组、安全保卫组、保育员组、信息资料组、总务组。组织应齐全，如缺少某个专门组织，但其职责由其他组织承担也可。组织中的人员可兼任。借鉴北京市某幼儿园的实际情况，组织机构设置如图4-1所示。

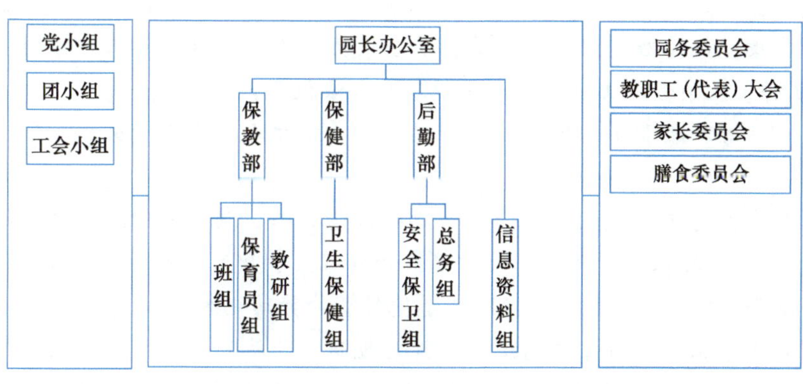

图4-1　××幼儿园组织机构设置

各组织的具体职能和作用如下。

1. 党小组

规模小、党员少的幼儿园，不专设党支部，党小组或党员在所隶属的党支部领导下进行活动。

幼儿园应当加强党组织建设，充分发挥党组织政治核心作用、战斗堡垒作用。幼儿园应当为工会、共青团等其他组织开展工作创造有利条件，充分发挥其在幼儿园工作中的作用。

1）按照党支部要求，宣传、贯彻执行党的路线、方针、政策和决议，思想上、政治上和党中央保持一致。

2）在党支部的统一领导下，团结、教育和管理党员，具体地组织和指导每个党员发挥先锋模范作用。

3）积极完成支部布置的任务，保证党的指示和支部决议得到贯彻落实。

4）接受党员的汇报，关心和了解党员的思想、学习和工作情况，有针对性地做好党员的思想工作，并及时向支部委员会做出汇报。

5）按时组织党小组会议、民主生活会、组织生活会、民主评议党员，并一年至少两次开展党小组会讲党课。

2. 团小组

1）按照上级组织安排并结合园所实际，分配给每个团员一定的工作，具体地落实上级组织安排的工作。

2）组织团员学习政治、时事和政策，学习科技文化和专业技能。

3）组织召开小组生活会，开展批评和自我批评，组织督促团员积极参加团的活动。

4）做好青年的思想政治工作，随时向支部委员会反映青年的意见和要求。

3. 工会小组

1）贯彻党的路线、方针、政策，响应民办教育工会号召及工作方针，积极开展工会工作，反映教职工呼声，维护教职工合法权益，发展新会员。

2）负责维护教职工的民主权利，动员会员以主人翁态度积极参加幼儿园的管理和改革。

3）负责做好工会小组会员的日常思想政治工作，动员和组织工会小组会员参加政治、文化、技术、管理知识的学习，开展有益于身心健康的文体活动。

4）加强教职工的法制教育、职业道德教育和劳动纪律教育。

5）负责各工会小组每学期组织本园内教职工开展1～2次文体活动，丰富教职工的业余文化生活，努力提高教职工的整体素质，增强团队的凝聚力。

6）负责严格执行幼儿园的财务管理制度和幼儿园工会经费管理办法，按照每位会员每学期固定费用标准开展活动，并管好、用好工会费用。

4. 园务委员会

园务委员会由园长、副园长、党组织负责人和保教、卫生保健、财会等方面工作人员的代表以及幼儿家长代表组成，园长任园务委员会主任。

园务委员会负责幼儿园规章制度的建立、修改、废除，负责对全园工作计划、工作总结、人员奖惩、财务预算和决算方案，以及其他涉及全园工作的重要问题进行审议。

5. 教职工（代表）大会

1）听取学校章程草案的制定和修订情况报告，提出修改意见和建议。

2）听取学校发展规划、教职工队伍建设、教育教学改革、校园建设以及其他重大改革和重大问题解决方案的报告，提出意见和建议。

3）听取学校年度工作、财务工作、工会工作报告以及其他专项工作报告，提出意见和建议。

4）讨论通过学校提出的与教职工利益直接相关的福利、校内分配实施方案以及相应的教职工聘任、考核、奖惩办法。

5）审议学校上一届（次）教职工代表大会提案的办理情况报告。

6）按照有关工作规定和安排评议学校领导干部。

7）通过多种方式对学校工作提出意见和建议，监督学校章程、规章制度和决策的落实，提出整改意见和建议。

8）讨论法律法规规章规定的以及学校与学校工会商定的其他事项。

9）教职工代表大会的意见和建议，以会议决议的方式做出。

6. 家长委员会

家长委员会负责对幼儿园重要决策和事关幼儿切身利益的事项提出意见和建议；发挥家长的专业和资源优势，支持幼儿园保育教育工作；帮助家长了解幼儿园工作计划和要求，协助幼儿园开展家庭教育指导和交流。

7. 膳食委员会

膳食委员会负责研究幼儿膳食中存在的问题，并随时征求家长意见，总结经验，以求不断提高膳食质量。同时将会议内容记录在“儿童膳食管理委员会会议记录册”上。

8. 园长办公室

园长办公室负责组织召开行政办公会，布置幼儿园的常规性工作，总结全园本月（周）工作，布置下月（周）的工作计划。

9. 保教部

保教部负责组织安排幼儿园保教相关工作，并对幼儿园的保教工作进行规划和管理。

10. 保健部

保健部负责组织安排幼儿园保健相关工作，并对幼儿园的保健工作进行规划和管理。

11. 后勤部

后勤部负责组织安排幼儿园后勤相关工作，并对幼儿园的后勤工作进行规划和管理。

12. 班组

班组负责组织本班幼儿在园一日活动的顺利开展。

13. 保育员组

保育员组负责幼儿保育工作的落实及改进。

14. 教研组

1）解决教师教育教学工作过程中遇到的困惑与实际问题，促进教师的专业发展。

2）组织理论知识与技能的培训、学习，提高保教人员的专业素质，提高幼儿园保教工作质量。

3）通过教研活动的组织，培养保教人员研究问题、解决问题的能力。

15. 卫生保健组

1）制定幼儿园卫生保健计划，并做好总结。

2）提供营养膳食信息。

3）负责幼儿园幼儿疾病预防和体检工作。

4）监督、检查幼儿园食品卫生、营养搭配、消毒等。

16. 安全保卫组

1）负责幼儿园安全保卫工作。

2）负责幼儿园日常巡查和隐患排查工作。

3）负责执行幼儿园安全制度和应急预案。

17. 总务组

1）负责幼儿园后勤保障工作。

2）对幼儿园的固定资产、生活设施、户外绿植、大型玩教具等进行管理和维护，做好登记、维修、清理等工作。

3）负责幼儿园办公用品、生活用品的采购、发放。

18. 信息资料组

1）负责幼儿园各类信息资料的分类、采集和归档。

2）负责幼儿园图书资料的管理及借阅。

3）负责幼儿园的信息化建设，以及各级通知的收集、传达、落实。

4）负责收集、撰写幼儿园的各种信息，以及对外宣传工作。

二、幼儿园的安全

1）幼儿园应当严格执行国家和地方幼儿园安全管理的相关规定，建立健全门卫、房屋、设备、消防、交通、食品、药物、幼儿接送交接、活动组织和幼儿就寝值守等安全防护和检查制度，建立安全责任制和应急预案。

2）幼儿园的园舍应当符合国家和地方的建设标准，以及相关安全、卫生等方面的规范，定期检查维护，保障安全。幼儿园不得设置在污染区和危险区，不得使用危房。

幼儿园的设备设施、装修装饰材料、用品用具和玩教具材料等，应当符合国家相关的安全质量标准和环保要求。

入园幼儿应当由监护人或者其委托的成年人接送。

3）幼儿园应当严格执行国家有关食品药品安全的法律法规，保障饮食饮水卫生安全。

4）幼儿园教职工必须具有安全意识，掌握基本急救常识和防范、避险、逃生、自救的基本方法，在紧急情况下应当优先保护幼儿的人身安全。幼儿园应当把安全教育融入一日生活，并定期组织开展多种形式的安全教育和事故预防演练。幼儿园应当结合幼儿年龄特点和接受能力开展反家庭暴力教育，发现幼儿遭受或者疑似遭受家庭暴力的，应当依法及时向公安机关报案。

5）幼儿园应当投保校方责任险。

三、幼儿园的卫生保健

1）幼儿园必须切实做好幼儿生理和心理卫生保健工作。

幼儿园应当严格执行《托儿所幼儿园卫生保健管理办法》以及其他有关卫生保健的法规、规章和制度。

2）幼儿园应当制定合理的幼儿一日生活作息制度。正餐间隔时间为3.5～4h。在正常情况下，幼儿户外活动时间（包括户外体育活动时间）每天不得少于2h，寄宿制幼儿园不得少于3h；高寒、高温地区可酌情增减。

3）幼儿园应当建立幼儿健康检查制度和幼儿健康卡或档案。每年体检一次，每半年测身高、视力一次，每季度量体重一次：注意幼儿口腔卫生，保护幼儿视力。

幼儿园对幼儿健康发展状况定期进行分析、评价，及时向家长反馈结果。

幼儿园应当关注幼儿心理健康，注重满足幼儿的发展需要，保持幼儿积极的情绪状态，让幼儿感受到尊重和接纳。

4）幼儿园应当建立卫生消毒、晨检、午检制度和病儿隔离制度，配合卫生部门做好计划免疫工作。

幼儿园应当建立传染病预防和管理制度，制定突发传染病应急预案，认真做好疾病防控工作。

幼儿园应当建立患病幼儿用药的委托交接制度，未经监护人委托或者同意，幼儿园不得给幼儿用药。幼儿园应当妥善管理药品，保证幼儿用药安全。

幼儿园内禁止吸烟、饮酒。

5）供给膳食的幼儿园应当为幼儿提供安全卫生的食品，编制营养平衡的幼儿食谱，定期计算和分析幼儿的进食量和营养素摄取量，保证幼儿合理膳食。

幼儿园应当每周向家长公示幼儿食谱，并按照相关规定进行食品留样。

6）幼儿园应当配备必要的设备设施，及时为幼儿提供安全卫生的饮用水。

幼儿园应当培养幼儿良好的大小便习惯，不得限制幼儿便溺的次数、时间等。

7）幼儿园应当积极开展适合幼儿的体育活动，充分利用日光、空气、水等自然因素以及本地自然环境，有计划地锻炼幼儿肌体，增强身体的适应和抵抗能力。正常情况下，每日户外体育活动不得少于1h。

幼儿园在开展体育活动时，应当对体弱或有残疾的幼儿予以特殊照顾。

8）幼儿园夏季要做好防暑降温工作，冬季要做好防寒保暖工作，防止中暑和冻伤。

请结合所学内容，说说李凤如果在幼儿园担任保育员，能否参加园务委员会、教职工（代表）大会；是否对幼儿园的管理有发言权和参与的必要性。

学习任务二　幼儿园的班级设置与人员配备

王晓是中职幼儿保育专业的一年级学生，计划在寒假期间去幼儿园实习增加实践经验，但是，她对幼儿园的班级设置、人员配置并不了解。

※知识目标

- 了解幼儿园的班级设置。
- 了解幼儿园的人员配备。

※能力目标

- 能够判断幼儿园的班级设置、人员配备是否符合规定。

※素养目标

- 促进幼儿保育专业学生对未来工作的班级情况和幼儿园人员配备进行充分了解，并能够相互配合工作。

合理的班级设置和人员配置是提高保育和教育质量、促进幼儿身心健康的重要保障。

一、幼儿园的班级设置

根据《幼儿园工作规程》，幼儿园规模应当有利于幼儿身心健康，便于管理，一般不超过360人。幼儿园每班幼儿人数一般为：小班（3周岁至4周岁）25人，中班（4周岁至5周岁）30人，大班（5周岁至6周岁）35人，混合班30人。寄宿制幼儿园每班幼儿人数酌减。

幼儿园可以按年龄分别编班，也可以混合编班。

二、幼儿园的人员配备

幼儿园教职工配备标准是幼儿园办园标准的重要内容，是促进幼儿园教师队伍建设的重要手段。

根据《幼儿园教职工配备标准（暂行）》，幼儿园教职工包括专任教师、保育员、卫生保健人员、行政人员、教辅人员、工勤人员。幼儿园保教人员包括专任教师和保育员。

1. 教职工与幼儿的比例

幼儿园应当按照服务类型、教职工与幼儿以及保教人员与幼儿的一定比例配备教职工，满足保教工作的基本需要。不同服务类型幼儿园教职工与幼儿的配备比例见表4-1。

表4-1　不同服务类型幼儿园教职工与幼儿的配备比例

服务类型	全园教职工与幼儿比	全园保教人员与幼儿比
全日制	1∶5～1∶7	1∶7～1∶9
半日制	1∶8～1∶10	1∶11～1∶13

2. 专任教师和保育员配备

幼儿园应根据服务类型、幼儿年龄和班级规模配备数量适宜的专任教师和保育员，使每位幼儿在一日生活、游戏和学习中都能得到成人适当的照顾、帮助和指导。

全日制幼儿园每班配备2名专任教师和1名保育员，或配备3名专任教师；半日制幼儿园每班配备2名专任教师，有条件的可配备1名保育员。

寄宿制幼儿园至少应在全日制幼儿园基础上每班增配1名专任教师和1名保育员。

单班学前教育机构，如村学前教育教学点、幼儿班等，一般应配备2名专任教师，有条件的可配备1名保育员。

对所辖社区或村级幼儿园（班）负有管理和指导职责的中心幼儿园，应根据实际工作任务和需要增配巡回指导教师。

招收特殊需要儿童的幼儿园应根据特殊需要儿童的数量、类型及残疾程度，配备相应的特殊教育教师，并增加保教人员的配备数量。

幼儿园应根据当地学前教育发展的实际情况，增设教师岗位类别和数量，满足本园发展和保教工作的需要，并确保在教师进修、支教、病产假等情况下有可供临时顶岗的保教人员。

不同服务类型幼儿园各年龄班和混龄班班级规模、专任教师和保育员的配备标准见表4-2。寄宿制幼儿园每班幼儿人数酌减。

表4-2　幼儿园班级规模及专任教师和保育员配备标准

年龄班	班级规模（人）	全日制		半日制	
		专任教师	保育员	专任教师	保育员
小班（3～4岁）	20～25	2	1	2	有条件的应配备1名保育员
中班（4～5岁）	25～30	2	1	2	
大班（5～6岁）	30～35	2	1	2	
混龄班	<30	2	1	2～3	

3. 其他人员配备

幼儿园应根据实际需要配备数量适宜的教职工，积极实行一岗多责，提高用人效益。

园长：6个班以下的幼儿园设1名，6～9个班的幼儿园不超过2名，10个班及以上的幼儿园可设3名。

卫生保健人员：根据《托儿所幼儿园卫生保健工作规范》配备。幼儿园的法定代表人或者负责人是本机构卫生保健工作的第一责任人。根据预招收儿童的数量配备符合国家规定的卫生保健人员。按照收托150名儿童至少设1名专职卫生保健人员的比例配备卫生保健人员，收托150名以下儿童的可配备兼职卫生保健人员。

炊事人员：幼儿园应根据餐点提供的实际需要和就餐幼儿人数配备适宜的炊事人员。每日三餐一点的幼儿园每40～45名幼儿配1名；少于三餐一点的幼儿园酌减；在园幼儿人数少于40名的供餐幼儿园（班）应配备1名专职炊事员。

财会人员：根据国家和地方有关财会工作规定配备。

安保人员：根据国家和地方有关安保工作规定配备。

讨论对于全日制幼儿园，教职工的配备标准是怎样的；对于全日制和半日制幼儿园，保育员的配备标准是怎样的。

学习任务三　幼儿园教职工的岗位职责与任职资格

杨洋同学计划毕业后进入幼儿园担任保育员工作，并希望成长为一名优秀的园长，希望可以尽早了解幼儿园教职工的岗位职责和任职资格等相关事宜。

※知识目标

- 了解幼儿园教职工的岗位职责及任职资格。

※能力目标

- 能够判断一个幼儿园的教职工是否达到任职资格。

※素养目标

- 提前熟悉幼儿园各岗位教职工的主要职责和任职资格，并通过不断学习积累专业知识，为未来的发展做好职业准备。

保育专业的学生应提前熟悉保育员的岗位职责和任职资格，为成为一名优秀的保

育员做好准备。当然也应对幼儿园所中各岗位教职工的职责及任职资格有详细了解，可在做职业规划阶段或者实际工作中，适时根据实际情况调整规划，通过努力学习，逐步实现自己的职业理想。

《幼儿园工作规程》对幼儿园教职工的岗位职责和任职资格有明确规定。幼儿园应设园长、副园长、教师、保育员、卫生保健人员、炊事员和其他工作人员等岗位，配足配齐教职工。幼儿园教职工应当贯彻国家教育方针，具有良好品德，热爱教育事业，尊重和爱护幼儿，具有专业知识和技能以及相应的文化和专业素养，为人师表，忠于职责，身心健康。幼儿园教职工患传染病期间暂停在幼儿园的工作，有犯罪、吸毒记录和精神病史者不得在幼儿园工作。

一、园长

幼儿园园长由举办者任命或者聘任，并报当地主管的教育行政部门备案。

1. 岗位职责

幼儿园园长负责幼儿园的全面工作，主要职责如下：①贯彻执行国家的有关法律、法规、方针、政策和地方的相关规定，负责建立并组织执行幼儿园的各项规章制度；②负责保育教育、卫生保健、安全保卫工作；③负责按照有关规定聘任、调配教职工，指导、检查和评估教师以及其他工作人员的工作，并给予奖惩；④负责教职工的思想工作，组织业务学习，并为他们的学习、进修、教育研究创造必要的条件；⑤关心教职工的身心健康，维护他们的合法权益，改善他们的工作条件；⑥组织管理园舍、设备和经费；⑦组织和指导家长工作；⑧负责与社区的联系和合作。

2. 任职资格

幼儿园园长应当具有《教师资格条例》规定的教师资格，具备大专以上学历，有三年以上幼儿园工作经历和一定的组织管理能力，并取得幼儿园园长岗位培训合格证书。

幼儿园园长由举办者任命或者聘任，并报当地主管的教育行政部门备案。

二、幼儿园教师

幼儿园教师实行聘任制。

1. 岗位职责

幼儿园教师对本班工作全面负责，其主要职责如下：①观察了解幼儿，依据国家有关规定，结合本班幼儿的发展水平和兴趣需要，制订和执行教育工作计划，合理安排幼儿一日生活；②创设良好的教育环境，合理组织教育内容，提供丰富的玩具和游戏材料，开展适宜的教育活动；③严格执行幼儿园安全、卫生保健制度，指导并配合保育员管理本班幼儿生活，做好卫生保健工作；④与家长保持经常联系，了解幼儿家庭的教育环境，商讨符合幼儿特点的教育措施，相互配合共同完成教育任务；⑤参加业务学习和保育教育研究活动；⑥定期总结评估保教工作实效，接受园长的指导和检查。

2. 任职资格

幼儿园教师必须具有《教师资格条例》规定的幼儿园教师资格。

三、保育员

1. 岗位职责

幼儿园保育员的主要职责如下：①负责本班房舍、设备、环境的清洁卫生和消毒工作；②在教师指导下，科学照料和管理幼儿生活，并配合本班教师组织教育活动；③在卫生保健人员和本班教师指导下，严格执行幼儿园安全、卫生保健制度；④妥善保管幼儿衣物和本班的设备、用具。

2. 任职资格

幼儿园保育员应当具备高中以上学历，受过幼儿保育职业培训，取得保育员（或教师）资格证书。

四、卫生保健人员

1. 岗位职责

幼儿园卫生保健人员对全园幼儿身体健康负责，其主要职责如下：①协助园长组织实施有关卫生保健方面的法规、规章和制度，并监督执行；②负责指导调配幼儿膳食，检查食品、饮水和环境卫生；③负责晨检、午检和健康观察，做好幼儿营养、生长发育的监测和评价，定期组织幼儿健康体检，做好幼儿健康档案管理；④密切与当地卫生保健机构的联系，协助做好疾病防控和计划免疫工作；⑤向幼儿园教职工和家长进行卫生保健宣传和指导；⑥妥善管理医疗器械、消毒用具和药品。

2. 任职资格

对于幼儿园卫生保健人员，医师应当取得卫生行政部门颁发的医师执业证书；护士应当取得护士执业证书；保健员应当具有高中以上学历，并经过当地妇幼保健机构组织的卫生保健专业知识培训并考核合格。

五、其他人员

幼儿园其他工作人员的职责和资格，按照国家和地方的有关规定执行。对认真履行职责、成绩优良的幼儿园教职工，应当按照有关规定给予奖励。对不履行职责的幼

儿园教职工，应当视情节轻重，依法依规给予相应处分。

幼儿园人员的任职资格分别是什么？未取得保育员（或教师）资格证书的人员是否可以担任保育工作？

拓展学习

王丽是一名中职幼儿保育专业的学生，在校期间她报名参加了幼儿保育职业培训，经过努力学习通过了考试，取得了保育员资格证书。

暑假期间，她自己找到一所幼儿园实习。幼儿园得知她已获取了保育员资格证书，就想让她担任班级保育员。

请你帮助王丽分析一下，如果她担任班级保育员一职是否符合相关要求？

案例分析：

《幼儿园工作规程》中对保育员的任职资格要求为：幼儿园保育员应当具备高中毕业以上学历，受过幼儿保育职业培训，取得保育员（或教师）资格证书。

案例中的王丽虽然已经取得了保育员资格证书，但未毕业，还是一名在校学生。所以，王丽不符合保育员任职资格。

第五章　托幼园所的政策法规

第一节　托幼园所政策法规的发展历程

本节重点介绍政策法规支持下的我国托幼事业发展的6个阶段，了解近20年来我国政策法规扶持下托幼事业的发展趋势；重点解读促进我国托幼园所事业发展的重要政策法规。

※本节知识导图

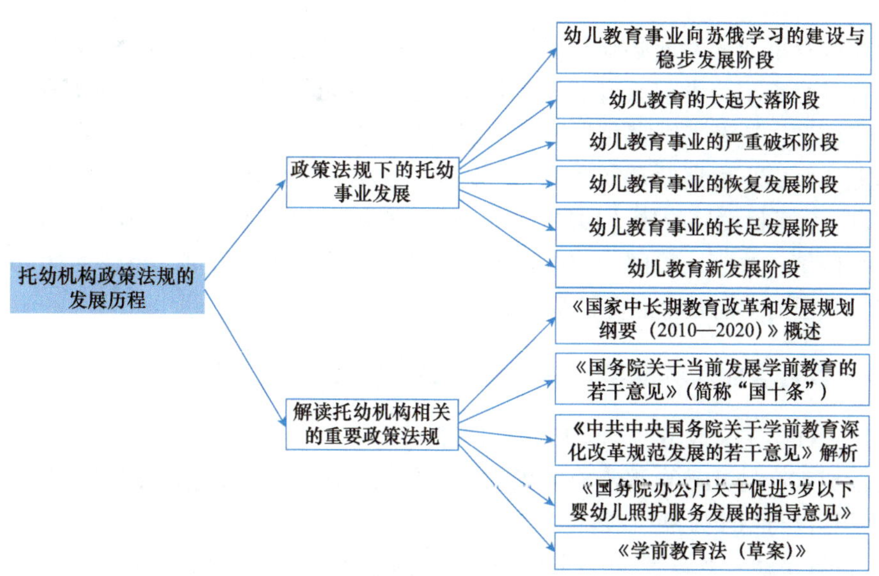

学习任务　了解政策法规下的托幼事业发展

陈红是幼儿保育专业的学生，由于非常喜欢小朋友，想着将来到幼儿园工作。考虑到未来的发展，陈红计划考取保育师证书和幼儿教师的证书。考取这些职业资格证书，需要了解托幼园所的相关法律知识，同时，将来在保育工作岗位和幼儿教师工作岗位，也需要了解相关法律法规，按照要求从事相关的工作。

※知识目标

- 了解我国托幼事业发展6个阶段的概况。
- 重点了解近20年来我国政策法规保障下的托幼事业的发展趋势。

※能力目标

- 能够通过政策法规梳理出幼事业发展的规律、趋势及特点。

※素养目标

- 透过政策法规体会党和国家对于托幼事业的大力发展、高度重视。

学前教育事业的发展必须与国民经济发展水平相适应，与社会的需要相适应。经济实力和社会需求为学前教育的发展提供必要性和可能性，二者相适应则事业蒸蒸日上、稳步前进，违背了则盲目发展、大起大落。新中国成立70多年来，我国学前教育曾出现过4个稳步发展阶段（1949～1956年、1977～1986年、1987～1999年、2000年至今）和2个盲目发展阶段（1957～1965年、1966～1976年）。随着国家陆续制定和颁布的系列政策、法规，我国学前教育事业逐步规范、完善和发展，整体回溯70多年来的发展，我国的学前教育经历了6个发展阶段。

一、幼儿教育事业向苏联学习的建设与稳步发展阶段

时期：社会主义改造时期（1949～1956年）。

阶段成就：幼儿教育逐步成为工农大众的文化教育事业的重要组成部分，幼儿教育进入了建设与稳步发展阶段。

1）设置了幼儿教育事业专门指导机构。1949年，中央人民政府教育部成立，在初等教育司内设立幼儿教育处，1952年调整为教育部的直属单位。

2）明确幼儿园的双重任务。《幼儿园暂行规程（草案）》规定幼儿园须承担教育幼儿和便利妇女参加社会主义建设的双重任务。

3）改造旧幼儿教育与建设新民主主义幼儿园教育并进。在接受外国在我国设立的婴幼儿慈善机构的同时学习苏联幼儿教育的经验，制定政策性文件《幼儿园暂行教学纲要（草案）》，指导幼儿教育事业。

4）明确托儿所和幼儿园的领导关系，加强对托幼干部的培训。

5）“两条腿走路”的方针发展幼儿事业。一方面重点发展工业区和大中城市，另

一方面以需要自愿的原则发展农村托幼事业。

6）注重幼儿教育师资的培养。注重幼儿园师资培养，颁布了《师范学校暂行规程（草案）》《幼儿师范学校教学计划》《关于大力培养小学教师和幼儿园教养员的指示》，在高等师范院校教育系分设学前教育组，也在教育部公函中关心幼儿园教职员工的生活，明确其生活待遇和保障。

二、幼儿教育的大起大落阶段

时期：社会主义全面建设时期（1957～1965年）。

阶段成就：其中1962～1965年，幼儿教育事业在一定程度上有所恢复，主要表现在：①农村幼儿教育机构发展；②幼儿教育起步发展，逐步恢复正常秩序。但是幼儿教育处的撤销，使得全国幼儿教育领导力量削弱。

三、幼儿教育事业的严重破坏阶段

“文化大革命”时期（1966～1976年），幼儿教育受到严重破坏，本阶段没有颁布相关政策法规。

四、幼儿教育事业的恢复发展阶段

时期：改革开放初期（1977～1986年）。

阶段成就：1978年12月十一届三中全会以来，幼儿教育迎来新的发展，主要表现在以下方面。

1. 党和政府加强对幼儿教育的领导

1978年，教育部恢复幼教领导机构，增设幼教特教处。1979年6月18日，《政府工作报告》指出：“要十分重视发展托儿所、幼儿园，加强学前教育。”同年召开全国托幼工作会议，通过了《全国托幼工作会议纪要》，把幼儿教育纳入政府的重要议事日程，确定了幼儿教育事业的发展方针，首次确立了由政府牵头、各部门共同管理的幼儿教育管理体系。

2. 迅速恢复和规范各地的幼儿教育

1979年11月8日，教育部颁发了《城市幼儿园工作条例（试行草案）》；1981年6月，卫生部颁布了《三岁前小儿教养大纲》（草案）；1981年10月，教育部颁布了《幼儿园教育纲要（试行草案）》，这是我国改革开放以来第一个幼儿园课程标准，它继承了20世纪50年代的《幼儿园暂行规程（草案）》《幼儿园暂行教学纲要（草案）》的基本思想，同时，教育部组织编写了幼儿园教材，共7类9册，成为新中国成立以来第一次全国“统编”的幼儿园教材。

1983年，教育部颁布了《关于发展农村幼儿教育的几点意见》，1986年发布了《关于进一步办好幼儿学前班的意见》。

3. 强化幼儿师范的质量管理

1978年10月，教育部颁布了《关于加强和发展师范教育的意见》，1980年教育部又颁布了《关于办好中等师范教育的意见》，强化了幼儿师范的教学质量。

五、幼儿教育事业的长足发展阶段

时期：20世纪八九十年代幼儿教育事业发展（1987～1999年）。

阶段成就如下。

1. 改革幼儿教育管理体制

1987年，国务院办公厅转发了国家教育委员会等部门《关于明确幼儿教育事业领导管理职责分工的请示》，确定了“地方负责，分级管理”和有关部门分工负责的原则，明确了教育、卫生、计划、财政、劳动人事、城乡建设环境保护、轻工、纺织、商业等部门对于幼儿教育工作的职责。

2. 颁布幼儿教育行政法规，推动幼儿教育法制化和科学化

1988年8月15日，国务院办公厅转发国家教育委员会等部门《关于加强幼儿教育工作的意见》。1989年8月20日，国务院批准了新中国成立以来的第一个幼儿教育行政法规《幼儿园管理条例》，1989年6月，颁布了《幼儿园工作规程（试行）》，1996年颁布《幼儿园工作规程》，1996年6月1日实施。这两个法规性文件标志着我国在幼儿教育事业的管理上迈向“依法治教”的道路。

3. 重视儿童权利和保护

20世纪90年代，中国政府在世界首脑会议上签署了《儿童生存、保护和发展的世界宣言》，执行90年代《儿童生存、保护和发展世界宣言行动计划》《儿童权利公约》，在此基础上政府颁布了《中华人民共和国未成年人保护法》《中华人民共和国母婴保健法》，为保障儿童权利、儿童健康发展、提高人口素质提供法律保障。

4. 规范企业办园

1995年9月，国家教育委员会等七部门下发《关于企业办幼儿园的若干意见》，强调国家、集体、企事业和公民个人对于学前教育承担义不容辞的责任和义务。

5. 规划幼儿教育发展目标

1997年7月，国家教育委员会印发《全国幼儿教育事业“九五”发展目标实施意

见》，提出了这一时期学前事业的发展目标，指明了这一时期多元化、社会化的发展前景。

6. 幼儿教育师资素质的重要性被提到新的高度

1993年10月公布的《中华人民共和国教师法》对教师的全面建设提出要求，其中，要求幼儿教师应当具备幼儿师范学校毕业及其以上学历。

1996年，国家教育委员会颁布了《关于开展幼儿园园长岗位培训工作的意见》，同年颁发了《全国幼儿园园长任职资格职责和岗位要求（试行）》的通知，提出开展培训，五年完成轮训。

六、幼儿教育新发展阶段

进入21世纪以后，现代社会政治、经济、文化的发展，终身教育理念、可持续发展教育观、以人为本教育原则的提出，学科融合与生态教育的发展，使得幼儿教育的价值取向发生了重大的改变。《中共中央 国务院关于深化教育改革全面推进素质教育的决定》发布以后，教育价值观又发生了巨大变化——由应试教育向素质教育转变，我国幼儿教育从此又进入了一个新阶段。

1. 开展以课程改革为主要内容的基础教育改革

2001年6月，教育部印发《基础教育课程改革纲要（试行）》，调整和改革包括幼儿教育在内的基础教育的课程体系、结构、内容，建构符合素质教育要求的新的基础教育课程体系。

2001年7月，教育部颁发了《幼儿园教育指导纲要（试行）》，以推进幼儿园实施素质教育，全面提高幼儿园教育质量。提出幼儿教育应有核心价值追求，倡导尊重幼儿、保障幼儿权利、促进幼儿全面和谐发展的儿童观。

2012年10月，教育部印发《3-6岁儿童学习与发展指南》，基于3～6岁儿童的身心发展规律与学习特点，在对我国儿童学习与发展状况进行调查研究的基础上研制了一整套比较科学、明确、具体的目标与教育建议，体现了国家对3～6岁儿童学习与发展的方向引导和质量要求，致力于引导幼儿园教师和家长树立正确的教育观念。了解3～6岁儿童学习与发展的基本规律和特点，建立对儿童发展的合理期望，为防止和克服学前教育“小学化”现象提供了具体方法和建议。

2. 完善幼儿教育管理体制

为了进一步促进幼儿教育的改革与发展，国务院办公厅于2003 年3月转发了教育部等十个部门《关于幼儿教育改革与发展的指导意见》，对幼儿教育改革与发展的目标、管理体制和机制、政府职责等做了详细说明。

3. 重点解决幼儿园供需问题

2010年7月，国家中长期教育改革和发展规划纲要工作小组办公室发布了《国家中长期教育改革和发展规划纲要（2010—2020年）》（以下简称《纲要》），为解决“入园难”“入园贵”等供需矛盾，面对幼儿教育需求与供给严重失衡的现象，提出了“基本普及学前教育”“明确政府职责”“重点发展农村学前教育”等具体的、有针对性的规划。

2010年11月21日，国务院发布了《关于当前发展学前教育的若干意见》（简称“国十条”），为了贯彻《纲要》，着力解决突出问题，正式提出了加快推进幼儿教育发展的十条政策措施。

2018年11月7日，中共中央、国务院发布的《关于学前教育深化改革规范发展的若干意见》提出：到2020年，全国学前三年毛入园率达到85%，普惠性幼儿园覆盖率（公办园和普惠性民办园在园幼儿占比）达到80%；广覆盖、保基本、有质量的学前教育公共服务体系基本建成，学前教育管理体制、办园体制和政策保障体系基本完善；投入水平显著提高，成本分担机制普遍建立；幼儿园办园行为普遍规范，保教质量明显提升；不同区域、不同类型城市分类解决学前教育发展问题，大型、特大型城市率先实现发展目标。

4. 加强学前教师专业化发展

2005年3月14日，教育部发布了《关于规范小学和幼儿园教师培养工作的通知》，就加强对小学和幼儿园教师培养的统筹管理、加强师资培训的规划与组织、建立健全师资培训工作的保障体系等作了指导说明。

2011年10月8日，为贯彻落实教育规划纲要，深化教师教育改革，全面提高教师培养质量，规范和引导教师教育课程与教学，培养高素质专业化的教师队伍，教育部颁布了《教师教育课程标准（试行）》。在幼儿教育领域则表现为更加重视教师理解幼儿、教育幼儿的知识与能力。

2012年2月10日，教育部制定了《幼儿园教师专业标准（试行）》，确立了幼儿园教师“师德为先”“幼儿为本”“能力为重”“终身学习”的基本理念，是幼儿园教师开展保教活动的基本规范，是引领幼儿园教师专业发展的基本准则，是幼儿园教师培养、准入、培训、考核等工作的重要依据，体现了国家对合格幼儿园教师专业素质的基本要求。

2012年8月，国务院发布了《国务院关于加强教师队伍建设的意见》，提出了加强教师队伍建设的总体目标，即到2020年，形成一支师德高尚、业务精湛、结构合理、充满活力的高素质专业化教师队伍，将“幼儿园教师队伍建设要以补足配齐为重点，切实加强幼儿园教师培养培训，严格实施幼儿园教师资格制度，依法落实幼儿园教师

地位待遇”作为加强教师队伍建设的重点任务之一。

2013年，教育部颁布《幼儿园教职工配备标准（暂行）》，进一步规范了各类幼儿园用人机制，要求各地高度重视幼儿园教师队伍建设，补足配齐幼儿园教师，切实加强对各类幼儿园教职工配备情况的动态监管。

2015年，教育部印发《幼儿园园长专业标准》，为促进幼儿园园长专业发展、建设高素质幼儿园园长队伍提出了对合格幼儿园园长专业素质的基本要求。

2018年，教育部印发了《新时代幼儿园教师职业行为十项准则》，确定了新时代幼儿园教师职业道德标准和要求，进一步加强师德师风建设，并开展《幼儿园教师违反职业道德行为处理办法》的学习，以进一步筑牢幼儿园教师师德底线，为幼儿园良好的师德师风建设提供了支持。

5. 大力发展农村幼儿教育

2003年9月17日，国务院发布《关于进一步加强农村教育工作的决定》，明确了农村教育在全面建设小康社会中的重要地位，将农村教育作为教育工作的重中之重，并指出要发展农村幼儿教育。

《国家中长期教育改革和发展规划纲要（2010—2020年）》也将“重点发展农村学前教育”作为学前教育的发展任务之一。2010年11月21日，《国务院关于当前发展学前教育的若干意见》强调要“努力扩大农村学前教育资源”，“地方各级政府要安排专门资金，重点建设农村幼儿园”，“逐步完善县、乡、村学前教育网络”。

6. 关注学前教育安全问题

2006年6月30日，教育部、公安部、司法部、建设部、交通部、文化部、卫生部、工商总局、质检总局、新闻出版总署制定了《中小学幼儿园安全管理办法》，关注中小学幼儿园安全事故问题。

2012年4月5日，国务院公布了《校车安全管理条例》，加强校车安全管理，保障乘坐校车学生的人身安全。

7.《3-6岁儿童学习与发展指南》制定

2012年10月9日，为指导幼儿园和家庭实施科学的保育和教育，促进幼儿身心全面和谐发展，教育部正式发布《3-6岁儿童学习与发展指南》，从健康、语言、社会、科学、艺术五个领域描述幼儿的学习与发展，分别对3～4岁、4～5岁、5～6岁三个年龄段末期幼儿应该知道什么、能做什么、大致可以达到什么发展水平提出了合理期望。

8. 正在制定的学前教育独立法案——《中华人民共和国学前教育法草案（征求意见稿）》

2020年9月7日，教育部发布了《中华人民共和国学前教育法草案（征求意见稿）》

（以下简称《学前教育法草案》)。《学前教育法草案》的发布意味着我国在学前教育领域的法律空白即将被填补。《学前教育法草案》共分九章七十五条，其章节包含了总则、学前儿童、幼儿园的规划与举办、保育与教育、教师和其他工作人员、管理与监督、投入与保障、法律责任和附则。

9. 2019年开启了“托育元年”

2019年5月9日，国务院办公厅印发《关于促进3岁以下婴幼儿照护服务发展的指导意见》，首次提出“婴幼儿照护”的概念，也拉开了托育元年的帷幕。该指导意见确定了“家庭为主，托育补充；政策引导，普惠优先；安全健康，科学规范；属地管理，分类指导”的基本原则，明确家庭对婴幼儿照护的主体责任。该指导意见明确婴幼儿照护服务工作由卫生健康部门牵头，对发展改革、卫生健康、教育、民政、市场监管管理、住房城乡建设、人力资源社会保障等17个部门进行了职能分工。各省市以此为起点分别制定了地方意见。

2019年10月8日，国家卫生健康委印发《托育机构设置标准（试行）》和《托育机构管理规范（试行）》，对托幼机构的适用范围、设置要求、场地设施、人员规模等进行了规范，也对托育机构管理规范，如备案管理、收托管理、保育管理、健康管理、安全管理、人员管理、监督管理做了明确要求。

2021年1月12日，国家卫生健康委印发《托育机构保育指导大纲（试行）》，对托育机构保育应遵循的基本原则、目标与要求、组织与实施进行了规范。同日，还发布了《托育机构婴幼儿伤害预防指南（试行）》，主要针对窒息、跌倒伤、烧烫伤、溺水、中毒、异物伤害、道路交通伤害等，对为3岁以下婴幼儿提供全日托、半日托、计时托、临时托等托育服务机构的安全管理、改善环境、加强照护等方面开展伤害预防提供技术指导和参考。

讨论交流

和同伴交流一下：我国托幼事业发展经历了六个阶段，在每个时期，至少说一项此时期的法律或法规。

学习任务二　解读与托幼园所相关的重要政策法规

某幼儿园为打造以艺术为特色的园本课程，决定将70%的课程安排为音乐、美术、舞蹈等内容。结合《幼儿园教育指导纲要（试行）》，谈谈该幼儿园的做法是否正确。

※ 知识目标

- 了解《国家中长期教育改革和发展规划纲要（2010—2020年）》。
- 了解《国务院关于当前发展学前教育的若干意见》。
- 了解《中共中央 国务院关于学前教育深化改革规范发展的若干意见》。
- 了解《国务院办公厅关于促进3岁以下婴幼儿照护服务发展的指导意见》。
- 了解《中华人民共和国学前教育法草案（征求意见稿）》的主要内容。

※ 能力目标

- 能够对于政策法规的内容与托幼保育事业发展现实相结合，进行辨析。

※ 素养目标

- 通过政策法规的解读，深刻理解中国共产党“以人民为中心”的思想内涵。

一、《国家中长期教育改革和发展规划纲要（2010—2020年）》

1. 重要意义

2010年7月29日，《国家中长期教育改革和发展规划纲要（2010—2020年）》（以下简称《规划纲要》）正式发布全文。这是中国进入21世纪之后的第一个教育规划，是今后一个时期指导全国教育改革和发展的纲领性文件。

2. 主要内容

《规划纲要》提出了今后10年教育改革和发展的战略目标：到2020年，基本实现教育现代化，基本形成学习型社会，进入人力资源强国行列。全文由序言、总体战略、发展任务、体制改革、保障措施和实施组成，共22章、70条。

《规划纲要》中指出国家财政性教育经费支出占国内生产总值的比例将在2012年达到4%。《规划纲要》对学前教育、义务教育、高中阶段教育、职业教育、高等教育、继续教育、民族教育和特殊教育的发展任务一一进行了阐述。

3. 针对学前教育的主要政策亮点

1）到2020年，普及学前一年教育，基本普及学前两年教育，有条件的地区普及学前三年教育。重视0至3岁婴幼儿教育。

2）把发展学前教育纳入城镇、社会主义新农村建设规划。建立政府主导、社会参与、公办民办并举的办园体制。大力发展公办幼儿园，积极扶持民办幼儿园。加大政府投入，完善成本合理分担机制，对家庭经济困难幼儿入园给予补助。

二、《国务院关于当前发展学前教育的若干意见》（简称“国十条”）

为贯彻落实党的十七届五中全会、全国教育工作会议精神和《国家中长期教育改革和发展规划纲要（2010—2020年）》，积极发展学前教育，着力解决当前存在的“入园难”问题，满足适龄儿童入园需求，促进学前教育事业科学发展，国务院在2010年11月印发了《关于当前发展学前教育的若干意见》，提出了加快推进学前教育发展的十条政策措施。

1. 把发展学前教育摆在更加重要的位置

1）明确学前教育性质：学前教育是终身学习的开端，是国民教育体系的重要组成部分，是重要的社会公益事业。

2）必须坚持公益性和普惠性。

3）必须坚持政府主导，社会参与，公办民办并举，落实各级政府责任。

4）必须坚持改革创新，着力破除制约学前教育科学发展的体制机制障碍。

5）必须坚持因地制宜，从实际出发，为幼儿和家长提供方便就近、灵活多样、多种层次的学前教育服务。

6）必须坚持科学育儿，遵循幼儿身心发展规律，促进幼儿健康快乐成长。

2. 多种形式扩大学前教育资源

1）大力发展公办幼儿园，提供“广覆盖、保基本”的学前教育公共服务。

2）鼓励社会力量以多种形式举办幼儿园。

3）城镇小区没有配套幼儿园的，应根据居住区规划和居住人口规模，按照国家有关规定配套建设幼儿园。

4）努力扩大农村学前教育资源。

3. 多种途径加强幼儿教师队伍建设

加快建设一支师德高尚、热爱儿童、业务精良、结构合理的幼儿教师队伍；依法落实幼儿教师地位和待遇；完善学前教育师资培养培训体系。

4. 多种渠道加大学前教育投入

各级政府要将学前教育经费列入财政预算。新增教育经费要向学前教育倾斜。财政性学前教育经费在同级财政性教育经费中要占合理比例，未来三年要有明显提高。制定优惠政策，鼓励社会力量办园和捐资助园。家庭合理分担学前教育成本。建立学

前教育资助制度。中央财政设立专项经费，同时地方政府要加大投入，重点支持边远贫困地区和少数民族地区发展学前教育。

5. 加强幼儿园准入管理

完善法律法规，规范学前教育管理。严格执行幼儿园准入制度。各地根据国家基本标准和社会对幼儿保教的不同需求，制定各种类型幼儿园的办园标准，实行分类管理、分类指导。分类治理、妥善解决无证办园问题。

6. 强化幼儿园安全监管

各地要高度重视幼儿园安全保障工作，加强安全设施建设，配备保安人员，健全各项安全管理制度和安全责任制，落实各项措施，严防事故发生。相关部门按职能分工，建立全覆盖的幼儿园安全防护体系，切实加大工作力度，加强监督指导。幼儿园要提高安全防范意识，加强内部安全管理。幼儿园所在街道、社区和村民委员会要共同做好幼儿园安全管理工作。

7. 规范幼儿园收费管理

国家有关部门2011年出台幼儿园收费管理办法。省级有关部门根据城乡经济社会发展水平、办园成本和群众承受能力，按照非义务教育阶段家庭合理分担教育成本的原则，制定公办幼儿园收费标准。加强民办幼儿园收费管理，完善备案程序，加强分类指导。幼儿园实行收费公示制度，接受社会监督。加强收费监管，坚决查处乱收费。

8. 坚持科学保教，促进幼儿身心健康发展

遵循幼儿身心发展规律，面向全体幼儿，关注个体差异，坚持以游戏为基本活动，保教结合、寓教于乐，促进幼儿健康成长。加强对幼儿园玩教具、幼儿图书的配备与指导，为儿童创设丰富多彩的教育环境，防止和纠正幼儿园教育“小学化”倾向，研究制定幼儿园教师指导用书审定办法。建立幼儿园保教质量评估监管体系。健全学前教育教研指导网络。要把幼儿园教育和家庭教育紧密结合，共同为幼儿的健康成长创造良好环境。

9. 完善工作机制，加强组织领导

各级政府要加强对学前教育的统筹协调，健全教育部门主管、有关部门分工负责的工作机制，形成推动学前教育发展的合力。

10. 统筹规划，实施学前教育三年行动计划

各省（区、市）政府要深入调查，准确掌握当地学前教育基本状况和存在的突出

问题，结合本区域经济社会发展状况和适龄人口分布、变化趋势，科学测算入园需求和供需缺口，确定发展目标，分解年度任务，落实经费，以县为单位编制学前教育三年行动计划，有效缓解“入园难”。

三、《中共中央 国务院关于学前教育深化改革规范发展的若干意见》

1. 背景

学前教育是终身学习的开端，是国民教育体系的重要组成部分，是重要的社会公益事业。党的十八大以来，在以习近平同志为核心的党中央领导下，各地以县为单位连续实施三期学前教育行动计划，扎实推进学前教育改革发展，取得了显著的成绩。学前教育的资源迅速扩大，普及水平大幅提升，到2017年全国幼儿园共有25.5万所，在园幼儿4600万人，学前三年毛入学率达到79.6%，比2012年提高了15.1个百分点，可以说“入园难”的问题得到了有效的缓解。但是总体上看，学前教育仍然是整个教育体系的短板，发展不平衡、不充分的问题十分突出，学前教育还存在着普惠性资源不足、政策保障体系不完善、教师队伍建设滞后、监管体系机制不健全、保教质量有待提高、部分民办园过度逐利等突出问题，“入园难”“入园贵”依然是困扰老百姓的烦心事之一。所以学前教育迫切需要深化改革、规范发展。

2. 目标

到2020年，全国学前三年毛入园率达到85%，普惠性幼儿园覆盖率（公办园和普惠性民办园在园幼儿占比）达到80%。广覆盖、保基本、有质量的学前教育公共服务体系基本建成，学前教育管理体制、办园体制和政策保障体系基本完善。投入水平显著提高，成本分担机制普遍建立。幼儿园办园行为普遍规范，保教质量明显提升。不同区域、不同类型城市分类解决学前教育发展问题，大型、特大型城市率先实现发展目标。

到2020年，基本形成以本专科为主体的幼儿园教师培养体系，本专科学前教育专业毕业生规模达到20万人以上；建立幼儿园教师专业成长机制，健全培训课程标准，分层分类培训150万名左右幼儿园园长、教师；建立普通高等学校学前教育专业质量认证和保障体系，幼儿园教师队伍综合素质和科学保教能力得到整体提升，幼儿园教师社会地位、待遇保障进一步提高，职业吸引力明显增强。

到2035年，全面普及学前三年教育，建成覆盖城乡、布局合理的学前教育公共服务体系，形成完善的学前教育管理体制、办园体制和政策保障体系，为幼儿提供更加充裕、更加普惠、更加优质的学前教育。

3. 内容

《中共中央 国务院关于学前教育深化改革规范发展的若干意见》共分九个部分，

主要内容如下。

第一部分是总体要求。明确了学前教育的指导思想、基本原则、主要目标，尤其是提出了推动学前教育“普及、普惠、安全、优质”发展的目标。

第二部分主要是对优化布局结构提出的一些要求。强调构建以普惠性资源为主体的办园体系，大力发展公办园，逐步提高公办园在园幼儿占比，到2020年全国原则上达到50%，同时积极扶持民办园提供普惠性服务，规范营利性民办园发展，使办园结构和资源供给既要充分满足人民群众对普惠性学前教育的强烈愿望，又要满足一些家长多样化的选择性需求。实际上，将来在我们的办园体系当中，有公办园，有普惠性的民办园，同时还有一部分营利性的民办园，满足家长选择性的需求。

第三部分主要是对如何来扩大学前教育资源提出要求，主要强调了四个方面的措施。一是国家继续实施学前教育行动计划，重点支持农村地区、脱贫攻坚地区、新增人口集中地区新建改扩建一批普惠性的幼儿园。二是积极挖潜扩大增量。也就是千方百计、多种渠道扩大学前教育资源供给。充分利用乡村公共服务设施、农村中小学闲置校舍等资源举办公办园，鼓励支持街道、村集体和有实力的国有企事业单位举办公办园。三是规范小区配套园建设使用，并开展专项治理，将小区配套园建成公办园或者委托办成普惠性的民办园，这是扩大普惠性资源供给的重要渠道。四是鼓励社会力量办园，加大力度积极扶持民办园提供普惠性服务，要求各省（区、市）进一步完善普惠性民办园认定标准、补助标准及扶持政策。

第四部分是对健全经费投入长效机制提出要求，主要有三个方面的举措。一是优化经费投入结构，逐步提高学前教育财政投入和支出水平。中央财政继续安排支持学前教育发展的专项资金，重点向中西部地区和贫困地区倾斜。二是健全学前教育成本分担机制，因为学前教育是非义务教育，所以必须健全成本分担机制。三是完善学前教育资助制度。各地要认真落实幼儿资助政策，确保接受普惠性学前教育的家庭经济困难的儿童（含建档立卡家庭儿童、低保家庭儿童、特困救助供养儿童等）、孤儿和残疾儿童得到资助。

第五部分是加强教师队伍建设，主要有五个方面的举措：一是要严格依标配备教职工；二是依法保障幼儿园教师地位和待遇；三是完善教师培养体系；四是健全教师培训制度；五是严格教师队伍管理。

第六部分是完善监管体系，主要有五个方面的措施。在过去幼儿园的监管是一个薄弱环节，也暴露出不少问题，所以这次文件高度重视幼儿园的监管问题。一是建立健全教育部门主管、各有关部门分工负责的监管机制；要充实教育部门学前教育管理机构的管理力量。二是要加强源头监管，严格幼儿园准入管理，严格执行“先证后照”制度。三是完善过程监管，强化对幼儿园教职工资质和配备、收费行为、安全防护、卫生保健、保教质量、经费使用以及财务管理等方面的动态监管。四是强化安全监管，健全幼儿园安全防护体系，提升人防、物防、技防能力。五是严格依法监管。实行幼儿园责任督学挂牌督导制度。对存在伤害儿童、违规收费等行为的幼儿园，要依法依规严肃处理。

第七部分是对规范发展民办园提出要求。强调在坚持鼓励支持社会力量办园的同时，强化规范发展，提出了三方面的举措。一是稳妥实施分类管理，明确分类管理政策，确保分类登记平稳实施、有序进行。二是针对部分民办园过度逐利行为，明确规定了“社会资本不得通过兼并收购、受托经营、加盟连锁、利用可变利益实体、协议控制等方式控制国有资产或集体资产举办的幼儿园、非营利性幼儿园”，“民办园一律不准单独或作为一部分资产打包上市，上市公司不得通过股票市场融资投资营利性幼儿园，不得通过发行股份或支付现金等方式购买营利性幼儿园资产”等规定，填补制度空白，堵住监管漏洞，促进学前教育回归教育本位。三是将无证园全部纳入监管范围，稳妥做好排查、分类、扶持和治理工作。

第八部分是对提升保教质量提出要求。主要有四个方面的内容：一是全面改善办园条件，引导幼儿园为幼儿提供有利于激发学习探索、安全、丰富、适宜的玩教具和图书，改善办园条件；二是坚持保教结合，寓教于乐，防止和纠正幼儿园“小学化”倾向；三是完善学前教育教研体系，加强园本教研、区域教研；四是健全质量评估监测体系，将各类幼儿园全部纳入质量评估范畴，定期向社会公布评估结果。

第九部分对强化组织领导提出要求。重点强调了加强党对学前教育事业的领导、落实学前教育管理体制、完善部门协调工作机制、研究制定学前教育法、建立督导问责机制等举措。

四、《关于促进3岁以下婴幼儿照护服务发展的指导意见》

2019年5月9日，国务院办公厅印发《关于促进3岁以下婴幼儿照护服务发展的指导意见》(以下简称《意见》)。

《意见》指出，以习近平新时代中国特色社会主义思想为指导，坚持以人民为中心的发展思想，以需求和问题为导向，推进供给侧结构性改革，建立完善促进婴幼儿照护服务发展的政策法规体系、标准规范体系和服务供给体系，充分调动社会力量的积极性，多种形式开展婴幼儿照护服务，逐步满足人民群众对婴幼儿照护服务的需求。

《意见》强调，发展婴幼儿照护服务的重点是为家庭提供科学养育指导，并对确有照护困难的家庭或婴幼儿提供必要的服务。要强化政策引导和统筹引领，优先支持普惠性婴幼儿照护服务机构。按照儿童优先原则，最大限度地保护婴幼儿，确保婴幼儿的安全和健康。到2020年，婴幼儿照护服务的政策法规体系和标准规范体系初步建立，建成一批具有示范效应的婴幼儿照护服务机构；到2025年，多元化、多样化、覆盖城乡的婴幼儿照护服务体系基本形成，人民群众的婴幼儿照护服务需求得到进一步满足。

《意见》提出了三方面的任务举措。一是加强对家庭婴幼儿照护的支持和指导。全面落实产假政策，支持脱产照护婴幼儿的父母重返工作岗位，为家长及婴幼儿照护者

提供婴幼儿早期发展指导服务。二是加大对社区婴幼儿照护服务的支持力度。按标准和规范建设婴幼儿照护服务设施及配套安全设施，鼓励通过市场化方式，采取公办民营、民办公助等多种形式，在就业人群密集的产业聚集区域和用人单位完善婴幼儿照护服务设施。注重发挥城乡社区公共服务设施的婴幼儿照护服务功能，支持和引导社会力量依托社区提供婴幼儿照护服务。三是规范发展多种形式的婴幼儿照护服务机构。支持用人单位在工作场所为职工提供福利性婴幼儿照护服务，鼓励支持有条件的幼儿园开设托班，支持各类婴幼儿照护服务机构提供多样化、多层次的婴幼儿照护服务。加强婴幼儿照护服务专业化、规范化建设，运用互联网等信息化手段对婴幼儿照护服务机构的服务过程加强监管，依法逐步实行工作人员职业资格准入制度。

《意见》要求，各级政府要制定切实管用的政策措施，各相关部门要按照各自职责加强指导、监督和管理，通过加强政策支持、用地保障、队伍建设、信息支撑和社会支持等，促进婴幼儿照护服务规范健康发展。

五、《中华人民共和国学前教育法草案（征求意见稿）》

1. 背景

2020年9月7日，教育部发布《中华人民共和国学前教育法草案（征求意见稿）》（以下简称《学前教育法草案》），广泛征求公众意见，向《学前教育法》正式颁布实施又向前迈出了一大步，学前教育将加快迈入“有法可依”“有法必依”的新时代，将对学前教育改革发展产生重大而深远的影响。

2. 主要内容

《学前教育法草案》包括总则、学前儿童、幼儿园的规划与举办、保育与教育、教师和其他工作人员、管理与监督、投入与保障、法律责任和附则九章，共75条主要内容。

第一章总则，主要包括目标依据、适用范围、性质制度、方针目标、教育权利、发展原则、政府职责、家庭责任、社会参与、管理体制、鼓励教研、表彰奖励。

第二章学前儿童，主要包括儿童权利、入园保障、政府供给、弱势群体、特别保护。强调国家保障学前儿童的受教育权，对学前儿童的教育应当坚持儿童优先和儿童利益最大化原则。儿童入园除必要的身体健康检查外，不得组织任何形式的考试或者测试。政府应当通过举办公办幼儿园、支持民办幼儿园提供普惠性学前教育服务，为学前儿童提供公平而有质量的学前教育。国家建立学前教育资助制度。

第三章幼儿园的规划与举办，主要包括办园体制、规划布局、配套建设、村镇体系、单位办园、特殊教育、设置条件、设立程序、举办限制、逐利限制。

第四章保育与教育，主要包括保教原则、卫生保健、安全保障、保教内容、保教方式、课程资源、家园共育、幼小衔接、内部管理、收费制度、经费管理、禁止行为，强调幼儿园应当坚持保育与教育相结合的原则，面向全体儿童，尊重个体差异，注重习惯养成，以游戏为基本活动，以儿童的生活为基础，促进儿童在健康、语言、社会、科学、艺术各方面协调发展。幼儿园应当把保护儿童生命安全和身心健康放在首位。幼儿园不得使用教科书，不得教授小学阶段的教育内容，不得开展违背学前儿童身心发展规律的活动。校外培训机构等其他教育机构不得对学前儿童开展半日制或者全日制培训。幼儿园实行收费公示制度，各类收费应当专款专用。

第五章教师和其他工作人员，主要包括教师权责、教师资质、职务评聘、园长资质、其他工作人员、人员配备、职业规范、聘任合同、工资福利、其他待遇、从业禁止、师资培养、在职培训，强调全社会应当尊重幼儿园教师。国家实行幼儿园教师资格制度。幼儿园教师在职称评定、岗位聘任（用）等方面享有与中小学教师同等的待遇。

第六章管理与监督，主要包括政府统筹、部门职责、安全管理、收费管理、经费管理、信息公示、督导问责、质量监测。

第七章投入与保障，主要包括投入机制、财政分担、经费保障、支持普惠、社会投入。

第八章法律责任，主要包括政府责任、领导责任、建设责任、擅自举办、机构责任、逐利责任、人员责任、侵权责任。

第九章附则包括其他适用和实施日期。

1）谈谈《中华人民共和国学前教育法草案（征求意见稿）》的意义和主要内容。

2）《国家中长期教育改革和发展规划纲要（2010—2020年）》《国务院关于当前发展学前教育的若干意见》《中共中央 国务院关于学前教育深化改革规范发展的若干意见》《幼儿园教育指导纲要（试行）》主要解决什么问题？

阅读人民日报新媒体《十四五规划硬核分析》，了解国家“十四五”发展规划对于托育及学前教育事业而言，国家是将其放在一个怎样的重要地位来规划托育及学前事业的未来的。

第二节 托幼园所师生权益及保育规范的政策法规

关于托幼园所的法律法规有很多，本节主要聚焦关于托幼师生权益和保育工作相

关的法律法规。《儿童权利公约》《中华人民共和国未成年人保护法》涉及托育园所师生权益的相关规定与原则，《幼儿园教育指导纲要》《托儿所幼儿园卫生保健工作规范》对托育园所保育工作相关标准做出了规定和要求。

※ 本节知识导图

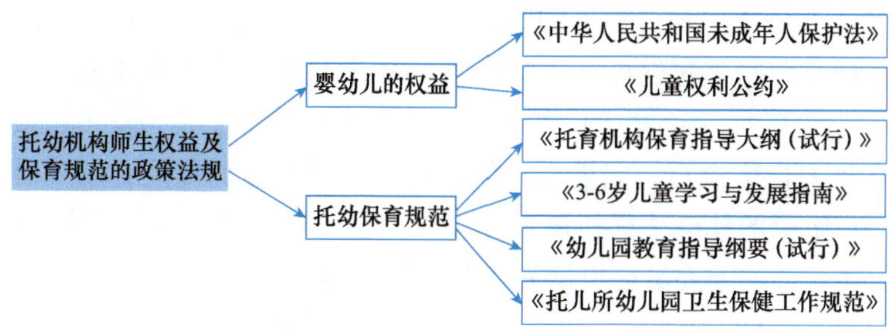

学习任务一　婴幼儿的权益

浙江温岭幼师虐童的照片在网络上引起了社会的广泛关注：年轻的幼儿园女教师，两手拎着一名小男孩的双耳，将他双脚提离地面约10cm。这个过程，老师一脸微笑，而男童的耳朵被扯得变形，张着嘴巴大哭。你对这一事件有何看法？

※ 知识目标

- 了解《中华人民共和国未成年人保护法》的基本内容。
- 了解《儿童权利公约》的基本内容。

※ 能力目标

- 能够自觉依据相关法律依据维护未成年人权益。

※ 素养目标

- 尊重、保护未成年人，培养有理想、有道德、有文化、有纪律的社会主义建设者和接班人。

一、《中华人民共和国未成年人保护法》

未成年人是身心发育尚未成熟的特殊群体，具有特殊的生理和心理特征，非常需要国家、社会、学校和家庭给予特别的关心和爱护。作为自然的人，未成年人的生长发育需要家庭和社会给予物质上的支撑和精神上的呵护，离开周围的人和社会的支持，就不可能正常发育，甚至不能维持生命；作为社会的人，他们不可避免地要受到社会的影响，社会的文化、风俗、传统、习惯、生活方式和各种意识，都通过各种渠道和方式影响未成年人的意识和行为，国家、社会、学校和家庭有责任扩大对未成年人的积极影响，避免或减少消极影响。上述特点，要求法律给予未成年人特殊保护，这就产生了未成年人保护法。《中华人民共和国未成年人保护法》是为保护未成年人身心健康，保障未成年人合法权益，促进未成年人德智体美劳全面发展，培养有理想、有道德、有文化、有纪律的社会主义建设者和接班人，培养担当民族复兴大任的时代新人，由全国人民代表大会常务委员会根据宪法制定的法律。

2020年10月17日，第十三届全国人民代表大会常务委员会第二十二次会议第二次修订《中华人民共和国未成年人保护法》，自2021年6月1日起施行。修订后的未成年人保护法分为总则、家庭保护、学校保护、社会保护、网络保护、政府保护、司法保护、法律责任和附则，共九章132条。新增了“网络保护”“政府保护”这两章，条文由原来的72条增加到132条，在未成年人的安全教育和保护、勤俭节约意识培养、网络保护方面，作出了更加具体明确的规定，进一步压实了监护人、学校、网络服务提供者的主体责任。

1. 总则（第1条～第14条）

“总则”共十四条，分别对立法目的和依据、未成年人的定义、未成年人平等享有权利、未成年人保护的基本原则和要求、对未成年人进行教育、保护未成年人的共同责任、监护人和国家在监护方面的责任、发展规划及预算、未成年人保护工作协调机制、群团组织及社会组织的职责、检举、控告和强制报告制度、科学研究、统计调查制度、表彰和奖励等做了概述。

2. 家庭保护（第15条～第24条）

“家庭保护”共十条，规定了父母或者其他监护人在培养和教育未成年人方面的责任。

具体包括：监护人及成年家庭成员的家庭教育职责、监护职责、监护禁止行为、监护人的安全保障义务、尊重未成年人的知情权、监护人的报告义务、临时照护及禁止未成年人单独生活、设立长期照护的条件、设立长期照护的监护人的义务、父母离婚对未成年子女的义务。

3. 学校保护（第25条～第41条）

“学校保护”共十七条，规定了学校、教师及其他工作人员对于培养和教育未成年人的责任，要求尊重学生的人格，不得歧视学习有困难的学生等。包括：全面贯彻国

家教育方针政策、幼儿园的保育教育职责、尊重未成年人人格尊严及不得实施体罚、保障未成年学生受教育权利、关爱帮扶及不得歧视、社会生活指导、心理健康辅导、青春期教育与生命教育、加强劳动教育、反对浪费与文明饮食、保障未成年学生休息权、学校及幼儿园的卫生保健职责、保障未成年人校园安全、校车安全管理制度、突发事件处置、禁止商业行为、防治学生欺凌、防治性侵害及性骚扰、参照适用规定。

其中以下条款跟幼儿园保育教育密切相关，在第二十六条中提出："幼儿园应当做好保育、教育工作，遵循幼儿身心发展规律，实施启蒙教育，促进幼儿在体质、智力、品德等方面和谐发展。"第二十七条提出："学校、幼儿园的教职员工应当尊重未成年人人格尊严，不得对未成年人实施体罚、变相体罚或者其他侮辱人格尊严的行为。"第三十二条中提出："学校、幼儿园应当开展勤俭节约、反对浪费、珍惜粮食、文明饮食等宣传教育活动，帮助未成年人树立浪费可耻、节约为荣的意识，养成文明健康、绿色环保的生活习惯。"第三十四条："学校、幼儿园应当提供必要的卫生保健条件，协助卫生健康部门做好在校、在园未成年人的卫生保健工作。"第三十五条："学校、幼儿园应当建立安全管理制度，对未成年人进行安全教育，完善安保设施、配备安保人员，保障未成年人在校、在园期间的人身和财产安全。学校、幼儿园不得在危及未成年人人身安全、身心健康的校舍和其他设施、场所中进行教育教学活动。学校、幼儿园安排未成年人参加文化娱乐、社会实践等集体活动，应当保护未成年人的身心健康，防止发生人身伤害事故。"第三十六条："使用校车的学校、幼儿园应当建立健全校车安全管理制度，配备安全管理人员，定期对校车进行安全检查，对校车驾驶人进行安全教育，并向未成年人讲解校车安全乘坐知识，培养未成年人校车安全事故应急处理技能。"第三十七条："学校、幼儿园应当根据需要，制定应对自然灾害、事故灾难、公共卫生事件等突发事件和意外伤害的预案，配备相应设施并定期进行必要的演练。未成年人在校内、园内或者本校、本园组织的校外、园外活动中发生人身伤害事故的，学校、幼儿园应当立即救护，妥善处理，及时通知未成年人的父母或者其他监护人，并向有关部门报告。"第三十八条："学校、幼儿园不得安排未成年人参加商业性活动，不得向未成年人及其父母或者其他监护人推销或者要求其购买指定的商品和服务。学校、幼儿园不得与校外培训机构合作为未成年人提供有偿课程辅导。"

4. 社会保护（第42条～第63条）

"社会保护"共二十二条，规定了各级人民政府以及社会各职能部门为未成年人健康成长创造良好的社会环境的责任。基本内容包括：居民委员会、村民委员会工作职责、公用场馆的优惠政策、未成年人免费或者优惠乘坐交通工具、母婴设施的配备、不得限制针对未成年人的照顾或者优惠、鼓励有利于未成年人健康成长的创作、新闻媒体的责任、禁止危害未成年人身心健康的内容、提示可能影响未成年人身心健康的内容、禁止儿童色情制品与未成年人有关的广告管理、禁止严重侵犯未成年人权益的行为、对生产、销售用于未成年人产品的要求、公共场所的安全保障义务、住宿经营者安全保护义务、不适宜未成年人活动场所设置与服务的限制、对未成年人禁售烟酒和彩票、禁止向未成年人提供、销售危险物品、劳动保护、从业查询、通信自由及通信秘密。

在第五十八条特别提出："学校、幼儿园周边不得设置营业性娱乐场所、酒吧、互联网上网服务营业场所等不适宜未成年人活动的场所。营业性歌舞娱乐场所、酒吧、互联网上网服务营业场所等不适宜未成年人活动场所的经营者，不得允许未成年人进入；游艺娱乐场所设置的电子游戏设备，除国家法定节假日外，不得向未成年人提供。经营者应当在显著位置设置未成年人禁入、限入标志；对难以判明是否是未成年人的，应当要求其出示身份证件。"第五十九条提出："学校、幼儿园周边不得设置烟、酒、彩票销售网点。禁止向未成年人销售烟、酒、彩票或者兑付彩票奖金。烟、酒和彩票经营者应当在显著位置设置不向未成年人销售烟、酒或者彩票的标志；对难以判明是否是未成年人的，应当要求其出示身份证件。任何人不得在学校、幼儿园和其他未成年人集中活动的公共场所吸烟、饮酒。"

5. 网络保护（第64条～第80条）

"网络保护"共十七条，对维护未成年人安全的网络环境做了规定，包括：网络素养、健康网络内容创作与传播、监督检查和执法、可能影响健康的网络信息、沉迷网络的预防和干预、网络保护软件、学校对未成年学生沉迷网络的预防和处理、监护人的网络保护义务、个人信息处理规定以及更正权、删除权、私密信息的提示和保护义务、预防网络沉迷的一般性规定、网络游戏服务提供者的义务、网络直播服务提供者的义务、禁止实施网络欺凌、接受投诉、举报、投诉、举报权、对用户行为的安全管理义务等。

6. 政府保护（第81条～第99条）

"政府保护"涉及十九条，对于政府、基层自治组织未成年人保护工作的落实主体家庭教育指导服务、政府保障未成年人受教育的权利、发展托育与学前教育事业、职业教育及职业技能培训、残疾未成年人接受教育的权利、政府保障校园安全、政府保障校园周边安全未成年人活动场所建设和维护、学校文化体育设施的免费或者优惠开放、卫生保健、传染病防治和心理健康、对困境未成年人实施分类保障、民政部门临时监护、临时监护的具体方式、长期监护的法定情形、民政部门长期监护未成年人的收养、民政部门承担国家监护职责的政府支持和机构建设、建设全国统一的未成年人保护热线、支持社会力量共建未成年人保护平台、违法犯罪人员信息查询系统、培育、引导和规范社会力量参与未成年人保护工作等内容做了规定。

在第八十四条中特别明确："各级人民政府应当发展托育、学前教育事业，办好婴幼儿照护服务机构、幼儿园，支持社会力量依法兴办母婴室、婴幼儿照护服务机构、幼儿园。县级以上地方人民政府及其有关部门应当培养和培训婴幼儿照护服务机构、

幼儿园的保教人员，提高其职业道德素质和业务能力。”

7. 司法保护（第100条～第116条）

“司法保护”涉及十七条，涉及司法机关职责专门机构、专门人员及评价考核标准、未成年人案件中语言、表达方式、个人信息保护、法律援助、司法救助、检察监督公益诉讼、继承权、受遗赠权和受抚养权保护、人身安全保护令、撤销监护人资格、社会调查、法定代理人、合适成年人到场、特定未成年被害人司法保护、同步录音录像等保护措施、违法犯罪未成年人的保护方针和原则、司法机关对未尽保护职责单位的监督、司法机关开展未成年人法治宣传教育、社会组织、社会工作者参与未成年人司法保护、违法等。

8. 法律责任（第117条～第129条）

“法律责任”包括十三条，涉及违反强制报告义务的法律责任、监护人不履行监护职责或者侵犯未成年人合法权益的法律责任、学校等机构及其教职员工的法律责任、未给予免费或者优惠待遇的法律责任、公共场所吸烟及饮酒的法律责任、未按规定招用及使用未成年人的法律责任、密切接触未成年人单位的法律责任、网络产品和服务提供者等的法律责任、国家机关工作人员渎职的法律责任、民事责任、治安管理处罚和刑事责任。在第一百一十九条中明确：“学校、幼儿园、婴幼儿照护服务等机构及其教职员工违反本法第二十七条、第二十八条、第三十九条规定的，由公安、教育、卫生健康、市场监督管理等部门按照职责分工责令改正；拒不改正或者情节严重的，对直接负责的主管人员和其他直接责任人员依法给予处分。”

9. 附则（第130条～第132条）

“附则”包括相关概念的含义、外国人、无国籍未成年人的保护、施行日期。

二、《儿童权利公约》

《儿童权利公约》（*Convention on the Rights of the Child*）适用于全世界的儿童，即18岁以下的任何人。联合国1989年11月20日第44届联合国大会第25号决议通过，是第一部有关保障儿童权利且具有法律约束力的国际性约定，于1990年9月2日在世界生效。1991年12月29日第七届全国人民代表大会常务委员会第23次会议批准了《儿童权利公约》，从此《儿童权利公约》成为我国广泛认可的国际公约。该公约旨在为世界各国儿童创建良好的成长环境。

1. 签订背景

联合国成立以来，儿童的幸福和权利始终是它关心的一个主要问题。联合国最初采取的行动之一就是于1946年12月11日设立了联合国儿童基金会。1948年，联合国大会通过的《世界人权宣言》承认儿童必须受到特殊的照顾和协助。以后，联合国在一般性的国际条约如国际人权公约和专门针对儿童权利的文件，即1959年11月20日的《儿童权利宣言》中都始终强调保护儿童的权利。鉴于《儿童权利宣言》不具有条约法的效力，而给儿童权利以条约法的保障已日益成为必要，尤其是在筹备“国际儿童年”的过程中，这种必要愈加明显。在1978年联合国人权委员会会议上，波兰的亚当·洛帕萨教授（后为公约起草工作组主席）倡议起草儿童权利公约。

2. 起草过程

波兰向联合国大会提交了一份关于儿童权利的公约草案。1979年，联合国人权委员会开始起草儿童权利公约的工作。同年，波兰向人权委员会提交了儿童权利公约草案的修正文本。人权委员会授权一个不固定的工作小组继续就该文本进行工作。1984年，联合国大会要求人权委员会尽一切努力完成公约草案并于1985年提交大会通过。1988年，联合国大会再次要求人权委员会对公约草案工作给予优先考虑，力求于1989年，即为纪念《儿童权利宣言》发表30周年和“国际儿童年”设立10周年之时完成公约全文的拟定工作。1979～1989年的10年间，人权委员会详尽研究了公约草案，并于1989年如期完成了公约的拟定工作，并经由经济及社会理事会提交联合国大会。1989年11月20日，联合国大会通过了本公约。

3. 主要内容

公约共54条。公约将“儿童”界定为“18岁以下的任何人”。公约强调，缔约国应确保其管辖范围内的每一儿童均享受公约所载的权利，不因儿童或其父母或法定监护人的种族、肤色、性别、语言、宗教、政治或其他见解、国籍或社会出身、财产、伤残、出生或其他身份等而有任何差别。

儿童权利公约的前41条主要强调，每一位18岁以下的儿童的人权必须被重视和保护，而且这些权利必须依据公约的指导原则去实践。

儿童权利公约的42～45条，包括政府的义务，如推广公约的原则、公约的实行、透过政府监督进展儿童权利的过程，使大众都能了解，以及公告政府各机关之职责。

最后的46～54条主要包括了经由政府签署及批准之过程和指定联合国秘书长为该公约的保管人。

按照公约的规定，在它生效后6个月成立儿童权利委员会，以审查缔约国在履行根据公约所承担的义务方面取得的进展。缔约国应定期向委员会提交关于它们为实现公约确认的权利所采取的措施以及关于这些权利的享有方面的进展情况的报告。

以小组为单位，通过PPT的形式解读《中华人民共和国未成年人保护法》中与幼儿保育相关的条款。

学习任务二　托幼保育规范

曾经，幼儿园“小学化”的现象特别严重，幼儿园大班的小朋友就要完成繁重的家庭作业，家长也提倡幼儿园多教授孩子一些拼音、算术等知识，这也成为“好幼儿园”的标志。对此现象，你怎么看。

※知识目标

- 了解《托育机构保育指导大纲（试行）》的基本内容、托育机构保育基本原则及各年龄阶段的保育目标与要求。
- 了解《3-6岁儿童学习与发展指南》《幼儿园教育指导纲要》《托儿所幼儿园卫生保健工作规范》的制定背景与意义、基本内容与要求。

※能力目标

- 能够理解托育政策规范的内涵。

※素养目标

- 尊重幼儿的个体差异和身心发展规律。

一、《托育机构保育指导大纲（试行）》

2021年1月12日，为指导托育机构为3岁以下婴幼儿提供科学、规范的照护服务，按照《国务院办公厅关于促进3岁以下婴幼儿照护服务发展的指导意见》（国办发〔2019〕15号）的要求，国家卫生健康委组织制定了《托育机构保育指导大纲（试行）》（国卫人口发〔2021〕2号）。

《托育机构保育指导大纲（试行）》主要分为总则、目标与要求、组织与实施三章。

总则：说明了制定背景、适用范围、托育机构保育的重要性及托育机构保育应遵循的四大基本原则，即尊重儿童、安全健康、积极回应、科学规范。

目标与要求：托育机构保育工作应当遵循婴幼儿发展的年龄特点与个体差异，通过多种途径促进婴幼儿身体发育和心理发展。明确了7～12个月、13～24个月、25～36个月每个阶段的营养与喂养、睡眠、生活与卫生习惯、动作、语言、认知、情感与社会性的保育目标，规范了保育要点并提出了实施建议，具体如表5-1所示。

表5-1 《托育机构保育指导大纲（试行）》目标与要求

内容	目标	指导建议
营养与喂养	1. 获取安全、营养的食物，达到正常生长发育水平 2. 养成良好的饮食行为习惯	1. 制定膳食计划和科学食谱，为婴幼儿提供与年龄发育特点相适应的食物，规律进餐，为有特殊饮食需求的婴幼儿提供喂养建议 2. 为婴幼儿创造安静、轻松、愉快的进餐环境，协助婴幼儿进食，并鼓励婴幼儿表达需求、及时回应，顺应喂养，不强迫进食 3. 有效控制进餐时间，加强进餐看护，避免发生伤害
睡眠	1. 获得充足睡眠 2. 养成独自入睡和作息规律的良好睡眠习惯	1. 为婴幼儿提供良好的睡眠环境和设施，温湿度适宜，白天睡眠不过度遮蔽光线，设立独立床位，保障安全、卫生 2. 加强睡眠过程巡视与照护，注意观察婴幼儿睡眠时的面色、呼吸、睡姿，避免发生伤害 3. 关注个体差异及睡眠问题，采取适宜的照护方式
生活与卫生习惯	1. 学习盥洗、如厕、穿脱衣服等生活技能 2. 逐步养成良好的生活卫生习惯	1. 保持生活场所的安全卫生，预防异物吸入、烧烫伤、跌落伤、溺水、中毒等伤害发生 2. 在生活中逐渐养成婴幼儿良好习惯，做好回应性照护，引导其逐步形成规则和安全意识 3. 注意培养婴幼儿良好的用眼习惯，限制屏幕时间 4. 注意培养婴幼儿良好的口腔卫生习惯，预防龋齿 5. 在各生活环节中，做好观察，发现有精神状态不良、烦躁、咳嗽、打喷嚏、呕吐等表现的婴幼儿，要加强看护，必要时及时隔离，并联系家长
动作	1. 掌握基本的大运动技能 2. 达到良好的精细动作发育水平	1. 在各个生活环节中，创造丰富的身体活动环境，确保活动环境和材料安全、卫生 2. 充分利用日光、空气和水等自然条件，进行身体锻炼，保证充足的户外活动时间 3. 安排类型丰富的活动和游戏，并保证每日有适宜强度、频次的大运动活动。做好运动中的观察及照护，避免发生伤害 4. 关注患病婴幼儿。处于急慢性疾病恢复期的婴幼儿，及时调整活动强度和时间；发现运动发育迟缓婴幼儿，给予针对性指导，及时转介
语言	1. 对声音和语言感兴趣，学会正确发音 2. 学会倾听和理解语言，逐步掌握词汇和简单的句子 3. 学会运用语言进行交流，表达自己的需求 4. 愿意听故事、看图书，初步发展早期阅读的兴趣和习惯	1. 创设丰富和应答的语言环境，提供正确的语言示范，保持与婴幼儿的交流与沟通，引导其倾听、理解和模仿语言 2. 为不同月龄婴幼儿提供和阅读适合的儿歌、故事和图画书，培养早期阅读兴趣和习惯 3. 关注语言发展迟缓的婴幼儿，并给予个别指导

续表

内容	目标	指导建议
认知	1. 充分运用各种感官探索周围环境，有好奇心和探索欲 2. 逐步发展注意、观察、记忆、思维等认知能力 3. 学会想办法解决问题，有初步的想象力和创造力	1. 创设环境，促进婴幼儿通过视、听、触摸等多种感觉活动与环境充分互动，丰富认识和记忆经验 2. 保护婴幼儿对周围事物的好奇心和求知欲，耐心回应婴幼儿的问题，鼓励自己寻找答案 3. 在确保安全健康的前提下，支持和鼓励婴幼儿的主动探索
情感与社会性	1. 有安全感，能够理解和表达情绪 2. 有初步的自我意识，逐步发展情绪和行为的自我控制 3. 与成人和同伴积极互动，发展初步的社会交往能力	1. 观察了解每个婴幼儿独特的沟通方式和情绪表达特点，正确判断其需求，并给予及时、恰当的回应 2. 与婴幼儿建立信任和稳定的情感联结，使其有安全感 3. 建立一日生活和活动常规，开展规则游戏，帮助婴幼儿理解和遵守规则，逐步发展规则意识，适应集体生活 4. 创造机会，支持婴幼儿与同伴和成人的交流互动，体验交往的乐趣

组织与实施：对托育机构实施保育的场所、托育机构负责人职责、托育机构保育人员职责、保育工作要求、托育机构管理要求、托育机构应当与家庭和社区密切合作等提出规范。

二、《3-6岁儿童学习与发展指南》

1. 制定背景

为深入贯彻《国家中长期教育改革和发展规划纲要（2010—2020年）》和《国务院关于当前发展学前教育的若干意见》（国发〔2010〕41号），指导幼儿园和家庭实施科学的保育和教育，促进幼儿身心全面和谐发展，制定了《3-6岁儿童学习与发展指南》（以下简称《指南》）。2006年开始，专家组分析比较13个国家早期儿童学习与发展指南的相关内容，用两年时间广泛征求幼儿园园长、教师和家长的意见，在全国东中西部抽取3600名幼儿及其家长作为测查对象。正式文本出台前，先后两次面向各省（区、市）教育行政部门和有关师范院校征求意见，又在教育部门户网站面向社会公开征求意见，于2012年10月9日由教育部正式颁布，目的是为防止和克服学前教育“小学化”现象提供具体方法和建议。

2. 基本理念

《指南》强调以下教育理念。

（1）幼儿是积极主动的学习者

促进幼儿学习与发展最重要的是要为幼儿创造机会和条件，注重激发和保护幼儿的求知欲和学习兴趣，调动幼儿学习的积极性和主动性，鼓励、支持和引导幼儿去主动探究和学习。

（2）珍惜童年生活的独特价值

要充分认识生活和游戏对幼儿成长的教育价值，把握蕴含其中的教育契机，让幼儿在一日生活中，在与同伴和成人的交往中感知体验、分享合作、享受快乐。

（3）尊重幼儿的学习方式和学习特点

要最大限度地满足和支持幼儿通过直接感知、实际操作和亲身体验获取经验的需要，严禁"拔苗助长"式的超前教育和强化训练。

（4）尊重幼儿发展的个体差异

幼儿的学习方式和发展速度各有不同，在不同学习与发展领域的表现也存在明显差异。孩子年龄越小，个体差异就越明显。成年人不应当要求孩子在同一时间达到相同的水平，应允许幼儿按照自身的速度和方式到达《指南》所呈现的发展"阶梯"。

（5）重视家园共育

强调家庭教育对幼儿终身学习和发展的重要影响，倡导建立良好的亲子关系，创设平等、温馨的家庭环境，注重家长对孩子的言传身教和潜移默化的影响，要营造家园共育的氛围。

3. 重要意义

1）《指南》是加强科学保教，推进学前教育管理的科学化、规范化的重要举措。

2）贯彻《指南》是提高幼儿园教师专业素质和实践能力，全面提高学前教育质量的一项紧迫任务。

3）贯彻《指南》，有利于防止和克服"小学化"倾向。

4. 主要内容

《指南》分为说明和正文部分，正文从健康、语言、社会、科学、艺术五个领域描述幼儿学习与发展，分别对3～4岁、4～5岁、5～6岁三个年龄段末期幼儿应该知道什么、能做什么，大致可以达到什么发展水平提出了合理期望。同时，针对当前学前教育普遍存在的困惑和误区，为广大家长和幼儿园教师提供了具体、可操作的指导和建议。

表5-2是《指南》五大领域、子领域及对应的具体目标。

表5-2 《指南》五大领域、子领域及对应具体目标

五大领域	子领域	具体目标
健康	身心状况	1. 具有健康的体态 2. 情绪安定愉快 3. 具有一定的适应能力
	动作发展	1. 具有一定的平衡能力，动作协调、灵敏 2. 具有一定的力量和耐力 3. 手的动作灵活协调

续表

五大领域	子领域	具体目标
健康	生活习惯与生活能力	1. 具有良好的生活与卫生习惯 2. 具有基本的生活自理能力 3. 具有基本的安全知识和自我保护能力
语言	倾听与表达	1. 认真听并能听懂常用语言 2. 愿意讲话并能清楚地表达 3. 具有文明的语言习惯
	阅读与书写习惯	1. 喜欢听故事，看图书 2. 具有初步的阅读理解能力 3. 具有书面表达的愿望和初步技能
社会	人际交往	1. 愿意与人交往 2. 能与同伴友好相处 3. 具有自尊、自信、自主的表现 4. 关心尊重他人
	社会适应	1. 喜欢并适应群体生活 2. 遵守基本的行为规范 3. 具有初步的归属感
科学	科学探究	1. 亲近自然，喜欢探索 2. 具有初步的探究能力 3. 在探索中认识周围事物和现象
	数学认知	1. 初步感知生活中数学的有用和有趣 2. 感知和理解数、量及数量关系 3. 感知形状与空间关系
艺术	感受与欣赏	1. 喜欢自然界与生活中美好的事物 2. 喜欢欣赏多种多样的艺术形式和作品
	表现与创造	1. 喜欢进行艺术活动并大胆表现 2. 具有初步的艺术表现与创造能力

《指南》提供的幼儿学习与发展目标和典型表现是家长和教师观察了解幼儿的参照，但不是评价和衡量幼儿发展快与慢、好与差的“标尺”，不能简单地对照指标评判幼儿，更不能将《指南》作为分领域训练的“清单”，为追求“达标”而对幼儿进行强化训练。《指南》有助于帮助家长和教师根据每个幼儿的特点，确定适合其身心状况的合理发展目标，但《指南》中的各学习与发展目标不能简单、直接地用作幼儿园的具体教育活动目标和活动内容，应该根据幼儿的兴趣和需要，制定有针对性的活动目标，选择活动内容，提供丰富、适宜的玩教具和游戏材料，并善于把握蕴含其中的教育契机，促进每个幼儿在原有水平上的发展。要从促进幼儿全面发展的角度，理解和运用《指南》各领域的目标及要求，注重各领域之间和目标之间的相互渗透和整合，促进幼儿身心健康协调发展，绝不能片面强调和追求幼儿在某一方面和几个方面的发展。

三、《幼儿园教育指导纲要（试行）》

为进一步贯彻第三次全国教育工作会议和全国基础教育工作会议精神，落实《国务院关于基础教育改革与发展的决定》，推进幼儿园实施素质教育，全面提高幼儿园教育质量。教育部于2001年颁布并实施了《幼儿园教育指导纲要（试行）》（以下简称《纲要》)。《纲要》分为四个部分，即总则、教育内容与要求、组织与实施、教育评价。

1. 总则

总则分为五条，对制定《纲要》的依据、原因、目的，幼儿园的性质、任务，幼儿教育的外部原则，幼儿教育的自身特点，幼儿教育的内部原则做了规定。

其中，第二条指出幼儿园教育的性质是“基础教育的重要组成部分，是我国学校教育与终身教育的奠基阶段”，任务是“为幼儿一生的发展打好基础”。

第三条指出幼儿教育的外部原则是“应与家庭、社区密切合作，与小学互相衔接，综合利用各种教育资源，共同为幼儿的发展创造良好的条件”。在更新教育资源基础上充分利用自然、家庭、社区等外部资源。

第四条强调幼儿教育与小学教育不同，其自身特点是“幼儿园应为幼儿提供健康、丰富的生活和活动环境。满足他们多方面发展的需要，使他们在快乐的童年生活中获得有益于身心发展的经验”，强调在环境中学习，在生活中学习，在一日活动中学习。

第五条对幼儿教育的内部原则做出规定：“幼儿园教育应尊重幼儿的人格和权利，尊重幼儿身心发展的规律和学习特点，以游戏为基本活动，保教并重，关注个别差异，促进每个幼儿富有个性的发展。”

2. 教育内容与要求

幼儿园的教育内容是全面的、启蒙的，《纲要》将幼儿学习的范畴按学习领域的维度划分为健康、语言、社会、科学、艺术五个领域，每一领域均包含目标、内容与要求和指导要点三个部分，各部分的功能有所侧重。

3. 组织与实施

本部分内容共十一条，对幼儿园的组织与实施的根本原则，幼儿园活动的含义，教育活动组织与实施的基本原则，组织与实施中各方面的原则，包括教育活动的目标、内容、形式、环境创设、一日生活、幼儿教师在活动的组织与实施中的角色和作用以及衔接等问题进行了阐释。

十一条条目体现了以下几个理念：①充分尊重幼儿的权力；②尊重教师的创造；③尊重幼儿的学习特点、发展水平、个性特征等方面的差异；④尊重幼儿身心发展的客观规律。

4. 教育评价

教育评价共八条，对教育评价的功能、幼儿园教育评价的主题、幼儿园教育评价的内容的内涵及原则、幼儿园教育评价的方法、幼儿园教育评价的主要内容、评价的重点、幼儿园发展评价的原则等问题进行了阐释。

《纲要》在教育评价中提出了评价的发展性、合作性、标准性和多元性以及多角度、多主体、多方法、重视过程、重视差异、重视质性研究等原则，明确了评价的目的是了解教育的适宜性、有效性，调整和改进工作，为了幼儿的发展、教师的反思性成长和提高教育质量。幼儿园教育评价并不是用于筛选、排队，更不是用于给幼儿贴标签，在评价时应避免用划一的标准评价不同的幼儿，在幼儿面前慎用横向比较，多用纵向比较，以维护幼儿的自尊和自信。

四、《托儿所幼儿园卫生保健工作规范》

托幼机构卫生保健工作是公共卫生的一个领域，是我国儿童保健服务的一个重要方面。为贯彻落实《托儿所幼儿园卫生保健管理办法》（卫生部教育部令第76号），加强托儿所、幼儿园卫生保健工作，切实提高托幼机构卫生保健工作质量，1985年2月，卫生部颁发《托儿所、幼儿园卫生保健制度》，2012年5月9日，卫生部在此基础上根据社会变化进行了修订，并已印发《托儿所幼儿园卫生保健工作规范》（卫妇社发〔2012〕35号）。该《工作规范》分卫生保健工作职责、卫生保健工作内容与要求、新设立托幼机构招生前卫生评价、附件四部分。

简要介绍《托育机构保育指导大纲（试行）》《3-6岁儿童学习与发展指南》《幼儿园教育指导纲要》和《托儿所幼儿园卫生保健工作规范》的主要内容。

拓展学习

楠楠是大一班出了名的调皮孩子，他经常在户外活动时打小朋友，区域活动时破坏小朋友的作品，午休时将女孩儿的辫子和床绑在一起……小朋友都躲着他，同伴也经常向老师告状。邢老师把这一切看在眼里，决心帮助楠楠。

一天，邢老师把一个漂亮的画本递给楠楠说道：“老师送给你一个礼物，我想从今天开始把你的表现记在这个本子上，它的名字叫‘楠楠记录册’。”邢老师翻开画册，写上日期，接着边画边给楠楠讲解着：“今天老师给小朋友晒被子，楠楠帮助老师收了很多被子，是一个爱劳动、热心、为小朋友着想的好孩子。”楠楠笑着问道："这是表扬我吗？"邢老师肯定地答道："是的！"楠楠眼里闪出了光亮。邢老师摸着楠楠的头说："我以后会经常把你的表现记在'楠楠记录册'上，希望记的都是好的事，你愿意吗？"楠楠使劲地点头。

就这样，邢老师抓住时机记录楠楠一切良好的行为表现，宽容他的一些小过失，让他充分感受到老师对他的信任和重视。渐渐地，楠楠变得自信、守规则、会关心人了。

请结合材料，从儿童观的角度评析邢老师的教育行为。

案例分析：

邢老师的教育行为是正确的，遵从了"育人为本"的儿童观的要求。

"育人为本"的儿童观认为儿童是发展中的人。教师应相信每个儿童都是可以积极成长的，应对每一位儿童充满信心。材料中，尽管楠楠身上有很多不好的习惯，但是邢老师并没有放弃对他的培养，而是用发展的眼光看待楠楠，用记录册的方式对其进行教育，帮助他改正不良行为习惯。

"育人为本"的儿童观认为儿童是独特的人。每个儿童身心发展的速度各不相同，教师应将儿童看成独特的个体，因材施教，促进儿童全面发展。材料中，邢老师因材施教，用"楠楠记录册"的方式引导他改掉坏习惯，养成好习惯，变成自信、守规则、会关心人的好孩子。

"育人为本"的儿童观认为儿童是学习的主体。儿童在学习活动中是认识的主体、实践的主体和发展的主体，是学习的主人。教师需要树立儿童在教育过程中的主体地位，充分地调动儿童的主观能动性。材料中，邢老师采用记录的方法强化楠楠好的行为，调动了其学习的主动性和积极性，使其在自我改变的过程中体验到被表扬的快乐，慢慢地改掉了自身的坏习惯。

因此，教师要结合"育人为本"的儿童观，积极地促进儿童的全面发展。

第六章　国外托幼机构工作简介

第一节　日本托幼机构工作简介

日本东京于2001年5月正式实施认证保育所制度，鼓励企业举办托育机构，促进企业者间的竞争，满足社会多样化的保育服务需求，创设一种新的保育所形式，即认证保育所。本节以东京都的认证保育所为例，学习日本托幼机构工作内容。

《东京都认证保育所事业实施纲要》（以下简称《纲要》）的出台旨在提高被认证的保育所的服务水平，增加儿童福利。认证保育所分为A型和B型两种，其中A型认证保育所接收0岁至学龄前的儿童，B型认证保育所接收0～2岁的婴幼儿。本节主要对B型认证保育所的相关标准进行介绍。

※本节知识导图

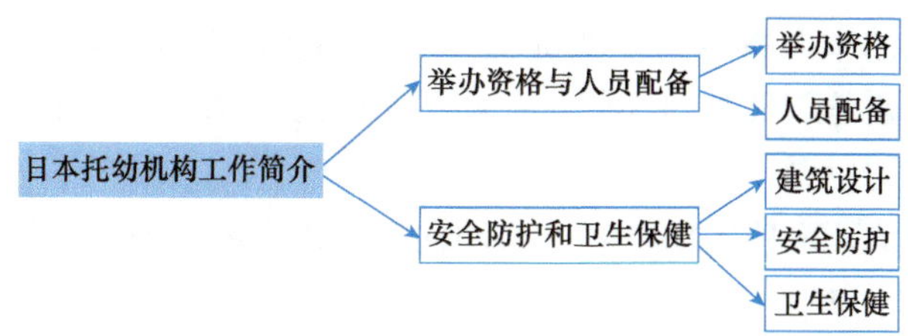

学习任务一　东京都认证保育所的举办资格与人员配备

※知识目标

- 了解日本东京都认证保育所的举办资格。
- 了解日本东京都认证保育所的人员配备要求。

※能力目标

- 能够介绍日本东京都B型认证保育所的举办资格和人员配备要求。

※素养目标

- 了解日本保育工作的相关知识，拓展学生国际视野。

一、东京都认证保育所的举办资格

《纲要》对保育所举办者的条件进行了明确规定，此外，从保育所最初的认证到后续的监督、改善指导及建议、取消认证等流程，文件中也有相应要求。

1. 举办者条件

B型认证保育所的举办主体为民间事业者，举办者需要符合以下几点要求：一是符合经营认证保育所规定的应该具有的经济基础；二是能够持续圆满地从事该事业；三是不存在作弊或不诚实等情况；四是财务合理；五是新设立认证保育时，不存在失去其他权利资格的情况。

2. 认证程序

当有下列申请时，知事（该行政区域的最高行政长官）经审查，对保育所进行认证或取消认证。

（1）认证申请

想要接受认证的举办者需向知事提交《东京都认证保育所设置申请书》。此外，B型认证保育所的认证是以日本的《儿童福利法》的第59条第2款作为申报依据的。

（2）重要事项的变更

想要变更重要认证事项的举办者，必须向知事提交内容变更的报告。

（3）废止或休止申请

想要废止或休止认证保育所的举办者，必须向知事提交《东京都认证保育所废止（休止）申请书》。

3. 听取意见

知事认为，有必要时可向区长、市长、町长、村长听取意见。

4. 发放认证书

通过认证后，知事会发放《东京都认证保育所认证书》，并在易于查看的地方进行公示。

5. 监督

举办者必须根据日本的《儿童福利法》等，接受东京都及区、市、町、村的指导监督。指导监督按另外规定的标准进行。

（1）事业报告

知事应要求举办者将记载有保育所的运营状况等必要事项的事业报告，通过书面形式提交。报告每年一次，并在规定的时间期限内提交。

当发生下列事项时，举办者应迅速向知事及该认证保育所所在地的区长、市长、町长、村长进行报告。

第一，发生死亡案件、重伤事故案件、食物中毒案件等重大事故。

第二，若有日托时间24小时且每周5天以上的婴幼儿，应当登记该婴幼儿的姓名、住址及家庭状况等。

除了上述情况之外，知事及该认证保育所所在地的区长、市长、町长、村长，认为有必要时，可随时要求保育所提交报告。

（2）入所调查

知事应根据制定的计划，原则上令其职员以每年至少一次的频率，定期进入认证保育所及其事务所对其设施设备、运营情况及举办者进行必要的调查。同时，知事根据需要，可以从保育工作者、其他职员及婴幼儿监护人等处了解情况。

除了事业报告应以书面形式通知之外，知事认为必要时可以随时令其职员不经事先通知而直接对认证保育所及其事务所进行特别入所调查。

入所调查的指导监督组由2名以上认证保育所指导监督管理部或事业管理部的职员组成，并根据其他需要增加保育员、儿童福利司人员、儿童心理司人员、儿童指导员、保健师、护士、医生等专业人员。

根据上述规定，入所调查的职员必须携带根据《儿童福利法施行规则》拟定的身份证明证书。

入所调查时，可要求区、市、町的工作人员参加，并根据需要要求相关机构参加。

入所调查时，可口头传达必要的建议和指导等。

知事根据另外规定的标准，对入所调查的结果进行评价。

6. 改善指导及建议

（1）改善指导

根据入所调查的结果，被认定为“有必要进行改善”的认证保育所的举办者，应根据文件附加的报告期限对保育所进行改善，并根据文件要求对改善的状况及计划提交书面报告。

（2）改善劝告

知事在执行改善指导后，若该保育所无法改善或者没有改善（包括超过报告期限仍未报告的情况），知事可对举办者提出改善劝告。

为确保儿童福利，当出现下列紧急情况，知事可以不经改善指导环节直接对举办者发出改善劝告。

第一，出现明显不妥的保育内容和保育环境布置的情况。

第二，出现对婴幼儿的安全有影响的情况。

第三，出现其他事关儿童福利的需要特别注意的情况。

改善劝告应通过书面形式，附上提交报告的期限发出，举办者应以书面形式提出改善的情况及计划报告。

当举办者对改善的情况及计划做了报告后，知事为确认其改善的情况，应进行特别入所调查。另外，在过了报告期限仍没有提交报告的情况下，知事也应进行特别入所调查。

举办者接到改善劝告却不予执行时，知事可以公布其情况。

7. 东京都及区、市、町、村的调查

举办者除接受规定的指导监督外，还应遵守东京都及区、市、町、村制定的《认证保育所运营费等补助金交付纲要》。有关东京都及区、市、町、村认证保育所事业的各项规程中的标准等内容，当东京都及区、市、町、村要求举办者提供必要的报告及调查（包括入所调查）时，举办者必须遵从。

8. 取消认证

若出现以下任一情况，知事可取消认证。

第一，保育内容和设施设备等存在重大过失。

第二，通过伪造或其他不正当手段取得。

第三，没有正当理由却拒绝接受指导监督。

第四，无视改善劝告，情况没有得到改善或不遵从改善劝告。

第五，有其他应当取消认证的情况。

二、东京都认证保育所的人员配备

B型认证保育所规定接收的婴幼儿数为6～29人，且需要设定可接受0岁婴儿的数量。保育所原则上应在规定人数的范围内进行保育，但当符合《纲要》规定的设备、面积及职员配置等标准时，也可以超出规定人数进行保育。但在过去5年连续超出规定人数，各年度的年平均在所率（该年度内每月第一天的在所人员总数除以每月第一天的应到全体人员数）超过120%时，保育所应根据实际情况对规定人数进行调整。

1. 从业人员配置标准

从业人员的人数应以保育所的全职员工的人数为参考，但是当满足以下全部条件时可以不限于此。

第一，保育工作职员有60%以上为全职员工。

第二，举办者对于全职员工以外的职员也有指挥命令权。

第三，分配非全职员工时，非全职员工的总工作时间超过全职员工的总工作时间。

保育从业人员的最低人数标准为：0岁婴儿每3名需要1人以上人员照护，1～2岁的幼儿每6名需1人以上人员照护。

全所需要的保育人员总数计算方法如下：规定接收的婴幼儿数分别除以“必要保育工作职员数”规定的根据婴幼儿的年龄对应的保育工作职员数，保留小数点后1位，把四舍五入所得的各数量相加。用公式表述如下：

全所需要的保育从业人员数

=（0岁婴儿数×1/3）+［（1岁幼儿数+2岁幼儿数）×1/6］

在开所时间内，保育所针对目前在机构中的婴幼儿，按以上规定的配置标准，配置规定数目以上的保育从业人员。另外，在开所时间内，保育所必须配置2名以上的保育工作职员，其中包括1名以上的全职员工。

保健师、助产师及护士可视为具有与保育员同等专业性的人员。

2. 所长

第一，设置独立所长。

所长是指满足下列条件或者知事认为合适的人。

作为保育员在以下的机构中每天工作6小时以上且每月 20天以上、在同一机构中持续工作一年以上的经历：①婴幼儿福利机构；②《纲要》认证的保育所；③经《保育所运营事业实施纲要》认定接受东京都财政补助的机构；④《小规模保育设施促进支援事业实施纲要》规定的小规模保育机构。

第二，当只运营一所认证保育所时，允许所长兼任机构运营者。

第三，当多个机构满足以下条件时，允许仅运营一所认证保育所的所长兼任其他机构代表人：①在该认证保育所开设后开设；②该认证保育所的管理运营不会受到影响；③有必要的体制确保不影响其他事业的实施。

3. 厨师和保健医

规定人数为40人及以下的保育所应配置1名厨师，规定人数为41人及以上的保育所应配置2名以上厨师。但是，若保育所将供餐业务委托给第三方，保育所内的烹调室仅用于烹调时，可以不设置厨师。

请与同学说说日本东京都认证保育所的人员配备要求。

学习任务二 东京都认证保育所的安全防护和卫生保健

※知识目标

- 了解日本东京都认证保育所的安全防护要求。
- 了解日本东京都认证保育所的卫生保健要求。

※能力目标

- 能够介绍日本东京都认证保育所的安全防护和卫生保健要求。

※素养目标

- 通过对比我国与日本在保育相关工作方面的异同，培养多元开放思维。

一、建筑设计

认证保育所的结构及设备必须充分注意采光、换气、卫生保健等方面符合以下要求，以此来保障保育所的稳定运营。

1. 基础设备、面积等

0～1岁婴儿的婴儿室或爬行室的面积为人均2.5平方米以上，2岁以上幼儿的保育室或游戏室的面积为人均1.98平方米以上。在户外游戏场地方面，认证标准并未作出要求。医务室具有静养的功能，可与办公室等兼用。保育所应避免婴幼儿从保育室轻易进入厨房，应将厨房独立划分出来，并且其面积、设备应该与规定人数相对应。厕所供保育室专用，里面还配备了专用的洗手设备，并与保育室及厨房划分开来，确保婴幼儿可安全使用厕所。厕所的数量应满足每20名婴幼儿至少有1个。

2. 用具等

保育室或游戏室内应配备必需的玩具，医务室应常备必备的医药品等。

3. 位置

婴儿室、爬行室、保育室、游戏室以及医务室（以下简称“保育室等”），若没有特别的理由的话，最好设置在1楼。

二、安全防护

在遭遇火灾等紧急情况下，保育所应为婴幼儿设立有效的避难位置，保育所应设置两处双向的紧急出口。当保育室等设置在1楼或者屋顶设置户外游乐场时，也要确保设置双向的避难路径。

若保育室等设置在2楼及以上，表6-1根据保育室的不同楼层，对设施和设备的要求作出了规定。

表6-1　不同楼层保育室设施和设备的要求

<table>
<tr><th>楼层</th><th>区分</th><th>设施和设备</th></tr>
<tr><td rowspan="2">2楼</td><td>常用</td><td>1. 室内楼梯
2. 户外楼梯</td></tr>
<tr><td>避难用</td><td>1. 符合《建筑基准法施行令》相关规定构造的室内楼梯
2. 能有效避难的阳台
3. 符合《建筑基准法施行令》规定的耐火构造的户外斜坡或类似设备
4. 户外楼梯</td></tr>
<tr><td rowspan="2">3楼</td><td>常用</td><td>1. 符合《建筑基准法施行令》相关规定构造的室内楼梯
2. 户外楼梯</td></tr>
<tr><td>避难用</td><td>1. 符合《建筑基准法施行令》相关规定构造的室内楼梯
2. 符合《建筑基准法施行令》规定的耐火构造户外斜坡或类似设备
3. 户外楼梯</td></tr>
<tr><td rowspan="2">4楼及以上</td><td>常用</td><td>1. 符合《建筑基准法施行令》相关规定构造的室内楼梯
2. 符合《建筑基准法施行令》相关规定构造的户外楼梯</td></tr>
<tr><td>避难用</td><td>1. 符合《建筑基准法施行令》相关规定构造的室内楼梯（仅限于从1楼到设有保育室等楼层的部分）
2.《建筑基准法施行令》规定的耐火结构的户外斜坡
3.《建筑基准法施行令》相关规定构造规定的户外楼梯</td></tr>
</table>

第一，设施和设备应设置在能有效避难的位置，并且该避难位置与保育室等各个房间的步行距离应在30米以内。

第二，认证保育所的厨房应具有《建筑基准法》规定的防火地板或墙壁，或具有符合《建筑基准法》规定的防火设备。在这种情况下，换气、取暖或空调设备的风道在地板下或墙壁内的部分或靠近该部分的地方都应安装具有消防功能的减震器。此外，应根据烹饪用具的种类设置有效的自动灭火装置，并采取必要措施防止火势蔓延到厨房外。

第三，认证保育所的墙壁及天花板室内面部分应使用不可燃材料。

第四，保育室等其他婴幼儿出入或者通行的地方应设有防止婴幼儿坠落的设备。

第五，安装有紧急警报器具或紧急警报设备及向消防机关报警的设备。

第六，认证保育所的窗帘、地毯、门窗等可燃性物品应进行防火处理。在设立认证保育所时，举办者应在符合《建筑基准法》规定的建筑物内开设保育所。但是，当对现有建筑进行改建，设立200平方米以下的认证保育所时，应提交由一级建筑师开具的符合保育所标准的文件。

举办者应向知事提交根据《认证保育所的室内化学物质对策实施基准》进行测试，并将测定结果及对策状况向知事报告，安全性得以确保后方可开设。

设立的认证保育所应符合下列条件中的任一项，举办者应提供客观证明该事实的文件。

第一，根据《建筑基准法施行令》新耐震基准修建的建筑物。

第二，根据《为促进建筑物的抗震诊断及抗震修复的基本方针》（平成十八年国土交通省告示第184号）制定的方法进行耐震诊断，数值达标的建筑物。

在确定认证保育所的设立场所之前，举办者应向主管的消防署就安全的避难方法等进行协商和指导。

三、卫生保健

东京都出台的《纲要》对幼儿的饮食健康方面进行了规定，提供的食物原则上应该由认证保育所内的厨师在所内进行烹饪。

《纲要》中提到，在运输卫生达到要求，并满足下列五点要求的情况下，可以采用外部供餐的方式向认证保育所内3岁以上幼儿提供食物。虽然B型认证保育所仅接收0～2岁婴幼儿，但此处也对外部运输提供食物的方式予以介绍，以供参考。

当采用外部供餐的方式提供食物时，除去接受外部运输食物的幼儿外，认证保育所应将其余幼儿按年龄段区分，按规定进行厨师的配置，具体要求如下。

第一，负责向幼儿提供食物的该认证保育所的管理者，在卫生、营养等业务上要确认与受托人签订的合同内容，确保其能履行注意事项并完成烹饪业务。

第二，该认证保育所从其他机构订餐时，其菜单要从营养的角度接受营养师必要的指导。

第三，负责烹饪工作的人，应充分了解该认证保育所的饮食宗旨，并具有注意卫生、营养的烹饪业务的能力。

第四，执行烹饪业务的人可以根据幼儿的年龄、发育阶段以及健康状态选择适合的饮食，为有过敏、特应性反应等情况的幼儿提供特殊照料。

第五，认证保育所应从“通过食物来健康育儿”这一观点出发，根据幼儿的发育特点及水平，制订饮食计划并提供饮食。

请说一说日本东京都认证保育所对卫生保健的要求。

第二节　美国托幼机构工作简介

自20世纪60年代以来，提高质量成为美国早期教育发展的焦点和主题。为全面提高早期教育质量，1964年，美国联邦政府推出了针对弱势贫困儿童及家庭进行教育补偿的开端计划，改善其在教育、工作、卫生、保健等社会服务方面受到的不公平的待遇。随后服务对象逐渐扩大到非贫困儿童，到90年代，美国政府又重新对开端计划进行了拓展和创新，将开端计划的年龄段向下延伸，推出了为3岁以下婴幼儿提供服务的早期开端计划（Early Head Start），以及一系列的家庭服务项目。2011年，制定了《开端计划家长、家庭与社区共同参与框架》（*The Head Start Parent，Family and Community Engagement Framework*），为所有参加开端计划的服务机构、家庭和社区提供基于研究的、有组织的、行之有效的参考。美国也十分重视对早期教育质量的评估，在联邦政府层面制定了多种服务标准和保障政策，各学术团体和协会组织等研发了多样化的早期教育质量保障体系，同时，联邦政府、州政府与科研院所或学术机构合作，构建了一批全国性或地方性的早期教育质量保障和评价体系。

其中，加利福尼亚州（以下简称加州）作为开展较早、发展较为完善的先行地区，出台了《加州儿童托育中心许可证管理要求》（*California Child Care Center Licensing Regulation Highlights*）、《儿童托育中心一般许可要求》（*Child Care Center General Licensing Requirements*）等托育机构服务标准，在依托社区进行公共托育服务的建设方面积累了许多先进经验，本节以美国加州为例，梳理了加州社区托育中心的设置标准。

※本节知识导图

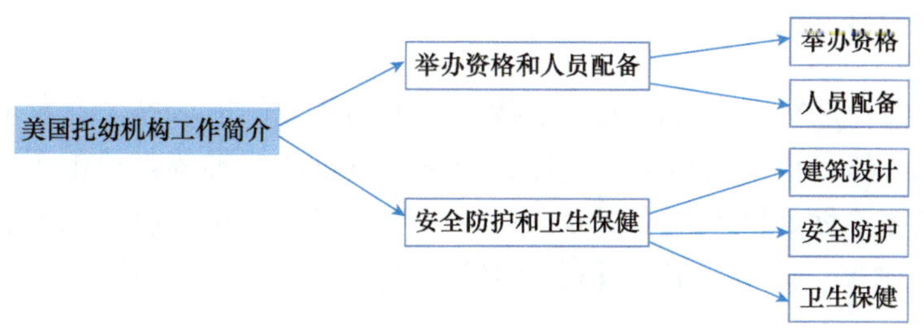

学习任务一　美国托幼机构的举办资格和人员配备

※知识目标

- 了解美国加州托幼机构的举办资格。
- 了解美国加州托幼机构的人员配备要求。

※能力目标

- 能够介绍美国加州托幼机构的举办资格和人员配备要求。

※素养目标

- 了解美国加州保育工作的相关知识，拓展学生国际视野。

一、举办资格

加州社区托育中心由社会服务部门负责和管理，依据婴幼儿年龄和状态的不同，分为婴儿看护中心、学步儿看护中心、幼儿看护中心、学龄儿童看护中心和轻度生病儿童看护中心5种类型。其中，针对0～3岁婴幼儿的托育中心主要为婴儿看护中心以及学步儿看护中心，婴儿看护中心招收0～24个月的婴幼儿，学步儿看护中心招收18～30个月的幼儿。依据《加州儿童托育中心许可证管理要求》《儿童托育中心一般许可要求》的相关规定，每种类型的托育中心都应有独立经营许可证，个人、社会团体、企业或者其他政府单位等都可以申请提供社区托育服务。加州社会服务部门在州内各地设有14处负责管理及发放许可证的区域办公室，区域办公室直接负责各托育中心的审批和日常管理工作。个人、社会团体、企业或者其他政府单位等申请举办托育中心，一般要经历筹划与准备、提交申请材料、情况核实、审批与指导4个阶段。

1. 筹划与准备

在申请开办社区托育中心之前，申请人必须到当地的区域办公室获取一份社区托育中心的申请手册，该手册对申请程序、方法、审批的标准等都给予了详细说明。申请人需要按此要求做好资产证明以及人员、卫生、安全等申报材料的准备。同时，申请人要向来自建筑、消防、卫生保健等部门的专业人员请教，或者请他们实地考察，制订社区托育中心的建筑设计计划。

2. 提交申请材料

申请材料包括申请表格和支持性材料。申请表格涵盖了申请人的基本信息、申请人的财务状况、所有工作人员的基本信息、人事情况、托育中心的组织与经营状况、紧急情况处理等基本规划。具体包括以下15份材料。

许可证表：该表用来确认申请人和申请许可证的设施类型，内容涉及申请人的姓名，设施的名称、地址、种类、开放时间，办学规模，招收儿童的年龄范围等项目。

申请人信息表：该表用来确认申请人的身份，内容包括申请人姓名、对该机构投资的种类和份额、已参与的职业协会或技术协会等项目。

责任委派表：审批机构凭此确定社区托育中心的实际负责人。

健康屏障报告表：该表要证明持证人或托育中心负责人身体健康，能有效履行工作要求的职责。该表包括两部分，第一部分由持证人或托育中心负责人填写，第二部分由内科医生填写，确保负责人身体健康。

管理组织表：审批机构凭此表认定该公司内部管理的组织结构。

人事报告表：该表要注明专业人员的数量，社区托育中心运营的所有时间内的人员安排和岗位衔接。该表包括社区托育中心的所有人员的名册，所有人员包括候补人员、志愿人员、管理人员等。

人事记录表：该表是受聘员工的个人材料，员工个人填写完毕后，由社区托育中心自己归档保存。审批机关可自由查取信息，并且社区托育中心要把任何人事变化及时上报审批机关备案。人事记录的内容包括员工个人的年龄、住址、职位、在岗时间、工作经历、受教育情况、修完的课程、专业和技术资格等。

犯罪记录陈述表：按加州法律规定，社区托育中心的任何人都必须留下指印并公开任何的犯罪记录，包括犯罪的指控和判决。

月经营陈述表：该表要反映社区托育中心的所有收入，内容包括儿童的数量、平均缴费和缴费总额、其他经营活动的收入、各种投资和赞助等。

收支表：该表记录了社区托育中心的所有资产和债务，以便审批机构评估申请人的收支平衡状况。收支表的内容包括机构的资产、负债与结算。机构的资产包括流动资产和固定资产两类。

财务信息的发布和证实表：该表分三部分，分别由不同责任人或机构填写。第一部分由申请人填写，第二部分由审批机关填写，第三部分是银行或金融机构提供的有关申请人和其儿童看护中心的财务信息。

紧急灾难计划表：该计划表是由申请人提出的使机构能够处理任何意外事故，保障每一位婴幼儿安全和福利的计划表。该计划表包括紧急事件中任务的指派，各种急救机构的名称和电话号码，机构的紧急出口，婴幼儿临时安置地，水、电、煤、气等用具的开关，第一急救用具箱及搁置点，防火设备及搁置点等的说明。

地震准备检查清单表：该表是为预防地震而提出的表格，内容包括活动室和整个机构潜在危险的消除。

设施草图：要绘制出一份室内和户外的空间草图。室内图要标出房间的尺寸、用途、门的开向、卫生间和盥洗池的数量与地点；户外图要标出户外的所有建筑和设施，如跑道、栅栏、花园等。

当地的火检权威信息表：任何申请照护尚未学会走路、残疾或有特殊需要的婴幼儿的社区托育中心都必须填写此表，向审批机关提供中心所在地负责火检机构的联系方式，以便审批机关能从该火检机构处获得一份防火安全报告。

除提交以上申请材料外，申请人还要提供支持性材料，以作为证明如上填写内容的真实性的凭据，材料如下。

伙伴协议、联合条款和组织条款：这些文件让证书发放机构了解社区托育中心的资产来源和机构各项工作的实际负责人。

管理人员和现场负责人的任职资格：包括文凭的副本以及能证明其具有职责要求的经验的介绍信。

工种描述：对每一种工作岗位的描述，内容包括工作的责任和义务、所需的最低资格、特定的证书、许可证、技能要求、监督方式等。

人事政策：主要是社区托育中心内部人事管理方面的操作方法和共同性规定，如员工的规模、资格、工作日程、应聘条件、工资待遇等。

员工的在职培训：申请人必须厘定一份工作人员的在职培训计划，其内容包括接受培训的员工范围和挑选标准、培训的种类、每一种培训的主题和频率等。

父母手册：包括婴幼儿入托的政策和程序、照护方案的介绍、纪律规章等。

日间活动时间表：其内容包括用餐、小吃、午睡、教学活动等环节的具体时间。

入学协议：其内容包括社区托育中心的服务范围和种类、缴费和退款政策、活动和规章调整的条件、机构中止的理由等。

菜谱范例：介绍用餐和小吃的时间、一周的菜谱范例。

家具和玩具设施的清单：机构列出为不同年龄的婴幼儿提供的室内外玩具和家具的清单。向保险公司投保的财产清单复印件也可以作为证据。

财产控制证明：如契约、租赁合同或财产税单的复印件。

私人供水的健康检测：如果饮用水来自一口井或其他的私人水源，机构必须有当地健康部门、州健康部门或合法实验室的现场水源的细菌学分析报告，以证明水是安全可饮用的。

3. 情况核实

按美国地方当局政策规定，情况核实有两种方式：一是取证，二是专家实地考察。

加州主要采用取证的方法验证申请材料的真伪。取证的过程包括：审批机关向当地的银行或金融机构索要信息，核实申请机构的财务状况；向社区托育中心出租房屋设施的人员核明出租的事实；请建筑部门提供该机构的建筑、消防、防震和紧急事故的安全证明；请司法机构核实社区托育中心员工有无犯罪记录；向儿童虐待中心核实有无虐待儿童的情况；要求卫生保健部门提供该机构卫生保健合格的证明和负责人体检的结果等。

有的州也会将取证和专家实地考察相结合。比如，马萨诸塞州在进行资格审查时，审查机关要进行实地考察，先要从申请机构获得当地卫生检查员、消防检查员、建筑检查员以及公共健康检查员的联系方式。同时，审查机关安排与各专家的商谈事宜，邀请各专家到申请办证的机构实地考察，检查验收。

4. 审批与指导

加州社会服务部门负责对社区托育中心的组织和监督，下设区域办公室负责机构的审批与管理，区域办公室在收到申请时，依据加州《儿童托育中心一般许可要求》的相关规定，审查申请人的资质以及该社区托育中心的设置，包括基本建筑安全、消防安全、可用空间安排、设备情况、人员配置是否符合要求。在申请通过后，社区托育中心需要接受社会服务部门的监管，需要向社会服务部门报告机构内发生的婴幼儿安全事件或者任何危险情况，同时，社会服务部门有权利随时进入社区托育中心视察以及审核该中心的记录，并且有权利暂停或者吊销中心的许可证。

二、人员配备

依照《儿童托育中心一般许可要求》，加州社区托育中心的设置应符合一定的规模要求。婴儿看护中心及学步儿看护中心都应有能力为至少14名婴幼儿提供托育服务，但最多服务人数不能超过机构可承载的最大限度，社区托育中心须能保证最低限度的师幼比。此外，加州社区托育中心在人员配备及资质方面有严格的要求。依据《儿童托育中心一般许可要求》的规定，社区托育中心需要在申请举办前按要求配齐所有服务人员，提交所有人员的基本信息、从业资质、无犯罪证明等，在通过审查之后，人员才能上岗，并且社区托育中心需要把人员变动情况提交到区域办公室报备。婴儿看护中心和学步儿看护中心的人员配备要求具体如下。

1. 师幼比

依据《儿童托育中心一般许可要求》，婴儿看护中心及学步儿看护中心对于从业人员的配备数量及资质有不同的要求。其中，婴儿看护中心及学步儿看护中心基本的人员配备需有主任及主任助理、合格教师及教师助手。具体配备比例见表6-2。

表6-2　社区托育中心师幼比要求

社区托育中心类型	师幼比	社区托育中心类型	师幼比
婴儿看护中心	1名合格教师：4名婴儿 1名合格教师和2名助手：12名婴儿	学步儿看护中心	1名合格教师：6名幼儿 1名合格教师和1名助手：12名幼儿

同时，婴儿看护中心以及学步儿看护中心应有专门的教师进行午睡监管，要求每12名熟睡婴幼儿应有至少1名教师进行目视观察。

此外，超过25名婴幼儿的托育中心，除了要有主任在园外，还需要有主任助理在园协助管理，负责托育中心的日常工作和管理事宜。

2. 从业人员资质要求

加州在托育服务人员的从业资质方面有非常严格的要求，对不同类型的从业人员要求不一，具体表现为：主任需要有至少4年的5岁以下儿童的教学经验，自身需要完成12个核心学期单元或3个与婴幼儿护理相关的学期单元的学习，同时需要完成3个与行政管理相关的学期单元的学习；主任助理可以由合格教师兼任，需要完成12个核心学期单元或3个与婴幼儿护理相关的学期单元的学习，以及3个与行政管理相关的学期单元的学习；托育中心的合格教师，需要有至少半年的5岁以下儿童的护理经验，同时需要完成12个核心学期单元或3个与婴幼儿护理相关的学期单元的学习，在受聘后，每学期或每季度仍需继续学习婴幼儿护理的相关课程，修满2个学分才能通过审查；托育中心的助手，至少应完成16小时的健康和安全培训，且必须有主任、主任助理或者合格教师的指导和监督，除此之外，助手在上岗后需要继续接受学习和培训，直到达到教师要求，如表6-3所示。

表6-3　托幼机构不同从业人员的资质要求

从业人员类型	资质要求
主任	至少4年的5岁以下儿童的教学经验 完成12个核心学期单元或3个与婴幼儿护理相关的学期单元的学习 完成3个与行政管理相关的学期单元的学习
主任助理	完成12个核心学期单元或3个与婴幼儿护理相关的学期单元的学习 完成3个与行政管理相关的学期单元的学习
合格教师	至少半年的5岁以下儿童的护理经验 完成12个核心学期单元或3个与婴幼儿护理相关的学期单元的学习 每学期或每季度仍需继续学习婴幼儿护理的相关课程，修满2个学分才能通过审查
助手	至少应完成16小时的健康和安全培训 须有主任、主任助理或者合格教师的指导和监督 上岗后需要继续接受学习和培训

与同学说说美国加州托幼机构中工作人员的任职资格。

学习任务二　美国托幼机构的安全防护与卫生保健

※ 知识目标

- 了解美国加州托幼机构的安全防护要求。
- 了解美国加州托幼机构的卫生保健要求。

※ 能力目标

- 能够介绍美国加州托育机构的安全防护和卫生保健要求。

※ 素养目标

- 通过对比我国与美国加州在保育相关工作方面的异同，培养多元开放思维。

一、建筑设计

1. 场地要求

依照《儿童托育中心一般许可要求》的相关规定，婴儿中心和学步儿中心需要为婴幼儿提供适合其年龄特点的场地。其中，室内空间应保持全年温度适宜，有充足的阳光，通风设备良好，室内设备应符合婴幼儿的身高和年龄特点。同时，婴幼儿托育中心的室内、户外活动空间应与其他年龄阶段儿童的使用空间分开，可使用可移动的墙壁或隔墙将活动空间进行隔离，但可移动的墙壁或隔墙至少应有1.22米高。在计算空间面积时，应排除通道及储藏空间，排除后每名婴幼儿的室内活动空间应不低于3.25平方米，同时室内空间的设置仍需要满足以下条件：壁炉和加热器等危险设备应被隔离，所有储存固体废物的容器都必须有严密的盖子；室内应有适宜婴幼儿玩耍的基本设备。

在户外空间设置上，应确保户外活动场所安全无危险，每名婴幼儿的户外活动空间应该不低于6.97平方米，且户外空间的设置应满足：操场要使用至少1.22米高的栅栏围起来；户外要有阴凉休息区，方便婴幼儿休息；户外要有适宜婴幼儿玩耍的设备，如秋千、滑梯等。

2. 配备用房

按照《儿童托育中心一般许可要求》，加州社区托育中心应配备至少包括室内活动空间、户外活动空间、午睡室、卫生间、储藏室、办公室、食品准备空间七大功能区域，这些功能区域的基本设置应满足以下要求。

室内活动空间：全年保持温度适宜，家具设备的设置应安全且应符合婴幼儿年龄特点。

户外活动空间：应配备操场、滑梯、秋千等适合婴幼儿玩耍的设备。

午睡室：应保持整洁、通风良好，午睡室和其他活动空间要有至少1.22米高的隔墙。

卫生间：应包括婴幼儿卫生间以及成人卫生间，其中婴幼儿卫生间应满足每15个婴幼儿要有至少1个便盆椅和洗手槽。

储藏室：用于储存暂时不用的物品，可共享使用。

办公室：用于处理日常工作的办公区域。

食品准备空间：用于准备婴幼儿食物，且食品准备空间要与尿布台分开。

二、安全防护

1. 房屋安全

社区托育中心的建筑设计应符合加州房屋建筑安全相关条例，在筹备和建造房屋时要请建筑、消防、卫生保健等部门的专业人员指导，社区托育中心制订建筑设计计划并按要求建造。同时，在申请提供托育服务时，社区托育中心要通过区域办公室以及消防部门的检查，向加州社会服务部门报备，被批准合格后方能营业。

在房屋的消防安全方面，社区托育中心要配备基本的防火消防设备，如火警报警器、灭火器、防火毯和防火门等。同时，安全出口的标志和指引要粘贴在显眼的位置，每6个月社区托育中心要举行一次灾难演习，同时托育中心的所有人员都要接受日常安全培训。

2. 日常安全

首先，社区托育中心需要做好入园前安全检查工作。在接收婴幼儿时，托育中心需要对婴幼儿进行健康检查，对于符合接收条件的婴幼儿，要建立个人档案，包括婴幼儿的健康情况、父母基本信息以及儿童医生的电话等，方便教师在婴幼儿受伤、疫情暴发、发生火灾等紧急事件时，在通知家长的同时做好紧急处理工作。

其次，社区托育中心需要制订紧急灾难计划表。该计划表应包括紧急事件中任务的指派，各种急救机构的名称和电话号码，机构的紧急出口，儿童临时安置地，水、电、煤、气等用具的开关，急救用具箱及搁置点，防火设备及搁置点等的安排。

再次，社区托育中心应建立设备安全与维护制度。社区托育中心应确保玩具和设

备符合婴幼儿的年龄和兴趣，且设备要每日接受消毒和清洁，保持清洁、安全、卫生、维修良好；玩具应当是安全、适宜的，不得有尖角或边缘碎片；室内储藏物品的容器应有严密的盖子；室内场所不得使用婴儿学步车；婴儿床距地面应不超过5.08厘米，可从婴儿床爬出的婴儿则应使用地垫，社区托育中心应每日更换床上物品。

最后，社区托育中心需要做好日常工作记录及紧急事件的报告工作。对于机构内出现的婴幼儿疫情、死亡以及意外事件，社区托育中心需向所在区域办公室以及社会服务部门呈报。

三、卫生保健

1. 饮食营养

在婴幼儿进入社区托育中心之前，托育中心的主任、婴幼儿家长、儿童医生要依据婴幼儿的个体需要和特点，为每名婴幼儿制订一份个人计划并存档。计划的内容应包括：个人喂养计划、个人如厕培训计划以及计划提供的服务等。婴幼儿进入托育中心后，托育中心要依照该计划严格执行。

除此之外，婴幼儿饮食仍需满足以下要求。

1）食品的选择、储存、配制和服务应当安全、卫生，食品的质量和数量应满足儿童需要。

2）社区托育中心应该按照婴幼儿的个人计划为婴幼儿提供母乳或者配方奶粉、固体食物。

3）婴幼儿食用的母乳或者配方奶粉必须装瓶储藏，且奶瓶底部要贴有婴幼儿名字及日期的标签。

4）应至少每4小时喂养一次吃奶粉的婴幼儿，奶瓶使用后要及时清理。

5）食品准备空间要有必要设备，如水槽、冰箱，冷热水和储存空间应保持清洁、卫生。

6）社区托育中心要记录婴幼儿的饮食情况、对食品的喜好、过敏情况并及时反馈。

7）社区托育中心不能向婴幼儿喂食蜂蜜。

8）教师在喂养前后需要洗手，并对喂养的地方进行清洁消毒。

2. 卫生防病

社区托育中心要做好婴幼儿的健康检查和卫生防病工作，婴幼儿进入托育中心之前应通过健康检查，托育中心不接收有明显不适症状的婴幼儿，检查无问题后，要为每名婴幼儿建立健康档案。社区托育中心要配备隔离和照顾生病婴幼儿的基本设备，当婴幼儿患病时，教师应立即隔离婴幼儿并通知家长，要求家长将婴幼儿尽快接回。

在照护轻微症状的生病婴幼儿时，教师要遵循以下用药原则。

1）药物集中储存在原始容器中，放置在婴幼儿接触不到的地方。

2）处方药必须按照医生所开的说明服用，在给婴幼儿用药前必须得到家长代表的书面批准和说明。

3）当婴幼儿不再需要药物时，应把药物返还给父母。

4）做好婴幼儿用药记录以及用药后的观察反馈工作。

请与同学说说美国加州托幼机构的卫生保健要求有哪些。

参考文献

北京师范大学实验幼儿园，2012．保育员工作指南［M］．北京：北京师范大学出版社．

北京市教育委员会，2006．北京市贯彻《幼儿园教育指导纲要（试行）》实施细则［M］．北京：同心出版社．

陈华，张海丽，2019．幼儿园保育［M］．北京：高等教育出版社．

陈玲，2020．托育机构运营管理实务手册［M］．上海：复旦大学出版社．

陈怡莺，2019．幼师口语沟通技巧［M］．2版．北京：高等教育出版社．

成利新，2016．为师第一年［M］．北京：北京理工大学出社．

崔利玲，2013．稳住成长的脚步：建立家园合作新机制［M］．南京：江苏教育出版社．

杜德栎，于珍，张富洪，2020．幼儿教师道德与教育法规［M］．北京：中国人民大学出版社．

国家卫生健康委，2021．托育机构保育指导大纲（试行）［EB］．国家卫生健康委官网．

国家卫生健康委，2021．托育机构设置标准（试行）［EB］．国家卫生健康官网．

国家卫生健康委，2021．托育机构管理规范（试行）［EB］．国家卫生健康官网．

何磊，2020．未来托幼机构科学保教规范管理指南［M］．北京：化学工业出版社．

洪秀敏，2019．婴幼儿托育服务机构设置标准的国际经验与启示［M］．北京：北京师范大学出版社．

姜露，2020．托育服务从业人员职业规范［M］．上海：上海教育出版社．

李季湄，1999．幼儿教育学基础［M］．北京：北京师范大学出版社．

李季湄，冯晓霞，2013．《3—6岁儿童学习与发展指南》解读［M］．北京：人民教育出版社．

李生兰，2015．学前儿童家庭与社区教育［M］．北京：高等教育出版社．

梁雅珠，陈欣欣，2016．幼儿园保育工作手册［M］．北京：人民教育出版社．

芦爱军，2018．幼儿园保育［M］．北京：机械工业出版社．

彭英，2020．幼儿照护职业技能教材（基础知识）［M］．长沙：湖南科学技术出版社．

彭英，2020．幼儿照护职业技能教材（中级）［M］．长沙：湖南科学技术出版社．

人力资源社会保障部．保育师国家职业标准（征求意见稿）［EB］．人力资源社会保障部官网．

宋彩虹，2020．幼儿生活活动保育［M］．上海：华东师范大学出版社．

孙立双，2013．学前儿童家庭与社区教育［M］．北京：北京出版社．

王萍，2015．学前儿童保育学［M］．北京：清华大学出版社．

王普华，2015．保育员工作手册［M］．北京：中国劳动社会保障出版社．

王妍妍，冯超，2019．保育员的幸福和忧愁［J］．教育家，(35)：23-25．

肖全民，2017．学前教育原理［M］．北京：北京师范大学出版社．

肖全民，周香，2012．幼儿教育概论［M］．北京：北京师范大学出版社．

晏红，2018．幼儿教师与家长沟通之道［M］．2版．北京：中国轻工业出版社．

叶璐，林丽娜，2020．学前儿童家庭教育及家、园、社区合作共育［M］．成都：西南交通大学出版社．

尹坚勤，管旅华，2020．幼儿园教师专业标准（试行）案例式解读［M］．上海：华东师范大学出版社．

占峦，2019．以幼儿为中心的保育生活环境创设：以幼儿午睡生活环境的创设为例［J］．福建教育，(24)：26-28．

张静，张艳娟，2020．托幼园所保教工作入门［M］．上海：华东师范大学出版社．

张仁贤，2013．幼儿园教师必备的事项能力［M］．北京：中国轻工业出版社．

赵倩，李保民，祁净玉，2019．幼儿教育政策与法规［M］．长沙：湖南师范大学出版社．

中华人民共和国教育部，2016．幼儿园工作规程［EB］．中华人民共和国教育部官网．

中国就业培训技术指导中心，2012．保育员（第2版）初级［M］．北京：中国劳动社会保障出版社．

中国就业培训技术指导中心，2012．保育员（第2版）基础知识［M］．北京：中国劳动社会保障出版社．

周梅林，2017．《幼儿园工作规程》（2016版）解读［M］．北京：北京师范大学出版社．

简·尼尔森（Jane Nelsen），2016．正面管教［M］．刘力，译．北京：北京联合出版有限责任公司．

杰克琳·波斯特（Jacalyn Post），2019．高瞻0—3岁儿童课程：支持婴儿与学步儿的成长和学习［M］．北京：教育科学出版社．

劳拉·E．伯克（Laura E.Berk），2014．伯克毕生发展心理学：从0岁到青少年［M］．陈会昌，等译．北京：中国人民大学出版社．

珍妮特·冈萨雷斯-米纳，黛安娜·温德尔·埃尔，2016．婴幼儿及其照料者：尊重及回应式的保育和教育课程［M］．张和颐，张萌，译．北京：商务印书馆．